明源不动产研究院

明源不动产研究系列丛书

房地产
精益管理

重塑地产新模式

周济　周冬　周孝武　连依夏　宋晓光 / 著

中信出版集团｜北京

图书在版编目（CIP）数据

房地产精益管理：重塑地产新模式 / 周济等著 . -- 北京：中信出版社，2023.4
ISBN 978-7-5217-5091-1

Ⅰ. ①房… Ⅱ. ①周… Ⅲ. ①房地产管理 - 研究 Ⅳ. ① F293.33

中国版本图书馆 CIP 数据核字（2022）第 251895 号

房地产精益管理——重塑地产新模式

著者： 周济　周冬　周孝武　连依夏　宋晓光
出版发行：中信出版集团股份有限公司
（北京市朝阳区东三环北路 27 号嘉铭中心　邮编　100020）
承印者： 北京盛通印刷股份有限公司

开本：787mm×1092mm　1/16　　印张：21.5　　字数：277 千字
版次：2023 年 4 月第 1 版　　印次：2023 年 4 月第 1 次印刷
书号：ISBN 978-7-5217-5091-1
定价：98.00 元

版权所有·侵权必究
如有印刷、装订问题，本公司负责调换。
服务热线：400-600-8099
投稿邮箱：author@citicpub.com

编审委员会

黄　乐　　杨少文　　夏　凯　　王　瑜
黄祎伊　　王润泽　　覃　丹　　谢晓慧
田　祎　　罗　成

目 录

序 一 / V

序 二 / IX

前 言 / XV

第一部分　精益思想的迭代发展　/ 001

第一章　传统精益思想的起承转合　/ 005
006　第一节　起源：精益思想萌芽的多元学科基础
011　第二节　开端：丰田崛起让精益生产达到顶峰
016　第三节　传承：学术研究让精益思想大放异彩

第二章　现代精益思想"新"在何处　/ 021
023　第一节　现代精益思想从何而来
028　第二节　什么是现代精益思想

033　第三节　现代精益思想的内核与精髓
041　第四节　现代精益思想的最佳实践

第二部分　房地产业亟须精益思想的全面普及　/053

第三章　房企发展模式亟须变革，精益管理是必由之路　/057
058　第一节　粗放式发展模式已走到尽头
069　第二节　向制造业学习精益管理是大势所趋

第四章　精益思想指引下的房地产业变革方向　/085
088　第一节　重塑企业文化，树立正确的价值观
098　第二节　重塑战略体系，树立科学的发展观
111　第三节　重构品牌体系，放大品牌资产价值
122　第四节　重构供应链体系，构建命运共同体
139　第五节　重塑产品思维，树立精益的产品观

第三部分　精益思想推动行业"三化"转型　/157

第五章　从建造到智造，走向建筑工业化的未来　/163
164　第一节　从传统建造到建筑工业化
168　第二节　聚焦建筑工业化主战场，打响四大升级突围战
172　第三节　蝶变进行时，建筑工业化克难前行

第六章　碳中和时代房地产业的绿色化升级　/ 199

- 200　第一节　三方驱动下，房地产业绿色化升级成为必答题
- 203　第二节　绿色建筑的核心：人与自然和谐共生
- 213　第三节　全周期绿色化：设计、供应链、建造、运营、改造
- 226　第四节　中海的绿色建筑实践之路

第七章　数字化助力房地产业腾飞　/ 233

- 235　第一节　数字化助力投运一体，保障经营目标全达成
- 250　第二节　数字化赋能成本管控，踏上降本增效新征程
- 269　第三节　拥抱数字化浪潮，引领智慧供应链新变革
- 285　第四节　破局去化瓶颈，智慧营销开启获客新时代
- 302　第五节　科技赋能物业，智慧服务缔造美好新生活

后　记　/ 319

序 一

本书的编写和修订共经历了近三年的时间，这三年是极其不平凡的。全球政治、军事和经济形势均发生了剧烈动荡和变化，我们处于百年未有之大变局，而新冠肺炎疫情的暴发也让人始料未及。

同样令人刻骨铭心的是，中国房地产市场跌宕起伏。经过二十多年的高歌猛进，中国房地产市场的初级发展阶段走到了尽头。

以上各种变化令人眼花缭乱，许多人陷入了慌乱、无奈和迷惘。

回到中国房地产业，如何在变化中找到不变的内容，引导大家承继过去、正视现实、面向未来，是摆在我们面前的课题。

2021年中央经济工作会议提出了"进一步探索房地产业新的发展模式"的明确要求，因此这一课题显得更为重要和迫切。

不变的内容是什么呢？是市场经济规律，是产业规律，是行业发展规律，是企业科学管理规律。这恰恰是过去二十多年被房地产业和房企长期忽视的根本问题，也是构建房地产业新的发展模式的核心内容。

房地产业新的发展模式是怎样的呢？新发展模式下的房地产业首先是链接上下游几十个行业的、为人类的生活和工作提供优良基础空间的行业；其次是具有优秀文化、科学的公司治理模式、强大的供应链体系，并善于进行系统集成和勇于持续创新的，由众多房企构成的行业；最后，它是由善良、正直、聪明、能干的，掌握了科学的世界观和方法论的精英团队构成的。

房地产业作为为人们营造生活和工作基础空间的不可或缺的领域，无时无刻不在影响着我们每一个人，它承载着人们生活的物质空间与精神空间，无论怎样重视它都不为过。简单的居住、初级的安居、较高阶的美居等，已无法覆盖和满足人民对美好生活的向往和需求，比如房地产产品的较高阶形态——酒店，从最初用于交易和旅途休憩的场所，演变为展示、学习和交流先进生活方式的"学校"。总之，简单的认识、初级的做法、单一的形式、碎片化的思想、非系统集成的方法论等，已经过时。

如今，人类已进入以绿色低碳和数字智慧为代表的双重转型时代。在新的时代背景下，对优质稀缺资源的整合、供应链和产业链的系统集成、科学至上的理念，以及对百年来科学管理理论与实践的继承与创新，越发受到前行者和创新者的重视。特别是对于完成了初级阶段使命、即将全面转型的中国房地产业而言，转变显得更加重要和迫切。

本书的编写初衷和出版目的，就是要做这一新发展模式的"拓荒者"和启蒙基础性工作的"工蜂"。

在探索房地产业新的发展模式的过程中，最重要的就是被房地产从业者始终挂在口头的"要向加工制造业学习"的问题。那么，到底要学习什么呢？中国理论界的研究与企业界的实践，均尚未给出科学的、统一的答案。

其实，全球制造业一直遵循着科学的方法论并不断向前发展，包括正在蓬勃发展的信息通信、绿色环保以及新能源等产业也在学习和应用这套方法论。这一科学方法论的核心就是"精益思想"，在其被中国房地产从业者广泛领会并切实运用之前，也可称之为

"精益方法论"。

我本人最初是现代物流专业的学生，对现代物流思想以及之后日趋成熟的精益思想体系有较深的领悟。而我在房地产领域的从业经历又像是一个"逆行者"——从最初的旧城改造、历史文化区保护修缮，到房企的投资拓展和并购，再到酒店投资、设计、建造以及包括社区商业在内的城市综合体的投资运营，最后才落足到住宅的规划设计、施工建造、品牌营销和物业运营。这些不同的经历让我对房地产业和房企如何运用精益方法论有了更深的学习、理解和实践。

在初步构思后，我和几位在多年实践中运用精益方法论的同事（也就是本书其他几位作者），以及明源不动产研究院的朋友们分头写作、反复修订。在此，我对帮助、支持本书成稿并如期出版的朋友表示衷心的感谢！

需要说明的是，由于时间、能力和水平所限，以及我们对精益方法论的理解还需要更深入，故而本书可能存在许多不足之处，希望读者朋友给予批评指正，并与我们共同探索、完善、实践这套方法论。

最后，精益方法论与中国房地产业的全面有机融合，一定会经历较为漫长的过程。但不管怎样，只有拥有了正确的思想和科学的方法论，中国房地产业才会沿着康庄大道持续、健康、稳定地发展。对此，我们充满信心。

愿精益方法论早日深入中国房地产从业者的内心并落地生根！

周济

2023年1月29日

序 二

我国房地产业的盛世，可以追溯到1998年的住房分配货币化。强劲的住房改善需求、不断攀升的居民收入、迅速上升的城镇化率，成为房地产业迅猛发展的动力引擎。自此，房地产业迎来超常规发展的黄金时期。在房地产业大干快干的年代，高周转、高杠杆、高负债被众多房企奉为圭臬。房企在浮躁喧哗中高歌猛进，误把市场红利当作自身能力，这也裹挟着房地产业步入歧路。在规模至上和短期收益面前，产品品质、客户价值、合作共赢、社会责任等被弃如敝屣。因此伴随房地产业盛世的，却是恶评如潮的社会负面反馈，诸如"开发商流淌着不道德的血液""房地产是金融体系的肿瘤""交付项目货不对板"等评论不绝于耳，这也给房地产危机埋下了伏笔。

进入2022年，受内外因素影响，房地产业的黄金盛宴戛然而止。那些过度使用杠杆、追求规模至上的房企接连发生爆雷、债务违约、项目停工等问题，并因此直接影响众多购房者的利益。楼盘交付烂尾带来的"断供潮"冲击着我国的金融秩序，也打击了民众的购房信心，从而让市场进一步萎靡。然而面对这场空前的危机，房地产业却普遍缺乏深刻反思，把危机的根源归为外部不可控因素，比如政策调控、美元加息、俄乌冲突、新冠肺炎疫情反复、全球弱经济周期等。正因为没有刀刃向内，从自身找根因，所以不少房企在迷茫和焦虑中选择"躺平、摆烂"，这使房地产业进一步滑入深渊，形成恶性循环。

穿越迷雾、正本清源，是我们写这本书的初心。

温斯顿·丘吉尔（Winston Churchill）说过："永远不要浪费一场危机。"但只有正视问题，才能化危为机。我认为房地产业当前所面临的危机有其必然性，根因就是行业偏离了正常的轨道，在错误的道路上走得太远：过度追求自身利益，忽视社会责任；追求发展速度与规模体量，忽视发展质量与产品品质；过于看重短期回报，忽视长期主义；过度以自身为中心，忽视客户与合作伙伴。房企的价值体系必须重塑，其发展模式也亟待转型。

房地产业的原有模式已成桎梏，新道路何在？向制造业学习精益管理已是行业共识，全球百年制造业在面临行业困境时，经历了从传统的批量生产向精益生产，再向智能制造的转型升级，房地产业恰恰可以从中学习转型路径。此外，从党的二十大报告中，我寻觅到一些关键词，这可以作为房地产业的顶层设计：行业长期宗旨是"增进民生福祉，提高人民生活品质"，中期或短期目标是"加强城市基础设施建设，打造宜居、韧性、智慧城市"，发展模式是"高质量发展"，制度是"建立多主体供给、多渠道保障、租购并举的住房制度"，产品是"绿色低碳"，转型方向是"新型工业化、数字化"。我也惊喜地发现，本书的核心观点与二十大精神高度契合。

对标制造业，中国房地产业还处在2.0大批量生产阶段，首先要做的就是弥补精益管理短板。本书阐述了如何运用精益思想推动房地产业变革，用精益价值树形象说明了房地产业发展体系的相关构成：土壤是企业文化，树根是战略体系，树干是品牌体系，树枝是供应链体系，果实是最终产品。新周期下，每家房企都应基于精益思想，重新构建支撑企业发展的精益价值树。或许每家房企的具体情况不同，但亦有一些共性脉络可寻。在此，我简要展开说明。

企业文化是企业持续发展的土壤，决定了企业全员的思维方式和底层行为准绳。为何某些房企由盛转衰？根因是企业文化导向出了问题。我认为房企的企业文化应从"利己"转为"悦人"，比如构建以客户为导向、合作共赢、聚焦品质的企业文化。我们从中海、龙湖等多家标杆房企身上都能找到"悦人"的文化印记。

战略是企业发展的根基，决定了企业能走多远。优秀的企业战略一般包含两部分，一部分是长期发展战略（5年以上），重点定义什么是不变的，这需要企业从使命和愿景出发，聚焦核心竞争力，同时深刻理解和承接国家战略导向；另一部分是短期业务战略（1~3年），主要定义什么是变化的，这需要企业洞察市场环境，前瞻性调整业务布局。而失败的企业往往只有短期业务战略，追逐热点与风口，多次折腾，这反而让自身的基本盘优势消失殆尽。

品牌是助力企业穿越周期的坚实力量。当下房地产业已进入买方市场，购房者面对众多可挑选的项目，更青睐品牌开发商。具有品牌号召力的企业，不仅拥有客户获取优势，还有供应链合作优势、合作操盘优势、政府资源优势等。所以我们看到在行业显著下行的2022年，绿城、仁恒、越秀、滨江等品牌企业仍大幅跑赢市场。如何塑造品牌呢？一是IP（Intellectual Property，知识产权）化，即形成高辨识度、独具魅力的IP。这不仅包括企业整体IP，还包括产品IP、服务IP等，比如朗诗，其绿色健康的企业IP已深入人心。二是凸显客户体验，让品牌更具象化，更有传播性。

房企的发展高度依赖供应链，但与制造业的精益供应链体系相比，房企的供应链体系十分薄弱，在降本、增效、提质、合规方面均有巨大改善空间。首先，房企应构建针对供方的选用育留体系，通过全过程大数据形成供方画像，识别优质供方和绩效较差的供方。其次，与供方建立命运共同体，赋能供方。房企不仅要关注自身的采购成本，还要思考在与供方合作的过程中所产生的营销成本、生产成本、履约成本等，通过优化合作模式来降低供方的相关成本，从而实现共赢式降本，而非压迫式降价。最后，做好供应链链长，一方面实现跨企业、跨部门高效协同，避免业务出现堵点、断点，另一方面进行资源集约化管理，比如与供方共同研发新产品或升级技术。

产品是房企精益价值树的果实，也是房企的安身立命之本。大众对有些房企产品的抱怨诸多，高房价与低品质之间的剪刀差日趋明显，交付即维权时有发生。房企要想提升产品力，关键是要消除两大鸿沟：一是客户需求与产品设计之间的鸿沟；二是产品设计与工程建造之间的鸿沟。绿城是业内公认的产品力卓越的房企，这要归功于绿城持续聚焦"最懂产品、最懂客户"的理念，不断进行创新。2022年绿城进一步成立了客研委员会，企业一把手亲自参与，整合了产品、设计、营销等多个专业条线，持续洞察客户需求、迭代产品。

以精益思想为指引，构建精益价值树，弥补精益管理短板，是房企精益变革之路的第一步。面向未来，房企还要适应智能化、数字化时代，以科技为驱动力，通过建筑工业化、绿色低碳化、管理数字化，推动建造方式、产品打造、管理方式的进一步精益升级。

手工作业、湿作业、木模现浇、现场切割等传统建造方式已无法适应新时代的需求，建筑工业化正当时。早在2004年，王石就提出"要像造汽车一样造房子"。以万科、金地等为代表的房企在政府、协会组织的共同推动下，结合中国国情，逐步推动建筑工业化从概念探索到成熟落地。

建筑工业化包括设计标准化、生产预制化、建造减人化、管理一体化。设计标准化不是简单复制图纸，而是制定部品标准、模块标准，然后在这些标准的基础上生成多种组合方案，以柔性适配客户的差异化需求。生产预制化是指拉通工地与工厂的协同，规避从设计到生产、再到安装的信息偏差。建造减人化是指在当前建筑工人老龄化和工人短缺的背景下，通过机械和智能设备来减少人工作业。管理一体化是指改变设计、生产、施工、运营各管一段的分段管理模式，借助数字化平台实现全链路一体化管理，实现风险前置、紧密交圈、智能决策。

建筑业全过程碳排放量占我国社会总碳排放量的51%，国家要想实现双碳战略，建筑产品全面绿色化势在必行。因此，住房和城乡建设部在2022年明确指出，新建建筑要全面达到绿色建筑标准。而部分标杆房企的目标设定得更高——新建建筑100%达到绿色建筑二星级以上标准。房企要想达成产品绿色化，就要对设计、供应链、建造、运营、存量改造等各价值链环节进行绿色创新。比如：中海推出绿色健康人居发展蓝图，形成《中海绿色健康住宅企业标准》，覆盖居家、出行、健身等七大场景；朗诗更是业内首家发布碳中和路线图的企业，宣布到2035年实现碳中和，并联合阿拉善等机构发起绿色供应链行动，全面践行"无绿色不采购"；招商蛇口整合装配式建造系统、超低能耗技术、立体绿化系统等，形成LCCS（低碳建造）创新体系，实现碳排放量减少25%。

为推动精益管理真正落地，提高企业发展质量，规避经营风险，数字化转型是必由之路。我们看到众多房企掌舵人亲自挂帅，推动数字化转型，部分先行企业已经尝到了数字化红利，并将数字化视为企业核心竞争力。数字化的核心意义在于对投资决策、设计、成本、工程、供应链、营销、服务等方面进行彻底改造，使其实现业务在线化、管理闭环化、决策智能化，同时对传统管理中投入大、风险高、效率低的项目工地、售楼处、物业等进行全面升级。对房企而言，数字化转型不仅仅是对IT（信息技术）工具的运用，更是一次自上而下的变革。房企应遵循整体规划、分步推进的策略，结合自身发展情况，优先启动需求强烈、管理基础好的业务，通过不断循环"变革—巩固—优化"，让全员逐步感受到数字化红利。

越来越多的房企掌舵人认为，房地产业会进一步"制造业化"，房企应全面向制造业学习。制造业的发展并非一帆风顺，制造业企业也并非都优秀。回顾中国的家电、汽车、船舶、手机等行业的发展之路，也有过竞争力弱、质量低劣、客户口碑差的黑暗历程。但部分企业持续学习和应用精益思想，重塑企业文化、战略、品牌、供应链、产品，持续强化技术研发、产品创新、数字化管理。最终，海尔、比亚迪、大船、华为等企业成功突围，成为行业翘楚，而那些不思进取的企业则已"泯然众人矣"。

他山之石，可以攻玉，我们无法选择房地产业面临的是盛世还是低潮，但我们可以选择应对的态度和行动。房企只要积极行动、拥抱变革，就会化危为机，迈入更加璀璨、更可持续的盛世！

周孝武
2022 年 12 月 29 日

前　言

2022年岁末将至，北京瑞雪飞扬，海南春意盎然。望着车窗外郁郁葱葱的椰林和点缀其中的一簇簇三角梅，我不禁回想起这几年的工作和生活——持续困扰我们的新冠肺炎疫情、跌宕起伏的国际形势，还有几乎影响每一个人生活与财富的房地产市场。

2021年是一个转折点，这一年，中国房地产市场的初级阶段结束了。

中国房地产市场始于1998年的房改，而中国房地产业主要源于以基建施工为主的传统建筑业。二十多年来，房地产业为中国经济的快速增长和人民生活的大幅改善做出了巨大贡献，成为国民经济的支柱产业。与此相伴，房地产业成为几十个上下游产业的"龙头"。旺盛的住房消费需求和投资需求，推动相关企业和团队一路高歌猛进、所向披靡。

然而扪心自问，房地产业本身以及构成这一行业的千万家企业的发展理念、战略决策是非常不完善的，行业长期徘徊在初级发展阶段。

特别令人忧虑的是，行业众多企业的经营管理理论，竟然千篇一律地指向单一的以"高杠杆、快周转、大规模"为法则的杜邦财务模型。即使是个别在快速奔跑中较为善于学习的企业，其追捧的管理理论基本也停留在"为用所取"和"断章取义"的粗糙阶段。房企普遍仅关注"割韭菜式"的迅速盈利，忽略了长期价值，更不用说对国计民生和社会的责任担当。

如此重要的行业，却在较长时期都没有科学前瞻、逻辑清晰的产业发展思想，成千上万的房企也没有一整套科学的、先进的、已被其他先发产业证明的、能够引导企业走向未来的科学管理体系，这实在是一件令人感到遗憾和痛心的事情。

纵观社会和历史的进步，少不了一种自觉。这种自觉就是对规律的认识和把握，而中国房地产业恰恰缺少对规律的科学把握。只有形成了行业自觉，房地产业才能真正走向成熟，并完成从初级阶段到高级阶段的进阶。

于是，我们不由想到多年来被不少中国房地产人屡屡提及，但又从未深入学习的全球百年制造业。伴随历次工业革命，世界制造业经历了几个典型阶段：首先是始于18世纪末蒸汽时代的机械化生产雏形阶段，其次是以福特为代表的大批量生产阶段，接着是以用户需求和现代物流为核心的精益生产阶段，最后是如今的以现代科技与信息化为核心的智能制造阶段。令人遗憾和惋惜的是，对标百年制造业，中国房地产业仍然停留在大批量生产的20世纪初，房地产业亟须转型与升级。

不破不立，规律使然。房地产市场应遵循市场经济发展的基本规律，房地产业也应把握产业及行业发展的一般规律。那么，中国房地产业如何实现转型和升级，进而牵引房地产市场走向高级阶段呢？这至少包括两个方面：一是从外在形式和内容上看，在初级阶段结束后，行业主要发展形态将从以商品住宅为主的单一型地产，向以生活和服务为主的新型城市综合开发商转变；二是从指导思想和历史实践来看，要从产业、行业、企业三个层面进行深刻反思、探索与创新。

　　转型与升级的核心是找到行业的思想和灵魂,而这正是精益思想。多年的思考与实践让我深切感受到,精益思想的核心内涵就是用一流的世界观、一流的方法论和一流的工具,践行一流的战略,整合一流的资源,培育一流的团队,寻找一流的路径,提供一流的产品和服务,从而实现一流的发展目标。换言之,精益思想是指导企业成为一流企业,指导团队成为一流团队,指导行业成为一流行业的思想学说,是涵盖了顶层设计、基础搭建和过程管控的管理思想。

　　精益思想力求推动企业达到根本上的最佳、过程中的最佳以及结果的最佳,最终实现全产业链的最佳。好比养殖业,既要解决育种、育苗问题,也要解决土壤问题,还要解决生产过程问题。再比如军队,既要解决战略、战术问题,也要解决战斗队员的思想问题,还要研究武器装备以及团队执行力的问题,从而实现无往不胜。

　　需要指出的是,精益思想这一概念早在1996年就被哈佛大学的几位工业工程学教授提出,但他们的研究局限于生产车间。尽管如此,丰田、苹果、特斯拉等公司都在自觉或不自觉地运用精益思想,甚至将其提升到了更高的价值链层面。过去一段时间,中国的部分企业也学习了精益思想的相关知识,但大多都流于表面,未能形成体系,更缺乏对企业实践的长期指导。在实现中华民族伟大复兴的征途上,必少不了一流企业和一流行业,要想实现这个目标,唯有学习精益思想。

　　当然,这样一个博大精深的思想体系,最终被产业、行业、企业的从业者接受并运用,定会经历一个渐进而曲折的过程。对于精益思想的价值,以及其在相关领域的丰富和发展,我们深信不疑。未来,我们将与行业创新者、广大读者共同发挥、发扬与发展精益思想。

本书内容共分为三大部分。

第一部分以历史的眼光系统梳理了精益思想的起源、开端与传承，讲述了丰田精益生产模式的核心特征以及学术界对丰田模式的研究与沉淀，全新提出了现代精益思想，阐述了其相比传统精益思想的核心优势，并纳入了苹果、特斯拉、华为等成功企业对精益思想的应用案例。

第二部分回到房地产业，明确指出传统粗放式发展模式已经宣告终结，房地产业的转型和变革迫在眉睫，而全球百年制造业的转型路径为房地产业提供了深刻启迪，精益思想则为房地产业的颠覆式重塑提供了可能。对标制造业，中国房地产业仍处在2.0大批量生产阶段，精益思想指引下的房地产业变革，首先要向3.0精益生产阶段转型，这需要房企从文化、战略、品牌、供应链和产品体系出发，从土壤到树梢，自下而上构建精益价值树，全面重塑自身发展体系。

第三部分主要讲述伴随数字化、智能化浪潮，制造业正在向4.0智能制造阶段迈进，房地产业同样需要进一步向4.0阶段升级，这就需要发挥新兴科技的力量，包括建筑工业化技术、绿色低碳技术和数字化技术。这部分结合行业标杆案例，全面讲述了建筑工业化和产品绿色化的趋势、内涵及其核心模式，并重点从投资、成本管控、供应链、营销、物业服务等维度，深入解读了数字化如何颠覆传统业务模式、推动精益管理升级。

以上就是本书的主要内容。展望未来，以良性循环和健康平稳发展为标志的中国房地产业将进入高级阶段，行业将真正走向精益的科学发展之路。

第一部分　精益思想的迭代发展

制造业是经济增长的重要发动机，其发展的质量和规模是衡量国家综合实力和发展水平的重要指标。在制造业百年历史的滚滚洪流中，历次发展变革的背后都是一场生产方式的革命和管理思想的升级。

而在众多科学管理理论中，被公认是一个经久不衰的奇迹，且至今仍在指导和支撑企业发展的，就是精益思想。

第二次世界大战后，日本萧条的经济让其汽车产业前途堪忧。面对严峻的形势，丰田开始了以赶超美国为目标的探索和改造，并逐渐形成一种新的生产方式，即"精益生产"。这不仅让丰田平安度过石油危机，还成功让日本汽车打入海外市场，日本成为世界汽车工业的中心。

感受到丰田的强大威胁后，美国开展了持续二十年的研究。由麻省理工学院发起的长达五年的国际机动车研究项目IMVP，向世界揭开了日本汽车工业的成功之谜。1990年《改变世界的机器》一书的诞生，让丰田的生产方式正式以"精益生产"之名亮相，并轰动整个汽车界乃至全球各行业，随后引发了世界范围内的一系列学习、研究、讨论以及生产方式的变革。1996年"精益思想"（Lean Thinking）问世，生产车间中的精益生产正式上升为贯穿企业生产经营活动的系统理论体系，这让此后的精益管理更具适用性和普遍性。

精益思想的出现，不只是一场制造业的生产革命，更是一场思想革命，对各行业的企业管理都产生了深远影响。然而21世纪以来，没有新的关于精益思想的研究和理论出现，社会与企业对精益思想的关注度也日渐降低，为什么呢？

或许是因为世界各国在各领域的实践已经让它们意识到了精益思想的强大力量，因此自动回避了研究成果的共享，这与他国对我国芯片技术的封锁如出一辙。认为只有将独门绝技掌握在自己手中，才能保持自我的强大，是一种明显的私心。又或许是因为精益思想在各行各业的改造应用让相关深入研究变得异常庞大复杂，以至于很难再用一套理论来揭示它的奥妙。

无论是什么原因，精益思想的价值都不言而喻。其实，精益思想并没有被遗忘和抛弃，且仍然根植于世界各大领先企业的骨血中，持续引领和推动着经济的发展。

回望历史，伴随世界四次工业革命，全球制造业经历了四个时代：制造业 1.0，即机械制造雏形阶段；制造业 2.0，即大批量生产阶段；制造业 3.0，即精益生产阶段；如今，技术革新宣告了创新、科技主权时代的到来，产品迎来了革命性变化，制造业迈向了 4.0 时代，即智能制造阶段。面对新时代，各行各业都处于发展变革的关键转型时期，亦需要一个适应时代的新指导思想作为转型武器，现代精益思想恰逢其时。

这一部分不仅是为了对此前精益思想的发展阶段进行梳理，重温制造业精益思想的精髓，更是为了将精益思想推向下一个阶段，对它进行重新定义和延伸，让现代精益思想助力房企在制造业 4.0 时代焕发新的生机与活力。

第一章 传统精益思想的起承转合

长久以来,"精益"与"精益求精"在语言学范畴主要作为描述词语存在,更多与个人的态度、精神和意志相关。"精益"一词首次超出精神范畴而被赋予明确的管理含义,成为一种可被广泛使用的管理工具和方法,是在20世纪中后期,由日本丰田通过实践创造,美国学者研究总结后正式诞生,并从此改变着世界。

纵观精益思想的发展历程,从军事运筹学到系统工程学,再到生产领域的现代物流的发展,奠定了精益思想的学科理论基础,而后发展出了以丰田为代表的工业企业的精益生产模式,并经学术研究总结出了覆盖企业经营管理全过程的精益思想,最后是如今现代精益思想的提出。

我们先来回顾一下精益思想的发展到底经历了怎样的起承转合,如今是怎样的发展状态,未来又将以怎样的形式影响现代商业社会。

第一节
起源:精益思想萌芽的多元学科基础

众所周知,精益生产最早是对日本丰田发明的一种生产模式的描述,而精益思想则是学术界从理论高度对丰田精益生产模式的归纳和提炼。然而,丰田的精益生产模式并不是凭空出现的,而是在吸收了丰富的历史发展经验和多元学科知识之后汇集而成的。其中对丰田精益生产模式影响最大的是军事运筹学、系统工程学以及现代物流学。

一、军事运筹学促进精益生产萌芽

在现代战争中，以最少的人力和物力达到预定的军事目的，几乎是所有军事指挥者期望的结果。正所谓运筹帷幄之中，决胜千里之外，这种军事运筹思想自古就有。我国春秋时期的军事家孙武就在《孙子兵法》一书中将度、量、数等数学概念引入军事领域，通过必要的计算来预测战争的胜负，并指导战争中的有关行为。

运筹学，即一种利用统计学、数学模型和算法等，寻找复杂问题的最佳或近似最佳解答的研究方法。其正式作为一门学科得到发展并完善，主要是在"二战"时期。

由于战争的需要，英、美、加等国纷纷成立了"运作研究"工作组，通过对科学方法的开发与应用，成功解决了许多非常复杂的军事战略和战术选择问题，这让运筹学在"二战"的战场上得到了广泛应用。

1943年3月，为了对德军在大西洋的潜艇实施更加有效的攻击，美国海军成立了由物理学家莫尔斯（Morse）领导的跨学科小组。该小组通过研究发现，飞机一般会在潜艇上浮的时候对其实施攻击，这时潜艇的深度约为30英尺（1英尺约等于0.305米）。而美军的深水炸弹的爆炸深度至少为75英尺，杀伤范围为20英尺左右，这种攻击对德军潜艇的威胁十分有限。于是，莫尔斯小组对深水炸弹的制作技术进行了改进，使其可以在水下30英尺左右完成爆炸。仅此一项措施，便让美军对德军潜艇的击沉率提高了六倍。

也就是说，美军通过研究如何以最短运距实现最大运量以及如何最大概率地攻击敌方潜艇，用科学打赢了战争。

第二次世界大战以后的世界工业恢复了繁荣，从事战时运筹学工作的许多专家致力于将战时形成的运筹学方法应用于工商企业、政府以及其他社会经济部门，运筹学作为一门学科逐步形成并得以迅速发展。

20世纪70年代之后，运筹学的理论和方法被当作基础，与其他学科进行了融合并指导着各行各业的发展，比如计算机科学、管理科学、行为科学等。其中，运筹学与计算机科学融合形成了一门新的组织管理技术，即如今的系统工程学，它的出现亦为丰田精益生产模式的形成和发展奠定了重要基础。

系统工程学的根本目的是"保证以最少的人力、物力和财力在最短的时间内达成系统的目标，完成系统的任务"。所以在实际应用中，企业通常需要把研究对象视为由相互关联的各个部分组成的整体，通过运用运筹学理论和方法，结合计算机技术，对各个组成部分进行分析、预测、评价，最后将结果综合在一起，从而实现使系统达到最优的目的。

世界各国都十分重视系统工程学，不过应用路径却不尽相同。中国最早提出系统工程学理论的是钱学森，他将系统工程学应用到了我国的航空、航天、制导等领域，为我国航天器、导弹等的制造奠定了坚实的思想理论基础，并助力我国在国际环境风云变幻的情况下探索出了一条自主发展的道路，创造了一个又一个航天奇迹。如今回看我国的航空航天发展之路——用十几年的时间就走完了发达国家走了几十年的路，其中，系统工程学理论的价值功不可没。而另一边，日本则将这种学科原理应用到了汽车制造等工业领域，这是日后丰田精益生产模式的重要学科来源之一。

二、现代物流学为精益生产的诞生和发展奠基

现代物流指的是将信息、运输、仓储、库存、装卸搬运以及包装等物流活动综合起来的一种新型集成式管理，区别于运输和物资管理理念。

早在"二战"时期，物流学就已经与运筹学相结合，广泛应用于军事领域的物资运输环节。

"二战"结束后，美国和苏联作为反法西斯同盟的两个代表，对德国进行了分区占领。后来美苏关系迅速恶化，苏联切断了美国所占领的西德地区的陆路交通，阻碍物资运往西柏林地区，但保留了空中运输通道。

美国为了保障 240 万人口的日常生活所需，只能最大限度地调动西德地区的 20 座机场来提升运力。通过前期的精准计算和物流统筹，所有运输机全天候不停地往返，出现故障就快速维修，不能短时间修好的，就换新的飞机顶上。即便如此，依然有问题没有解决，那就是飞行员的数量不够。为了解决这个问题，美国一边从西欧和本土抽调大量飞行员到西德，一边继续进行更加细致的物流规划，对飞行员进行了分组，按照组别轮班升空。与此同时，西德当地的驻军也在努力做好保障工作，在短时间内扩建了原有机场，甚至还建成了两座新机场，以保证运输机高效地起降。

经过两个月争分夺秒的布置，美军原本低下的物流效率迅速提升，运输机在运送生活必需品之外，甚至还能额外运送一些零食、玩具等。这种高强度的运输任务持续了一年的时间，800 多架运输机、20 000 多名飞行员的功绩无法忽略，但真正让运输任务顺利完成的，其实还是美军早期的精密计算和物流统筹。

在美国与苏联的这场没有硝烟的战争中，美国凭借高水准的后勤运输方案取得了最后的胜利。但抛开政治层面的因素，现代物流思想才是美国取胜的关键。其实在"二战"期间，美国为了高效地将士兵和物资输送到各个战场，所进行的运输线路规划虽然采用的是运筹学原理，但实际上已经初步具备了现代物流思想。

中华人民共和国在成立初期亦有对现代物流思想的探索，并使钢铁制造等领域取得了飞速发展。比如著名的"鞍钢宪法"，其"两参、一改、三结合"的精髓，在车间实行质量管理，以及以重视现场、持续改善、全员参与、凝聚战斗力等为核心的管理思维，都已经有了现代物流思想和精益生产的影子。

此后，现代物流思想背后的集成式管理思维——尽可能降低总成本，同时为顾客提供最好的服务，逐渐成为现代企业管理的核心思想之一。现代物流思想中的商物分离（或商物分流）、黑大陆和物流冰山说、第三利润源说、效益背反说、成本中心说、利润中心说、服务中心说与战略说等核心理论，都是根据最底层的市场经济逻辑一步步搭建而来的，不仅指导着现代企业的科学经营，还为现代精益思想奠定了坚实的基础。

总体来说，"二战"后对于经济迅速发展的渴望，让各国在生产、生活领域的管理、操作和理论都得到了迅速突破，并深远地影响着现代商业社会。而在当时，将这些专业、学科、理论进行集成的是日本丰田。正是由于丰田善于模仿并在吸收中创新，这些价值斐然却散落在军事、物流、生产等各个领域的学说与方法论最终汇集到了企业经营管理领域，并完成了极致的探索和融合，成为之后改变世界的精益思想。

第二节
开端：丰田崛起让精益生产达到顶峰

虽然"二战"后的一系列学科和理论发展让社会、生产和工业等方面有了前所未有的快速发展，但没有一种模式可以超越丰田的精益生产，丰田精益生产模式让"精益"这一概念首次超出精神范畴，被赋予明确的管理含义，成为一种可被广泛使用的管理工具和方法。

一、精益生产的诞生离不开三位灵魂人物

之所以是丰田而不是其他企业，归功于丰田自身的发展传统和三位灵魂人物。第一位灵魂人物便是丰田创始人丰田喜一郎（Kiichiro Toyoda）的父亲丰田佐吉（Sakichi Toyoda）。

丰田佐吉是日本著名的发明家，为日本乃至世界纺织行业做出了巨大贡献。23岁的时候，丰田佐吉就成功在传统织布机的基础上改造出了手工木织机，这将生产效能提升了40%~50%。但他并没有满足，在之后的工作中持续寻找提升织布机效能的方法。

在美国人诺斯勒普（Northrop）发明了自动换纤织机后，丰田佐吉果断辞职并赴美考察。学成归来后，他开设了自己的纺织厂，一边经营一边研发自动织布机产品。1897年，丰田佐吉成功研发了能够被柴油机带动的狭幅动力木织机，初步实现了织造的自动化。1926年，丰田佐吉再一次改进了自己的发明，设计出了自动换梭织机，这成功使日本的织造设备水平晋升世界一流行列。

丰田佐吉在发明创造和企业经营上的精益求精，在未来也持续

影响着整个丰田企业的经营和发展。

第二位灵魂人物是丰田创始人丰田喜一郎。

1929年,丰田佐吉派他的儿子丰田喜一郎与英国一家知名的织布机制造商洽谈专利权事宜,双方最终以10万英镑成交,这也成为丰田喜一郎筹办丰田汽车公司的启动资金。正是由于丰田父子做出从纺织业转向汽车业的明智决策,才有了日后丰田享誉世界的精益生产模式。

在父辈精益求精精神的影响下,丰田喜一郎也成了一个在企业经营和管理方面追求不断提升的人。

丰田在成立初期发展得并不顺利,很长一段时间丰田的汽车都销售不出去,公司面临着破产窘境。当时,美国的福特和通用早已通过大规模的生产流水线,在世界汽车业占据着绝对的垄断和霸主地位,且已经将汽车组装厂打入了日本。当时,一流汽车企业最主要的竞争优势就是以标准化、大批量生产来降低生产成本,提高生产效率。而日本企业与德国、美国企业的汽车生产效率的差距是极大的,3个日本工人只能抵得上1个德国工人,9个日本工人才能抵得上1个美国工人。在这种形势下,丰田喜一郎意识到改变生产模式、提高生产效率势在必行。

这时候他遇到了最重要的事业伙伴——从织布机厂调过来的大野耐一(Taiichi Ohno),也就是丰田的第三位灵魂人物。大野耐一出生于中国大连,毕业于名古屋高等工业学校机械科,对自动化和现场现物管理有着丰富的经验。二人一拍即合,成为促进精益生产模式诞生的两个最重要的灵魂人物。

第二次世界大战后，社会进入了一个市场需求向多样化发展的新阶段，相应地要求工业生产向多品种、小批量的方向发展，因此单品种、大批量的流水线生产方式的弱点日渐明显。而丰田喜一郎和大野耐一恰恰抓住了这个时机。

丰田喜一郎参考了福特汽车的流水线模式，对丰田的生产流程重新设计，并且制作了很厚的工作手册，落实和执行由大野耐一负责。从1946年开始，大野耐一不断优化生产流程，很快就将丰田的生产效率提升起来，丰田逐渐向着精益生产的方向发展。

在大野耐一的努力改进下，经过二十余年的探索，一套完整的多品种、小批量混合生产条件下的高质量、低消耗的生产方式终于在实践中被创造出来，即精益生产模式。到了1982年，美国通用公司人均每年生产6辆汽车，而丰田公司却达到了人均每年生产55辆的水平。

这种精益化的生产管理方式，成功降低了生产和经营成本，让日本制造业在与大规模、批量化生产的传统模式的较量中取得了压制性的胜利，直到今天，丰田仍保持着世界汽车霸主的地位，其精益生产模式一直被模仿，却从未被超越。

二、精益生产的操作系统——看板制

在丰田的精益生产模式中，即时制与自动化是两大支柱。所谓即时制，简单来说就是用最少的资源，生产、运输正确数量的零部件或者产品。这样做的目的是尽可能地降低库存，避免过早或过多生产带来资源和成本的浪费。而自动化则是强调生产制造体系可以具备一定的智能性，然后根据订单的实际需要，自动调节每个环节的工作量。同时，在某个环节出现问题的时候，系统可以及时将这个流程叫停，从而避免不合格的产品流入市场。

要想遵循精益生产的管理方法，实现即时制与自动化，企业在实际经营中往往需要一个具体的承载系统。对丰田来说，这套系统就是传说中的"看板制"，这也是由大野耐一改造并引入生产制造领域的。

20世纪50年代初，时任丰田汽车公司机械厂厂长的大野耐一在思考，是不是可以将自选超市现物现管的管理方法应用到丰田。但是，当时的一些相关信息都是他通过间接渠道了解的，因此那时并没有得出一个确切的定论。

直到1956年，升任丰田汽车公司董事的大野耐一到美国福特、通用公司参观学习，这才有机会对美国的大型自选超市进行实地考察。他发现，大型自选超市为了方便及时补货，设计了看板。在这个看板上，所有工作人员都能一目了然地看到哪个货架上缺少何种类型的产品。在切实体会到"看板制"对工作效率的提升作用后，结合过去的设想，大野耐一才真正确定了要将"看板制"引入丰田。

当然，原有的"看板制"只是一种用于超市补货的即时通知，用于指导生产环节显然是不够的。为了让这种工具更加适合丰田，大野耐一保留了"看板"的形式，但对其进行了系统化改造。

丰田内部使用的"看板"，简单来说就是一种类似通知单的卡片，卡片通常分为两种类型：一种是取货或者搬运指令，另一种是生产指令。前者可以将产品制造过程中的零部件名称、生产量、生产时间、生产方法、运送量、运送时间、运送目的地、存放地点、运送工具和容器等信息和指令进行精准、高效的传递，让运输部门按照生产需要，及时、准确地调配原材料和零部件。

而后者可以清晰地将生产什么、何时生产、生产多少等关键指令，精确地传递至各个生产部门。这样不仅可以确保按需生产，避免过早或者过量制造，还可以作为合格生产的参照，用于快速甄别次品，从而避免不合格的零部件或者产品流入市场。

"看板制"这种极简操作系统是确保丰田精益生产模式中的即时制与自动化能够顺利实现的保障机制。如果没有"看板制"这种工具，丰田精益生产模式中的很多内容可能需要更长时间才能真正实现。

当然，"看板制"能够发挥作用的前提是，企业生产部门的各个环节之间具备相对紧密的联系，员工有相互协同的工作习惯。否则，如果后一个生产环节大量领取某种特定原材料或者零部件，这就会影响上一个环节的正常生产。所以，虽然是看似简单的引入，但实际上为了让这个操作系统可以有效发挥作用，丰田在前期还是费了一番力气的。

在后续的发展过程中，丰田也在不断完善和提升这套"看板制"。有很多企业在学习丰田精益生产模式的过程中，将"看板制"引入自己的企业，形成了自己的精益生产操作系统。

时至今日，随着互联网技术的飞速发展，越来越多的企业用数字化办公取代了过去的纸质办公。随着企业内部沟通方式的转变，"看板制"也在迭代升级。通过各种办公软件，管理层发布的工作任务可以直观地被每个部门或者团队看到并认领。而在完成任务的过程中，每个部门或者团队，甚至是个人的工作进度，都可以同步到其他人的信息端口，从而形成即时的信息互通，避免重复工作，确保准时、定量地完成各自的任务。

总而言之，如果说精益生产模式可以让企业的生产经营升级，那么"看板制"可以确保精益生产模式被有效执行、高效实现。企业在推进精益生产的过程中，不能仅学习方法，而不建立执行方法的系统。

除了"看板制",丰田精益生产模式还包括全面质量管理、团队工作法、并行工程等制度。正是靠着这套体系,丰田打造了日本汽车独一无二的质量与成本优势,一度压得美国汽车公司抬不起头。

用一句麻省理工学院研究人员的话来概括精益生产模式最为精准,那就是"丰田的生产方式是一种不做无用功的精干型生产"。

第三节
传承:学术研究让精益思想大放异彩

1973年的石油危机让日本汽车对美国市场的威胁达到顶峰,国际市场需求的个性化和多元化也让美国公司意识到大批量生产时代已经彻底过去。为此,美国开展了持续二十年的研究。

正是由于美国系统性地组织了对丰田的跨国研究,并且之后发布了一系列研究报告,精益生产模式才完成了一次完美的蜕变,以精益思想面世,并引发世界的一系列关注、应用和研究。精益思想一度成为指导企业经营和生产的"至尊宝典",其光环在20世纪90年代达到顶峰。

1985年,麻省理工学院发起了国际机动车研究项目IMVP,筹资500万美元,用了近5年的时间深入研究全球汽车制造行业,走访了90多家工厂,形成了116篇研究报告,最后得出结论:精益生产将改变世界。

日本制造业在20世纪70年代的崛起,以及麻省理工学院在1990年发布的关于日本精益生产的调查报告,给世界带来了很大的震动。麻省理工学院的研究团队认为,日本汽车业综合了"单件生产方式"和"大量生产方式"的优点,开创了一种新的生产管理方式。

1990年，麻省理工学院的三名教授詹姆斯·P.沃麦克（James P. Womack）、丹尼尔·T.琼斯（Daniel T. Jones）和丹尼尔·鲁斯（Daniel Roos）合著了《改变世界的机器》一书，将丰田的生产方式正式命名为"精益生产"。

该书不仅清晰地讲述了大批量生产和精益生产的差异，明确了精益生产的最终目标是"持续降低成本、实现零缺陷以及越来越丰富的品种"，还总结了精益生产的五大要素，分别是设计产品、整合供应链、处理客户关系、优化产品从下单到交货的生产过程以及管理联合企业。企业只有让这五大要素相互支持、相互融合，才能用好这个足以改变世界的精益生产系统。

精益生产概念的出现，在世界范围内掀起了一股研究先进制造模式的浪潮，比如美国军方在1993年发布了"国防制造企业战略""精益航空计划"等。同时，除了汽车企业，更多的美国企业（比如波音、洛克希德·马丁、普惠等）加入了精益生产的大潮，并得到了飞跃式发展。

另一边，德国公司在精益生产的基础上，进一步提出了分形企业和精益管理的思想。

德国大众汽车公司以旗下子品牌奥迪为试点，将精益管理与自身的发展特点相结合，总结出一套属于自己的精益生产体系，包括班组工作、过程质量控制、全面效率维修、目标管理、物料管理、工位组织、目视管理、标准化操作以及改进工作九个重要环节。

如果说丰田的精益生产是针对关键工作环节进行提升，那么大众的精益生产则是从产品生产流程出发进行管理设计。凭借这种个性化的精益生产体系，大众的生产效率大幅提升。后来在2005年，大众对原来的精益生产体系进行了系统化改造，将原本相对松散的流程整合成了一套完整的精益生产系统。大众将这套系统命名为KVP–Kaskade，意思是持续不断的、气势磅礴的、全员参与的改进。

1996年，詹姆斯·P.沃麦克和丹尼尔·T.琼斯在原有研究的基础上进一步归纳和升华，出版了《精益思想》一书。书中首次提到了精益生产背后所包含的新的管理思维，并通过"消除浪费、创造价值"的核心管理思想对精益生产进行了更加深入的讲解。

《精益思想》一书提出了精益管理的五大原则：一是顾客确定价值，即以客户的观点来确定企业从设计到生产，再到交付的全部过程，从而最大化满足客户的需求；二是识别价值流，即在价值流中找到哪些是增值活动，哪些是可以立即去掉的不增值活动，精益思想将经营过程中消耗了资源而不增值的活动叫作浪费，识别价值流就是发现浪费和消灭浪费；三是价值流动，即要求创造价值的各个活动（步骤）流动起来，强调的是不间断流动，精益思想将所有停滞视为企业的浪费，号召"所有人都必须和部门化的、批量生产的思想做斗争"；四是拉动，即按客户的需求完成投入和产出，使用户在恰当的时间得到需要的东西；五是尽善尽美，上述四个原则相互作用形成的良性循环就是趋于尽善尽美的过程。

可以说，精益管理是精益生产理论的扩展，是精益思想在企业各层面的深入应用，是以持续追求浪费最小、价值最大的生产方式和工作方式为目标的管理模式。

整体而言，在精益思想体系的形成过程中，日本人提供了基本的思考和方法，用出色的实践证明了精益生产的强大生命力；美国学者、美国企业的研究和实践则证明了精益思想在世界上的普遍意义，并将其升华为新一代的生产哲理。而后各国的发展都没有再改变精益生产和精益思想的本质,精益思想从此成为各组织消除浪费、创造价值的最有力的工具。

然而,随着市场化的推进,消费者需求发生了根本性的变化,人们对产品的要求越来越高。此时,仅仅考虑按需生产、减少浪费已不能完全满足企业的发展需求,企业必须拥有更加全面、系统的管理思想,这样才能在文化、战略、经营等方面得到全方位的提升。

第二章　现代精益思想"新"在何处

精益思想的普及可以说是20世纪中后期开始的一场围绕企业科学管理的革命。日本丰田在军事运筹学、系统工程学、现代物流学等学科的基础上，逐步发展出了精益生产模式，并取得了阶段性的成功。之后美国的研究引发了此后几十年全球对精益生产模式的学习、研究和完善，从而让精益思想得到了广泛传播和应用。

可惜自那之后，精益思想在管理理论界再也没有跳出生产车间的范畴，而企业也很少会跳出自身，向上下游产业链传递这一思想。

不过近年来，一些知名的跨国企业（比如苹果、特斯拉等）早已在企业管理上悄无声息地运用了一种更广义的精益思想。面对4.0智能制造时代，它们不仅将精益思想扩展到了供应链和产业链上，还在不断占据相关产业链的价值链，这是当今高科技领域和现代服务业的竞争现状和趋势。

本章对这种更为广义的精益思想进行了重新总结和定义，并对应传统精益思想，称之为现代精益思想。现代精益思想覆盖企业经营管理的全过程，并从单个企业拓展至一个行业，再从一个行业延伸至上下游产业，甚至进一步延伸至全产业链。在此过程中，现代精益思想将得到更大范围的学习、认知和应用，从而满足当下企业对更加行之有效、能够直面企业问题的管理思想的渴望和呼唤。

现代精益思想将带给我们一种开拓性的尝试，这是我们在组织变革以及企业管理中能够有效统领和指导企业前进的价值观和方法论。通过对理论的系统研究，我们发现现代精益思想有一套指导企业整体发展的思想理论体系。

现代精益思想新在理论，新在方法论，更新在思维方式上。未来现代精益思想的普及，不仅要跳出生产的狭隘框架，还要跳出行业和国家的限制。

那么，现代精益思想有着怎样的内核和理论体系？与传统精益思想相比，它具体新在哪里？当下成功的企业又是如何实践它的呢？

第一节
现代精益思想从何而来

时至今日，制造业已步入了以现代科技和信息化为核心的智能制造时代，精益思想也有了更高阶的体系，进入了以现代物流思想为核心的价值链创造阶段。本章所说的现代精益思想是立足于丰田精益生产模式以及美国的精益思想的一套新的思想理论体系，它区别于传统精益思想在生产环节的局限，关注当代领先企业都在追求的全价值链立体式经营管理思维，是从市场经济的底层逻辑搭建的，是对传统精益思想的全新升级。

一、传统精益思想不再是企业的良药

传统精益思想是一种有效配置和合理使用资源，最大限度地为企业谋求经济效益的经营管理理念。自20世纪90年代以来，丰田精益生产模式被反复学习和模仿，帮助不少制造企业实现了跨越式发展。也有很多企业学习了丰田的模式，但并未获得成功，究其原因，主要有三个方面。

一是只引入了理论，没有做好基础管理，精益生产模式名存实亡。精益生产需要企业以5S管理[包括整理（Seiri）、整顿（Seiton）、清扫（Seiso）、清洁（Seiketsu）和素养（Shitsuke）]为

基础，通过持续改进来实现精益，而很多企业大大弱化了 5S 管理，更别谈推广持续改进的循环革新思想了。

二是没有升级底层文化，员工素质不高。丰田十分重视人才资产，但很多企业只关注生产环节，忽略了企业文化的搭建与员工培养，殊不知优秀的企业文化和人才才是使精益生产模式长期有效的基础。

三是缺乏整体的战略发展规划。随着时代的发展，即便企业将精益生产模式的引入和应用做得淋漓尽致，但单纯针对生产环节的精益管理已经不能解决企业所面临的多样化问题了。

现代企业面对的市场和客户复杂多变，很多行业的内在经营逻辑被持续颠覆。在逐渐满足自身的物质需求后，人们更加重视自身的社交需求和尊重需求。因此，企业不仅要考虑使产品契合客户的使用需求，还要更加关注人本身的健康、精神愉悦以及和谐发展。

因此，现代企业之间的竞争已经不只是产品质量、成本和制造水平的比拼，还涉及企业战略、文化、品牌等更复杂的层面。由于竞争范围的扩大，同一企业在不同的发展阶段往往会被不同维度的问题困扰，而不同行业的企业，因为行业之间的差异性，所面临的问题更是大相径庭。从企业管理的全流程来看，传统精益思想更多的是在解决生产制造条线的问题。

21 世纪以来，社会经济的发展、个性化需求的增多、产品生命周期的变短以及产业的互联网化等，都对企业提出了更高的要求，传统精益思想关注生产制造而忽略服务质量的经营思维明显有了短板，这推动了现代精益思想的萌芽和快速发展。

二、现代精益思想的颠覆与新生

现在的大多数消费者不仅关注产品本身，还关注产品背后的态度、服务和价值。用传统精益思想指导生产经营的企业虽然能够生产出比竞争对手更好的产品，但服务方面的薄弱和反应的不及时会使产品的销售受到负面影响。很多时候，服务、文化等虽然是产品之外的附加价值，但在消费者眼中，这也是产品的一部分。

正如木桶理论揭示的那样：一只木桶能盛多少水，并不取决于最长的那块木板，而是取决于最短的那块木板；一个组织能够达到什么水平，往往取决于组织中最劣势的那部分。企业的核心竞争力始终是产品，但只关注产品本身是不够的，还有很多因素会影响产品的市场表现，比如营销、服务、品牌形象等。如果这些关键因素没有得到提升，那么长远来看，企业的发展将遭遇阻碍和困境。

企业不能"头痛医头，脚痛医脚"，而是要进行全面、系统、整体的考虑，现代企业亟须一套全新的思想体系。

现代精益思想把传统精益思想推向了一个新的阶段，不仅关注科学管理基础的搭建，还关注产业链的共生、共享、共荣，从而最终推动各行各业和国家经济持续、稳定、健康地发展。这需要进一步对前几个阶段的实践经验和部分理论抽丝剥茧，回归自然科学、社会科学和思维科学。

这一过程是传统精益思想从条线到立体的过程，也是从生产线到供应链上下游和全产业链，再到价值链的全面升级（见图2-1）。

其中，供应链升级主要是对企业的原材料和零部件供应商的商业交易和协作链条进行升级；产业链升级则是在供应链的基础上进一步延伸，包括上游的资源行业、中游的研发制造行业以及下游的深加工行业等，囊括了一整条产业链以及进一步形成的产业集群；价值链升级是指从知识产权、专利技术、品牌效应等价值高点出发，统领整个供应链和产业链。价值链是对供应链和产业链的"挟持"，在这个过程中，消费者拥有最终发言权。企业最终需要通过消费者来实现价值，从而掌握供应链和产业链的主导权。

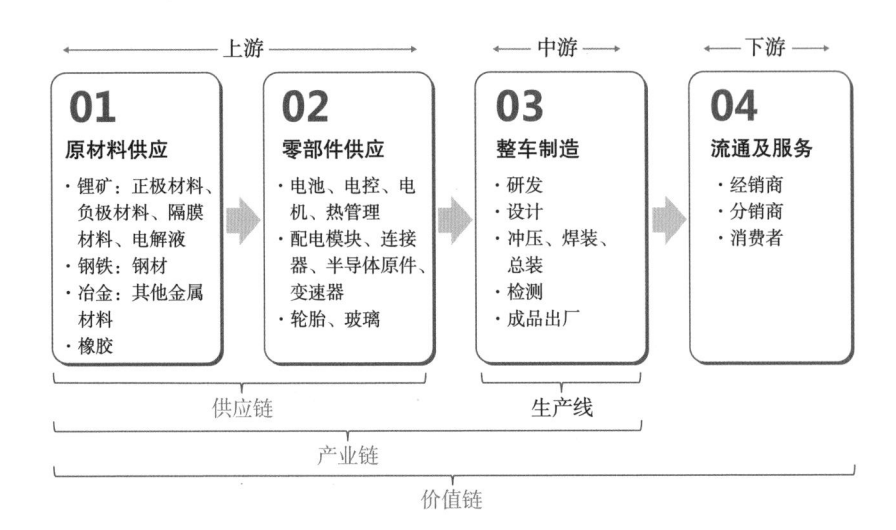

```
        ←── 上游 ──→      ←─ 中游 ─→    ←─ 下游 ─→
┌──────────┐ ┌──────────┐ ┌──────────┐ ┌──────────┐
│   01     │ │   02     │ │   03     │ │   04     │
│ 原材料供应 │→│ 零部件供应 │→│ 整车制造  │→│ 流通及服务│
│·锂矿：正极材料、│ │·电池、电控、电│ │·研发    │ │·经销商  │
│ 负极材料、隔膜 │ │ 机、热管理  │ │·设计    │ │·分销商  │
│ 材料、电解液 │ │·配电模块、连接│ │·冲压、焊装、│ │·消费者  │
│·钢铁：钢材 │ │ 器、半导体原件、│ │ 总装    │ │        │
│·冶金：其他金属│ │ 变速器    │ │·检测    │ │        │
│ 材料     │ │·轮胎、玻璃  │ │·成品出厂 │ │        │
│·橡胶     │ │          │ │          │ │          │
└──────────┘ └──────────┘ └──────────┘ └──────────┘
```

图 2-1 以汽车制造业为例的"三链"全流程

可以说，价值链抓住了企业、行业乃至多产业集群中可以产生价值和意义的全生命周期中的每一个细节。而企业要想构建这个价值链，就需要新的精益思想，站在价值链角度对所有环节进行指导和统领。也就是说，价值链通过抓住供应链和产业链的"命门"来实现统领，进而形成一种凌驾于这两链之上的新的企业经营管理方式。

现代精益思想中"三链"的升级与发展过程，从全球几大代表性企业的成长中可见一斑。

以苹果为例，苹果颠覆了整个手机行业，其利润一度占据全球手机行业总利润的 73%。除了产品创新，更重要的是苹果极致的供应链管理和附加服务，这让其在价值评判方面得到了优势。它不仅将供应链端、物流运输端的成本降到最低，还通过消费服务和价值观输出，让产品价格得到持续提升，从而使利润空间持续增厚。可以看到，在苹果的整个经营发展长河中，它关注的不只是自身的产品和服务，更重视上下游产业链的共同发展以及与客户、消费者的双赢。苹果的这种产业链双向延伸的管理思路和重视企业价值观输出的战略思维，就是精益思想从生产环节过渡到产业链全生命周期的最佳案例。

再比如特斯拉，它最重要的产品不只是汽车，还有制造汽车的方式。特斯拉选择在传统燃油车独霸天下的时候进入电动汽车赛道，并迅速将整车的毛利率提高到30%以上，远超全球销量最大的车企丰田19.6%的毛利率，它靠的就是以用户需求为核心出发点的管理思路。在打造超级工厂时，特斯拉超越了传统意义上每个自动化生产线都精准高效的桎梏，追求更灵活的生产线，追求可以快速适应新的零部件和变动的流程。特斯拉站在全生命价值链角度看待整个供应链，不断对其合并、精简、改变顺序，从而将整个生产周期和服务价值延展成一个可以学习和进化的整体。

这种随时可以灵活改变以适应产品需求的经营模式，最终让特斯拉颠覆了汽车行业，成为全球最特立独行却又最成功的企业之一。

两大顶尖企业的发展，都得益于对传统精益思想进行了升级和突破，从产业链和价值链的角度升级精益管理，在创造价值的过程中让一系列经济活动互不相同却相互关联、环环相扣、相互影响，让每一个环节都达到最好，进而整体提升企业的竞争力。

总体而言，与传统精益思想相比，现代精益思想主要有三个层次的升级：一是从制造业拓展到更多行业和领域，拥有更广泛的应用和指导价值；二是跳出生产环节这一狭隘框架，从生产环节延伸到全价值链，站在价值链角度进行指导和统领；三是应用价值从单个企业的降本增效上升到推动行业健康发展，企业、行业和产业相辅相成，通过产业集聚形成产业集群，最终打造一个共荣、共享、共赢的"三链"发展机制（见图2-2）。

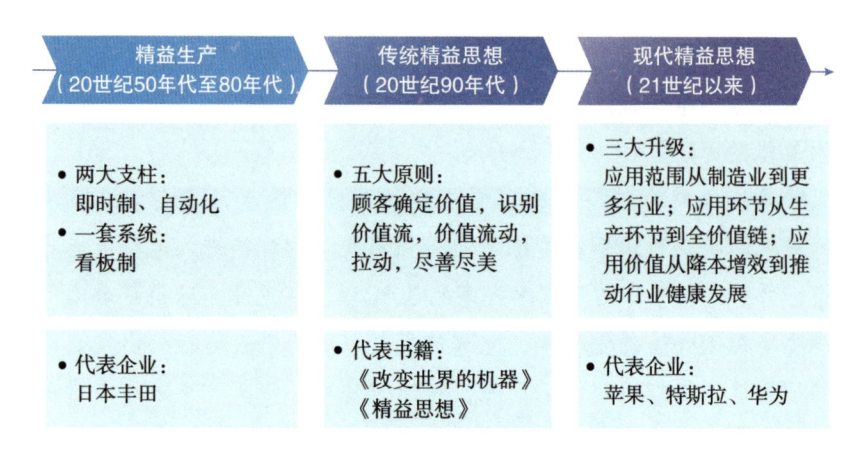

精益生产 （20世纪50年代至80年代）	传统精益思想 （20世纪90年代）	现代精益思想 （21世纪以来）
• 两大支柱：即时制、自动化 • 一套系统：看板制	• 五大原则：顾客确定价值，识别价值流，价值流动，拉动，尽善尽美	• 三大升级：应用范围从制造业到更多行业；应用环节从生产环节到全价值链；应用价值从降本增效到推动行业健康发展
• 代表企业：日本丰田	• 代表书籍：《改变世界的机器》《精益思想》	• 代表企业：苹果、特斯拉、华为

图2-2 精益思想的迭代升级

也就是说，当下企业需要的不是一种只能用于工业企业生产环节的精益思想，而是一种囊括不同行业、不同领域、不同经营环节的精益思想。但目前各企业、各行业都很难从"三链"角度协作，无法实现对社会资源的最大化利用以及对经济成本的最小化节约。同时，没有一个成熟的理论体系对这些成功企业的管理方式进行总结，这就是现代精益思想产生的根本原因和土壤。

第二节
什么是现代精益思想

完整的企业科学管理体系自20世纪90年代形成以来，除了持续与信息科学、计算机、数字化等概念结合，其核心理论止步不前，再也没有沉淀出新的知识理论体系。如今，我们在结合近几十年企业发展实践的基础上，重新认识、定义和总结了现代精益思想。

从学科定义上看，现代精益思想是建立在自然科学、社会科学和思维科学基础上的，以现代企业为主要研究对象的科学管理思想。它以运筹学、系统工程学和积极心理学为基础，以极值（最大值、最小值）为各体系分目标和各体系集成的总目标的评价依据，充分运用系统工程理论、信息理论、极值理论、思维科学理论以及企业管理等原理，将企业的文化体系、战略体系、品牌体系、供应链体系、产品体系、生产体系、营销体系、客户服务体系、人力资源体系、财务体系和运营管控体系等进行有机融合。

从形成过程看，现代精益思想是指导组织行为的新理念。具体来说，就是在每个体系的搭建过程中，多个细分专业在多个维度同步进行研究和相互之间的反复集成，各个体系以同样的逻辑再进行反复集成；在落地实践各个体系时，对其统筹协调、持续改进、不断迭代，以实现系统化的顶层设计、集成化的基础搭建和精益化的过程管控。

从发展路径看，现代精益思想是关于全流程的思想，是系统集成的思想，是顶层设计、基础搭建、过程管控并举的思想。它以阶梯式的不断创新为目标，以促进组织持续发展的战略思维为核心，形成了使组织永葆生命力的文化体系、战略体系、生产服务体系、管控与执行体系。它还是一种跨专业、跨学科的，指引企业不断成熟发展，从而带动上下游产业共同持续创新的实践性理论和操作性学说。

从实现路径看，在研究和应用现代精益思想的过程中，企业需要注意系统性和连续性、立体化和结构化、多维度和多角度，对经营全过程进行分析、研究，并最终解决问题。组织全员坚持共同的价值观和方法论，组织通过多专业的角色互换以及职能或功能的前后轮动，进行层层、步步、点点的交叉融合及系统集成。

总体来说，掌握了现代精益思想的组织，可以做到全员如一人，全企一杆枪，形成一种文化、一种信仰、一种理念、一种规则、一个频道。现代精益思想是在统一认知以及精益生产和现代物流的基础上，迭代升级、系统集成的价值观和方法论，是匠心之上的匠心。

与传统精益思想相比，现代精益思想主要有三个方面的优势。

一、扎实的学科基础，更加科学和严谨

现代精益思想在形成过程中，除管理学外，借鉴了更为广泛的科学理论，使用了更为科学的研究方法。

首先，现代精益思想融会了多个学科，除前文介绍的运筹学、系统工程学外，还有一个重要学科——积极心理学。积极心理学给心理学领域带来了一场革命，这是人类社会发展史中一个新的里程碑，它是一门从积极角度研究传统心理学的新兴科学。

积极心理学主张以人的积极力量、善意和美德为研究对象，强调心理学不仅要帮助处于某种逆境的人们知道如何求得生存和发展，还要帮助处于正常境况下的人们学会怎样构建高质量的个人生活与社会生活，这与现代精益思想的核心价值不谋而合。

作为现代精益思想的学科基础，积极心理学更多的是以认知论的方式存在的，它能够更好地解决以人为本的问题，能够更好地处理和引导复杂的市场关系，能够突破传统管理边际，让企业经营者用更加宽阔的思维来解决一些传统经营理论无法解决的问题，也能够让行业更加积极、健康。

其次，在传统精益思想的基础上，现代精益思想扩展了系统工

程理论、信息理论、极值理论、思维科学理论等其他领域的学科知识，能够更有效、更完善地解决现代企业所面临的系统性问题。同时，外部学科的引入以及内外部系统的相互印证，让现代精益思想可以从更多角度看待和分析问题，这可以在很大程度上帮助经营者做出更准确、更科学、更严谨的判断和决策。

我们可以将企业管理看作不断与熵增对抗的过程。企业管理包含很多元素，它们几乎都随着企业的发展而变得越来越无序——沟通成本逐渐增加，管理关系从简单的线性变成网状，流程更加复杂，产品和市场的关系也更加混乱，等等。

在传统管理体系中，企业一般通过制定制度和流程来对抗熵增。但在执行过程中，很多企业发现自己会受诸多抗力的干扰。这是因为现代管理学的基石是西方科学和数学理论，它对人的理解始终偏向利益和物化分析，更看重个体。而现代精益思想则合理补充了既往管理体系对思维科学的认知，同时基于运筹学和积极心理学，能够更有效地提升价值和文化对企业的引导和促进作用，从而形成使负熵持续改进的内部驱动力。

二、面向企业发展全流程，从管理理念到落地实践

现代精益思想贯穿企业发展全流程，而非单一环节。精益的主体也不仅仅是企业面向市场的产品，还包含很多其他关键环节和要素。

不可否认，消费者的核心需求始终聚焦于企业的产品或服务本身，但是在消费升级的大背景下，这已经不是消费者的唯一诉求了。有时除了产品和服务，消费者还会关注品牌、体验，甚至成功感或尊崇感。这时候，企业一方面需要深挖消费者的内在需求，另一方面则需要对其他环节进行升级和创新。一些企业考虑到成本和

投入，不愿意在增值的部分提供更多的服务；也有一些企业只关注产品品质，忽略了品牌和服务体系。因此，虽然越来越多的企业开始打破专业壁垒，但它们仍然很难把众多消费者关注的价值点有机结合到一起。

有的企业只注重管理，而不重视战略规划，结果在发展过程中偏离了初心，走上了"不归路"；有的企业只顾着打造品牌，却忽略了文化的渗透和指引，结果导致整个团队丧失凝聚力和向心力，企业上下就像一盘散沙。

总之，时代在进步，市场和消费者的需求也在不断升级，原本并不重要的因素，在消费者心中的重要性越来越高。这种变化要求企业将"精益"拓展至企业发展的全流程，而这种更加合理的精益方向，也是现代精益思想与传统精益思想的主要区别之一。

三、系统的精益方案，更加完善的方法论

传统精益思想能够指导企业通过准时生产、全员积极参与以及持续的管理，长效、快速地降低成本，提高效率和品质，这是一种科学的管理方法和工具。而现代精益思想不仅包含管理方法和工具，还具备正确的价值导向，它代表一种积极进取的思维方式，一种掌握主动权的思维方式，它有助于重塑企业对美好生活的认知，帮助经营者预判企业未来的发展路径。

同时，现代精益思想是一套完善的系统，能够从理论出发，结合实际，有效指导企业在各环节的具体实践，使企业保持创新和增长动力。在现代精益思想的指导下，企业不仅可以通过各种精益管理手段来提升效率和品质，还可以在有形价值和无形价值的双重驱动下，通过输出和传播文化、价值观，打造强势品牌，吸引市场目光并展示产品美学，用清晰的客户需求定义产品，同时用高附加值

的产品引导乃至提升客户需求，用清晰的产品体系促进产品价值的提升，最终实现企业文化和客户文化的互通。

第三节
现代精益思想的内核与精髓

企业的发展目标、方向和原则，实现目标的策略、路径、做法，顶层设计、基础搭建、过程管控三位一体的体系，以及使企业健康发展的文化，就是现代精益思想所倡导的价值观和方法论的骨架。

一、现代精益思想的价值观

企业的价值观往往会通过影响管理者和员工，间接对企业的经营和管理方式产生指导作用。一个符合企业自身特点和市场发展趋势的价值观，可以帮助企业朝着正确的方向发展。

丰田的核心价值观就是关注客户和产品，以客户为中心，通过产品的迭代与升级，为客户创造价值。减少浪费、按需生产的精益生产体系，也是由此而来的。而现代精益思想在有形价值的基础上更重视无形价值的创造，也就是说，企业要注重价值重塑和美好生活的营造。

营造美好生活的价值观，不仅可以让企业从产品之外的角度出发，给消费者带来更全面、更优质的体验，更重要的是，这种价值观可以给消费者留下深刻印象，甚至影响并占据消费者的心智。当然，前提是企业可以成功输出自己的价值观。

元气森林在进入市场的时候，通过针对消费者对健康饮食的需求开发出的产品，展现了明显的"以客户为中心"的价值观。零卡、零脂肪的苏打气泡水产品在推出后，得到了很多消费者的青睐。同时，简约、大气又不失清新风格的产品外观，也符合当下年轻消费者的审美。之后，元气森林又推出了几款新产品，主打的卖点依然是低卡、低脂肪。虽然产品类型不同，但它们都体现了企业对消费者的关注和关心，逐渐夯实了元气森林在消费者心中的地位。

直到今天，一说起苏打气泡水，大家第一时间想到的基本都是元气森林。这种企业文化与客户文化的相互认同，让客户对元气森林之后推出的多款产品产生了信任，即使是没有体验过的新产品，客户也会果断下单。

当然，企业的价值观不仅要对外输出，也要对内传播，即在企业文化中，增加为员工营造美好环境的内容。文化是一个企业生存和发展的根基，也是影响企业行为模式的基础要素。当员工认可企业的文化时，企业的政策和方案往往能被高效落实。

作为国内通信设备制造企业中的第一名，华为的人效更是高居世界第六的位置。华为之所以能够激发员工的主观能动性，将人效提升到这么高的层次，一方面是因为它提供了远超行业水平的薪资与福利，另一方面，更重要的是员工对企业文化高度认同。

从成立开始，华为就一直信奉"以奋斗者为本"的企业文化，坚持"不让雷锋吃亏"。员工十分认可这种文化，知道自己的努力和辛苦终会得到回报，自然会用最大的努力来为客户创造价值，进而为企业创造价值。

企业文化决定了一家企业能否基业长青，优秀的企业文化可以把员工紧紧团结在一起，形成强大的向心力，让所有人步调一致，为共同的目标奋斗。同时，优秀的企业文化不仅对员工有巨大的吸引力，还对客户、行业合作伙伴等有很大的吸引力。如此一来，企业经营发展中各个环节的推进才能事半功倍。这正是现代精益思想重点强调的。

二、现代精益思想的方法论

通过对现代精益思想的了解和学习，企业能够更顺畅地找到改进经营和管理的思路。而要想将这些思维层面的设计真正落地，企业还需要有配套的方法体系。如前文所述，现代精益思想本身就是一套完善的方法体系，它重点强调四个方面。

1. 价值定义方式升级

每个时代都有最稀缺的资源，在如今的知识经济时代，最稀缺的资源是无形资产。科学技术、创新研发能力、品牌等无形资产是企业的核心竞争力，它们一旦形成生产力，就能为企业带来巨大的经济效益。许多知名企业的无形资产的价值就远远高于其有形资产的价值，比如可口可乐，它的固定资产约为 200 亿美元，但它的市值却已将近 3 000 亿美元，这就是无形资产的价值。

在被吉利收购 11 年后，沃尔沃于 2021 年在瑞典斯德哥尔摩上市。此番 IPO（首次公开募股）所筹集的资金，主要用于将沃尔沃的车型全部转为电动汽车。按照计划，沃尔沃将在 2030 年年底实现全面生产电动汽车。

在收购沃尔沃之前，吉利生产的都是低端车型，而沃尔沃有着百年历史，不但拥有很强的品牌效应，而且它的技术也是吉利所需要的。面对福特甩卖沃尔沃这一难得的机会，吉利不惜背负沉重的债务完成了收购。

在收购沃尔沃的第二年，也就是 2011 年，吉利首次进入《财富》世界 500 强榜单，至今已连续十年上榜且排名不断攀升。在英国品牌评估机构 Brand Finance 发布的"品牌综合价值最高的十大汽车集团"榜单中，吉利位列第九，是唯一上榜的中国汽车企业。

十年来，吉利的汽车制造技术得到了迅速提升，品牌力也得到了持续提升，成为中国汽车品牌直面合资、走向全球的标杆和典范。

可以看到在无形资产的帮助下，吉利得到了走向国际化所需的人才、品牌、研发能力、核心技术、完整的供应链。吉利收购的不仅是沃尔沃的商标使用权，还包括知识产权，它得到了远超收购价格的无形资产。

当无形资产的增值幅度远远超过有形资产的增值幅度时，企业是加快发展的，财富是增加的。反之，当有形资产的增值幅度大大超过无形资产的增值幅度时，企业将来的发展难以加快，财富的增长会遇到边界。互联网经济盛行多年，已经深层次改变了人们的消费观念和生活方式，对于产品，人们不仅关注购买或拥有，还注重体验感，这让产品的无形价值开始占据越来越大的比重。

同时，在后工业时代，随着生产线和供应链的成熟，产品的主要价值已不再来自制造环节，很多公司都从生产制造转向了轻资产管理运营模式。我们可以看到，航空公司开始租借而不是购买飞机，大型科技公司苹果并不生产手机。这些公司的巨大价值来自设计和服务，而富士康这样的工业制造企业的利润则越来越微薄。

因此在未来，企业通过充分结合产品的有形价值和无形价值，能够与客户联系得更加紧密。企业可以通过对自身价值的输出，从有利于企业发展的角度激发客户的潜在需求。这时候，企业需要调整自己的价值定义方式，不能仅关注那些能够明确衡量的价值，还要重视品牌、企业文化、知识产权、设计研发等无形资产的价值。

在有形价值和无形价值并重的双价值理论下，企业一方面要注重产品驱动，从市场和客户的需求出发，设计、研发、生产高质量的产品；另一方面也要注重价值观驱动，在企业文化中注入"为客户创造价值、打造美好生活"等元素，从而让客户感到愉悦，同时实现品牌价值的增值。

2. 价值评判标准升级

商业的本质是交易，一边是市场和客户，一边是产品和服务，而价格则是交易的标准。可以这样假设，当产品的价值大于价格时，客户会倾向于选择它，反之，产品则很难吸引客户。因此在价值评判标准上，企业首先需要思考的是价值和价格的关系，即如何让产品的价值大于价格。

一般来讲，产品包含三种价值，第一种是产品的核心价值，第二种是产品的实体价值，第三种是产品的附加价值。产品的核心价值是指产品的主要功能或用途，这主要源于客户需求，这是客户购买产品的真正动机，同类型产品的核心价值基本不会有太大差异。产品的实体价值是指支持产品核心价值的各种具体形式，即产品的外部特征，比如材料、工艺、质量、包装以及衍生功能等，不同的产品在这方面有非常大的区别，实体价值可以唤醒客户情绪，激发客户情感。最后，产品的附加价值更多体现为产品的服务性能。

因此，让客户满意，是物有所值；让客户惊喜，是物超所值。企业只有努力让产品的价值大于价格，提供物超所值的产品，才能真正拥有市场竞争力。

2020年以来，虽然新冠肺炎疫情对市场造成了严重影响，但小米的各个业务线却实现了逆势增长。这背后是小米互联网生态的独特优势和"营销即服务"的理念。小米在营销时没有用传统的流量思维做广告，而是应用小米特有的系统级生态能力，将服务深入合作伙伴的全链条，帮助客户实现全生命周期管理。受新冠肺炎疫情影响，合作伙伴更希望降低投入成本，通过营销提高转化，小米用技术、精细化运营服务和庞大的生态链帮助客户实现了降本增效。

除了考虑价格和价值的关系，企业还要思考价格和成本的关系。传统精益思想对价格和成本的关系做了明确阐述，无论是减少浪费还是按需生产，实际上都是为了控制成本。著名战略学家迈克尔·波特（Michael Porter）在《竞争战略》一书中提出了总成本领先战略，强调通过一系列管理手段，最终使企业形成成本优势。

基于价值、价格和成本之间的关系，我们可以看到，价值与成本之间的区间越大，盈利空间越大，产品的市场竞争力就越强。因此，根据现代精益思想，我们希望企业可以把每个业务板块产生价值的部分，细分为增加和减少两方面。对价值做加法，尽可能增加更多；同时对成本做减法，实现有效节约。更重要的是，企业不能只关注减少或增加的部分，而是要关注减少与增加之间的空间。

3. 管理思维升级

很多企业会根据过去的发展经历来探寻规律，并通过对标优秀企业，找到提升的方向。但有时候，通过这种方式来确定发展方向，企业会遇到瓶颈，甚至会陷入同质化的泥潭。世界上没有任何两条成功的路是一模一样的，企业不仅要从过去和现在入手，还要加入对未来的清晰认识和预判，站在未来的角度判断行业趋势和发展空间，提前挖掘未来的价值增值空间。

万科作为房地产业的龙头企业，先后经历了两任领导者：王石和郁亮。郁亮在 2017 年接替王石成为万科董事长，上任不久就在万科 2018 年的秋季例会上喊出"活下去"的惊人口号。

当年，不少房企老板对这种"无病呻吟""哗众取宠"的论调颇为不屑，但是让他们没想到的是，不到三年，"活下去"三个字已经从万科的口号变成行业现状。三道红线、限购限贷限价、新冠肺炎疫情、经济不景气、消费观念变化等因素导致房地产市场在 2021 年跌到冰点，进而导致大量房企面临资金危机和债务危机。

而万科的 2021 年度报告显示，其全年合同销售金额达 6 277.8 亿元，营业收入为 4 528 亿元，同比增长 8%，归属上市公司股东的净利润为 225 亿元。即便是在 2021 年如此恶劣的市场和政策环境下，万科依然取得了远超同行的利润。除了业绩和利润，万科在三道红线金融稳定评级中被评为"钻石级"，负债率低于 70%，属于资金状况最好的级别。

事实证明，郁亮提出"活下去"的口号，是基于对趋势的预判，而这样的预判指导万科保持了稳健经营。

对于企业的时间价值，现代精益思想强调过去、现在和未来三个维度。企业需要根据财务状况、商业模式和组织建设来对这三个维度进行综合评判。

从短期时间价值来看，企业可以根据财务状况做出预判。现金流、营业收入、利润、资产收益率等财务数据全部体现在资产负债表、利润表和现金流量表上，这些数据能够在短期内相对客观地评价企业的经营情况，不同的市场环境对应不同的财务策略。

从中期时间价值来看，企业的商业模式比财务状况更值得关注。判断一家企业未来能否赚钱或未来盈利潜力如何，需要关注它的商业模式，即盈利模式和运营模式。盈利模式通俗来说就是企业靠什么赚钱，而运营模式是具体的实施和执行策略。透过商业模式，我们可以看清一家企业的盈利潜力以及盈利的可行性。

从长期时间价值来看，一家企业能否长久发展，组织建设是核心。衡量一家企业是否成功的标准是什么？是市值、企业规模还是盈利能力？相比这些，大众更信服企业的经济贡献和社会责任。所有经过历史检验的伟大企业，都对人类社会做出了重要贡献。比如通用电气、微软、苹果，它们无一不创造性地推动了社会的跨越式发展。而这些伟大的企业，无一不拥有一个伟大的组织。

我们可以看到，凌驾于财务报表和商业模式之上，能够使企业立于不败之地的是组织建设。组织建设源于企业家的经营管理之道，是企业持续发展的底层逻辑。可以看到，这些企业依托完善的组织建设，坚守价值定位，创造了各种便捷的管理工具和方法，以此驱动企业长久发展。

因此，我们应该从更长的时间维度来衡量、判断企业的价值。预见力和远见不仅是企业家应该具备的管理能力，也是组织中的每一个人都需要关注和考虑的重要能力。

4. 经营管理理念升级

由于过去长时间的粗放式发展，很多行业的起飞甚至和管理没有太大关系，更多的是在概念、赛道、风口的助推下实现发展的。很多企业经营者并没有扎实的管理基础和经营功底，而是依靠时运、资本获得了成功。正如小米创始人雷军所言："站在风口上，猪都会飞。"

因此，在过去的商业市场中，很多人信奉"人有多大胆，地有多大产""撑死胆大的，饿死胆小的"等观念。改革开放以来，可能有些规划了短期和长期战略的企业不如一通乱跑的企业，因为后者最省事，最节约时间，最能优先抢占资源（包括资金、土地、矿产、牌照和各种特许权等）。于是它们就慢不下来了，很多人甚至认为商业成功的本质就是"天下武功，唯快不破"。这个阶段的企业在越来越大的泡沫中赚到了热钱和快钱，然而一旦潮水退去，它们往往会成为尴尬的"裸泳者"。

行业和市场不可能永远上升，任何市场都有天花板和边界。当市场从上升转向下降时，底线思维就尤为重要。新经济时代，商机和风口层出不穷，越是在这种情况下，企业越要守住自己的底线。从辩证的角度看，底线思维是积极进取的思维方式，是始终掌握主动权的思维方式，是持续精益的思维方式。企业只有充分了解了最不利的情况，才能持续找到向上的通道。

总体而言，现代精益思想在方法论层面核心强调四点：从有形和无形角度定义价值；从增量和减量维度评判价值；站在过去、现在和未来三个时间节点进行综合决策；拥有既考虑最好情况，又考虑最坏情况的底线思维。当然，这些需要结合具体行业或者企业来实践落地，每个企业都有自己的特点，照搬、照抄很难对企业的发展起到积极作用。而掌握方法论，再结合自身具体情况进行规划，是企业更合理的选择。

第四节
现代精益思想的最佳实践

现代精益思想是一套复杂的体系，简单的理论讲解或许并不能让大家深刻理解其中的含义。因此，反观市面上应用现代精益思想的企业，我们找出了几个典型代表，希望这些案例可以帮助读者强化认知、加深理解。

一、苹果：重新定义全产业链价值的世界巨头

如果说精益思想在生产端的最佳实践代表是丰田，那么将精益思想从生产端升级到产业链，并将全产业链都精益化的代表一定是苹果。

虽然受到了新冠肺炎疫情的影响，但苹果依然在 2021 年交出了一份不错的答卷。世界知名统计机构 IDC 发布的数据显示，2021 年苹果的手机出货量达到了 2.357 亿部，同比增长 15.9%，稳稳占据世界第二的宝座。

根据基本的财务原理，利润的上升通常和两个方面的因素有关，一个是成本降低，另一个是单价提高，而苹果恰好在这两端都做到了极致。苹果的成功不只是因为产品创新，更重要的是对供应链的极致成本控制和面向消费端的优质服务，从而将产品的全生命周期都牢牢握在手里。

1.没有极致的供应链，就没有如今的苹果

众所周知，史蒂夫·乔布斯（Steve Jobs）是苹果产品创新的灵魂人物，但很少有人知道蒂姆·库克（Tim Cook）是苹果供应链的灵魂人物。可以说没有极致的供应链，就没有如今卓越的苹果公司。

当所有人都还在优化精益生产模式时，库克已经在关注供应链对整个企业在控制总成本和提高效率方面的重要性了。

库克在 1998 年加入苹果后就开始了对生产、运营和供应链的全面梳理和优化，例如关掉众多生产设施，启用亚洲的合同制造商等，而这些动作的成果也十分显著，库克在加入苹果 7 个月后，就将产品的库存周期从 30 天缩短到了 6 天，这对降低成本来说意义重大。

而这仅仅是一个开端，随后库克对苹果的运营体系进行了彻底改革。乔布斯把苹果的产品线削减至 4 条，库克则践行了乔布斯的专注，持续优化和缩减苹果的供应商，对供应商的管理和对供应链的集中优化是苹果走向世界之巅的重要武器。

虽然很多公司也采用外包形式对供应链进行优化，但是它们都让供应商自主管理，这会带来库存升高、价格不稳定、交付不及时等问题。而苹果对供应商的管理则是层层嵌套，将每个环节优化到极致，概括来说，主要有四大原则。

一是与供应商深度绑定，贵精不贵多。苹果对供应商的筛选十分严苛，留下的都是最精锐、最默契的供应商。虽然极致的管理对供应商来说过于苛刻，但是苹果留出了足够的利润空间，可观的利润蛋糕是让供应商与企业共进退的最有效的办法。二是一体化供应链。苹果擅长对供应链提前布局、提前预警，用订单代替库存，从而降低供应商和自身的共同成本。三是提高效率，提高供应链运作的集约化能力，用空运代替海运，从而实现无缝衔接。四是转换思维，将产品平台化、无形化。苹果的应用商店、音乐商店等线上付费项目亦是对供应链的深度优化。

根据供应链管理的四大原则，苹果所有产品的总成本都得到了极致控制，随着销售规模持续扩大，苹果的利润空间自然持续扩大。

除了对供应链的极致控制，苹果在产品销售端和服务端也做到了极致。即使产品价格上升，消费者也愿意买单。因为产品价格提升的背后，是不断增长的产品价值。

2. 价值观输出是绑定用户的最佳武器

苹果并没有发明电脑、手机，但却颠覆和改变了整个电脑和手机行业。它有庞大且忠实的用户群体，有着很高的市场影响力和认可度。它为全球智能手机市场贡献了一半的收入，同时拿走了七成以上的利润，这不仅仅源于产品创新，更源于苹果的深度服务和对消费者持续进行的价值观输出和引导。

首先，苹果有着超强的产品研发能力，这为苹果构建了独一无二的护城河。从重新定义手机的多点触控显示屏到极简的 iOS 大生态系统，再到 Retina 屏幕、A 系列芯片、指纹解锁和面部解锁，苹果的持续创新使其获得了消费者的无条件信任和追随。

其次，苹果为消费者提供了优质的消费体验。苹果遍布全球各地的体验店和热情统一的服务，让消费者感受到了与其他品牌不一样的舒适感、安心感和高级感，让消费者的购买需求和体验感都得到了最佳满足。同时，苹果十分注重售后服务，其响应及时的售后保障、维修以及以旧换新等服务，消除了消费者购买产品的后顾之忧，也让消费者的消费要求不断提高，从而成为苹果的忠实粉丝。

最后，苹果有效输出了自己的价值观。苹果向全球用户进行的价值观输出是多维度的，每个人心中都有一个不一样的苹果，这恰恰是苹果最成功的地方。高端的形象、强大的生态系统、无人能及的设计，抑或用户至上、隐私性和安全性极佳、具有包容性和多样性……这些都是苹果的符号，都代表着苹果的价值观，也成就了苹果。

当然，苹果的过人之处还有很多，这里我们不再一一列举。但以上内容足以说明苹果在价值评判方面的双向标准：不是单纯地降低成本，也不是单纯地提升价值，而是双向并举，在降低成本的同时提升产品的价值。

二、特斯拉：重塑商业价值链的霸主

曾几何时，以供应链管理为主要内容的现代物流思想造就了丰田，随后精益制造成就了一大批德国企业。而苹果将现代物流思想从制造领域引入研发领域和品牌领域，并进一步引入企业文化的深处，这就是现代物流思想的 2.0 版本——以价值链为牵引的供应链管理。

如今，特斯拉如法炮制，控制了供应链和生产链，从而控制了产业链，并且特斯拉进一步将现代物流思想运用到研发、生产、服务以及经营管理等方面。

特斯拉成立于 2003 年，其创始人马丁·艾伯哈德（Martin Eberhard）是一名工程师，也是一名资深汽车发烧友，尤其对电动汽车有着浓厚的兴趣。艾伯哈德通过调研发现，大部分美国高收入人群会将混合动力汽车作为代步工具。但他们这么做不是为了省油，而是为了表达对环境问题的不满以及想要做出改变的愿望。

在洞察到环保意识觉醒的人群的需求后，艾伯哈德萌生了将跑车和新能源结合的想法，于是他和马克·塔彭宁（Marc Tarpenning）合伙成立了特斯拉。2004 年，埃隆·马斯克（Elon Musk）投资 630 万美元，成为特斯拉的董事长。

特斯拉用了很长时间进行技术积累和升级，直到 2008 年才开始量产产品。特斯拉的第一款产品 Tesla Roadster 并没有得到消费者的支持，反而因为价格上涨引发了预购客户的不满，公司一度陷入窘境。好在凭借出色的技术，特斯拉先后从戴姆勒公司和美国政府那里得到了投资和贷款，艰难地度过了这段黑暗时期。

之后，特斯拉成功在美国上市，并陆续推出 Model S、Model X、Model Y 等多款车型，逐渐发展为成熟的新能源汽车供应商。截至 2021 年，市场上出现了大量电动汽车品牌，有的是新兴品牌，有的是传统品牌的新业务线。但在所有品牌中，特斯拉的产品质量始终名列前茅。

对电动汽车来说，最核心的配件就是电池。车辆的性能、行驶里程等消费者较为关注的内容，都和电池息息相关，而性能与续航恰好是特斯拉电动汽车的核心优势。更重要的是，特斯拉的汽车电池不仅性能强大，成本也很低。

在打造汽车电池的时候，马斯克的"十倍价值理论"发挥了重要作用。为了用更少的成本打造更好的产品，特斯拉没有像其他企业一样寻求技术上的颠覆式突破，而是回过头从成熟的电源技术中寻找合适的答案。特斯拉对各种汽车电池进行了还原式拆解，发现电池的主要成本不是来自原材料，而是来自原材料的组合方式。与此同时，特斯拉还对汽车电池的工作流程进行了拆解，发现影响电池效果的核心因素不只是原材料，电池管理程序也是不可或缺的因素。高效的管理程序可以有效减少电能浪费，增加电池的工作时长。

在分析出结果后，特斯拉一方面着手组建超级电池工厂，在原来的电池技术基础上开发储电性能更好的超级电池。另一方面，特斯拉开发了独有的电池控制系统，它能够将7 000多颗电池组合在一起，同时确保某颗电池发生故障不会影响全局。最终，特斯拉将升级后的电池和电池管理程序组合到一起，这才有了现在充电时间短、续航里程长的特斯拉汽车电池。

不仅如此，为了进一步控制成本，特斯拉选择了延迟交付。也就是说消费者先下订单，等订单积累到一定数量的时候，工厂才会开足马力快速生产。这样做一方面避免了因过量生产而导致资源浪费，以及库存积压和仓储成本的上升，另一方面也降低了企业的资金压力。

当然，特斯拉的成本控制不仅体现在产品设计和生产方面，还体现在营销方面。特斯拉放弃了传统的经销商模式，选择了品牌直营，消费者通过特斯拉官网就可以直接下单购买产品。没有经销门店，自然就节约了建设、运维成本。

从这个角度看，特斯拉的产品设计和生产模式与传统精益思想有着异曲同工之妙，都是围绕用户需求，在生产环节减少浪费、按需生产，从而实现降本增效的目的。但是，特斯拉不仅关注产品这种有形的基础资产，还关注品牌价值等无形的增值资产。这已经不是传统精益思想的范畴了，而是在现代精益思想的指导下，注重有形价值和无形价值并举，基础价值与增值价值"两手都要抓，两手都要硬"的发展模式。

这种模式的背后，其实是企业价值评判标准的升级，即不仅强调控制成本，也注重提升价值。因此，特斯拉的产品不仅具有高质量、高性价比的优点，还可以从其他方面满足消费者更高层次的需求。

比如，强大的动力、完善的辅助驾驶技术，以及集成了多种不同功能的智能操作面板等，可以满足消费者对驾驶体验的追求；极具个性的外观设计，能够满足消费者对回头率的追求；甚至在汽车产品之外，特斯拉还为用户提供太阳城公司生产的太阳能电池板。用户把电池板安装在自家屋顶上，每天可以获得供汽车行驶约80公里的电能，这极大地满足了环保人士的诉求。

特斯拉的产品不仅有效满足了消费者的多样化需求，还传达了"亲民"、"环保"等价值观，提升了品牌的附加价值。

在营销方面，特斯拉也一直在用不同的方式提升品牌价值，比如借助马斯克的个人IP进行宣传和造势。2006年马斯克在特斯拉官网上发布的一篇文章提到："特斯拉的首要目的（也是我给公司投资的原因）是帮助整个社会从开采碳氢燃料的经济体向使用太阳能的经济体转型，我认为这是实现可持续发展的主要解决方案，但不是唯一的解决方案。"作为拥有极高曝光度和大量粉丝的企业家，马斯克对特斯拉未来发展的解读，直接将环保标签贴在了品牌上。

马斯克创办的另一家公司 SpaceX，在发射"猎鹰 9 号"火箭时将特斯拉的 Roadster 跑车放到了显眼部位。火箭的发射成功为特斯拉打了个广告，这让很多人意识到在"亲民""环保"之外，特斯拉还是一个勇于探索未来、开创未来的品牌。

通过这种价值观输出，特斯拉的品牌价值得到了提升，这也逐渐夯实了其新能源汽车领域领先品牌的市场地位。随着产品和品牌价值的不断提升，现在已经不是特斯拉在迎合消费者的需求，而是消费者在按照特斯拉的标准去衡量其他电动汽车品牌了。这种变化恰好体现了传统精益思想和现代精益思想之间的区别，前者在迎合市场，而后者能够让企业自己制定规则。

三、华为：现代精益思想在中国实践的典范

对于一家公司而言，最核心的任务就是造出东西并将其卖掉。换句话说，企业只有持续创造价值，才能长久经营下去。华为正是通过持续为世界和客户创造价值，一路成长为世界通信领域的顶级品牌，它有着比肩苹果的毛利率和盈利能力，在全球 170 多个国家进行了业务布局，亦是让美国用举国之力遏制、打压的科技巨头。

那么华为到底靠的是什么？这个问题见仁见智。有人说靠的是"死死抓住技术"的经营理念，有人说靠的是上下一心。但最关键的是，华为始终从全价值链角度出发，对每一个价值点都进行精益管理，不只是在研发、技术、管理和发展等方面，更是在文化、品牌以及战略层面。

很多人认识华为这个品牌是因为智能手机，但智能手机只是华

为的一个支线产品，华为的核心产品其实是通信设备以及相关配套服务，而且早在20世纪90年代，华为就前瞻性地看到了这个市场，开始研发数字交换机产品。在接下来的三十多年中，华为战略性布局通信行业，并在5G（第五代移动通信）技术上领跑全世界。

在20世纪90年代的国内市场上，交换机产品被国外企业垄断，华为的出现打破了这个僵局，并为中国农村地区的通信事业贡献了力量。凭借在农村市场赚到的第一桶金，华为开始尝试进军城市市场，同时加大了在通信设备研发方面的投入力度。当时，国内主流的通信技术还停留在2G（第二代移动通信）阶段，但华为并没有去研发相关技术，而是直接对即将成为主流的3G（第三代移动通信）技术进行研发。

进入3G时代后，中国也成了规则的制定者。我国独立研发的TD-SCDMA系统、美国的CDMA2000以及欧洲的WCDMA，是第三代通信技术的三大技术标准。而在这个阶段，华为也成功推出了自己的3G设备。凭借高质量的产品和服务，华为很快成为国内运营商的首选合作对象，它们甚至将之前的很多国外设备替换成了华为的。

在享受到技术提升带来的甜头后，华为一方面开始向国外市场扩展，另一方面开始招揽更多的人才，投入更多的资金，开始研发新的4G（第四代移动通信）设备。因为起步时间早，研发力度大，所以华为在4G时代占据了一定优势。

至于5G时代，华为比很多国外企业更早进入了这个领域。凭借强大的技术实力，华为一举成为5G时代的引领者，同时成为很多国家5G基站建设的主要设备供应商。

纵观华为的发展历程，不难发现两个特点：一是重点关注核心技术的研发；二是不局限于当下的形势，始终面向未来的发展趋势，选择合适的研究方向。华为的这种战略眼光用一句话来总结就是：结合过去、立足当下、面向未来。这种方式在华为的其他业务中也有体现。

2006年，当山寨机大行其道的时候，联发科技凭借芯片业务获得了大量收益。华为看到了芯片市场背后的巨大能量，同时为了给自己的手机业务赋能，开始研发自己的核心处理器芯片。2009年，华为旗下的半导体公司海思推出了第一款产品K3V1，虽然因为制程和性能比较落后，一经推出就宣告失败，但这标志着华为的芯片技术研发正式起航。2014年，海思麒麟系列终于上市。

对智能手机制造商来说，掌握了独立自主的芯片技术，就等于掌握了产品开发的主动权。不同于其他品牌需要配合芯片公司的开发进度和产品特性来迭代自身产品的研发模式，华为在产品研发上有更高的自主权，可以灵活调整硬件和软件设计，从而让产品向着更符合消费者需求的方向进步。这也是华为手机受到消费者青睐的一个重要原因。

另外，华为对新能源汽车领域的发展规划也非常合理。放眼未来，出于对环境保护和可持续发展的考量，新能源汽车成为消费热点是既定的事实。但现在，传统企业、互联网企业、造车新势力纷纷入局新能源汽车领域，市场竞争也越发激烈。所以，华为很聪明地提出：不造车，但要聚焦ICT技术（信息与通信技术），致力于成为智能网联汽车的增量部件供应商。

未来，新能源汽车品牌会越来越多，相关产品也会不断更新迭代，而在这个过程中，华为的ICT技术以及其他增量部件都会成为新能源汽车企业需要的重要资源。这样的规划不仅让华为巧妙避开了竞争风暴的中心，还有效把握了时代红利，从而助力自身的发展。

无论是在通信领域的前瞻性布局还是在芯片领域的自主创新，都源自华为在战略上的超前眼光，这也为华为跻身国际顶级品牌之列奠定了坚实的基础。

技术优势、生产的精益求精等，都是华为践行现代精益思想的证明。华为的成功是不可复制的，因为它不是单一层面的精益，而是对全价值链上每一个细节的极致坚守，是自上而下、多维度的精益管理。

回看全球经济发展史，丰田、微软、苹果、特斯拉、华为等企业经历数次经济危机却仍屹立不倒，这是因为它们都是现代精益思想的绝对拥护者和深刻践行者。相信所有遭遇困境的企业都可以在现代精益思想的指导下，顶住压力、逆流而上。

第二部分　房地产业亟须精益思想的全面普及

精益思想发端于制造业，也随着制造业的发展而演进和深化。如今，随着制造业向 4.0 智能制造阶段升级，以及产业全球化、国际产业链分工的深入，精益思想又得到了升华，形成了现代精益思想。这种全新的精益思想跳出了工厂车间、企业个体的范畴，上升到了全行业、全产业链。

回到房地产业，历经三十余年的发展，中国房地产业仍然是不成熟的，还停留在 20 世纪初的标准化、大批量生产阶段，缺乏科学管理思想的指引，走的是一条大干快上的、以杜邦公式为核心的粗放式发展道路。

如今，在"房住不炒"的政策下，粗放式发展道路已经走到尽头，房地产业将肩负起美好生活营造者的历史使命。那么中国房地产业的出路在哪儿？向百年制造业学习精益管理，是必由之路。

房地产业在本质属性、发展过程以及利润水平方面，都与制造业极其相似，世界制造业的转型与升级路径为中国房地产业的变革提供了绝佳范本。对标制造业，中国房地产业还处在 2.0 大批量生产阶段，亟须向 3.0 精益生产阶段转型，并进一步向 4.0 智能制造阶段升级。

在这个过程中，精益思想[①]是重塑中国房地产业的引领性思想，是贯穿全程的灵魂。习惯了粗放式发展道路的中国房地产业，亟须用精益思想武装自我。

那么精益思想如何引领房地产业变革？精益思想如何在房地产

---

① 从此处开始，"现代精益思想"统称为"精益思想"。

业落地？

基于多年的从业经验和思考总结，秉着继承、融合、发展、创新的原则，我们提出了五位一体的"精益价值树"模型：土壤是优秀的企业文化，根基是富有远见的战略体系，树干是具有企业内涵的品牌体系，枝丫是优秀的供应链体系，果实是精益化的产品体系。

每个房企都应以精益思想为指导，通过构建具有自身鲜明特色的精益价值树，真正将精益思想落地，从而形成面向未来的底层核心竞争力。

本部分将指出房地产业的现状与出路，然后重点阐述精益思想指引下的房地产业变革方向，也就是在精益思想的指引下，从文化、战略、品牌、供应链、产品五个维度补足 3.0 精益生产阶段的短板。

第三章　房企发展模式亟须变革，精益管理是必由之路

中国房地产业在三十多年的发展中，经历了多个经济周期和调控周期。在高速发展时期，房企享受了巨大的土地红利、金融红利，通过高杠杆、快周转、大规模的经营模式赚得盆满钵满。

这种经营模式确实在一定阶段促进了中国房地产业的快速发展，但相对粗放的发展模式也使房企积累了不少问题，以至于在遇到新一轮调控时，不少房企爆雷。

不难看到，多年来被房企奉为圭臬的传统"三高"发展模式已经走到尽头。与此同时，随着中国经济进入新的发展周期，在新基建浪潮下，今天的房地产业被赋予了全新使命。

房地产业过去被过多地赋予了金融属性、投资属性，从而让大众忽略了它本身的制造业属性。事实上，房地产业在很多维度都与制造业极其相似。如今，在国家大力去金融化的背景下，房地产业将逐渐脱去过度金融化的外衣，加速回归制造业属性。

站在转型的十字路口，房地产业亟须精益思想的全面普及，并以科学的管理思想为指引，走向精益管理的科学发展之路。

一个始终向前的行业，应该是不断反思和蜕变的行业。在转型、变革的关键期，制造业的发展模式为房地产业提供了范本，精益思想给房地产业提供了重塑的可能性。

第一节
粗放式发展模式已走到尽头

在中国经济高速增长、城镇化进程快速推进的背景下，中国房地产业通过粗放式发展模式，获得了令人惊讶的发展速度。然而当调控重锤接连落地，中国房地产业展现出了不堪一击的真实面目，粗放式发展模式已经走到尽头。

一、过去的高速发展靠的是外部红利，而非自身管理水平

1998年房改后，中国有了真正意义上的房地产市场和房地产业。此后，中国的房地产业高速发展，一路高歌猛进。然而回头看，支撑中国房地产业高歌猛进的底层因素并非房企的管理水平，而是种种外部红利，比如土地红利、金融红利、周转红利等。

多年来，中国房地产业的发展势头之所以如"脱缰野马"，离不开中国经济的迅猛发展。中国经济的飞速发展使老百姓的收入水平显著提升，改善居住条件成为日益凸显的刚性需求，商品房市场需求急剧攀升。

此外，浩浩荡荡的城镇化浪潮，同样是房地产业飞速发展的核心支撑。1978年中国的城镇化率仅为17.9%，2021年达到了64.7%。波澜壮阔的城镇化进程带来的是人口大范围流动和相关产业的飞速发展，也催生了城市对房产资源的需求。这自然推动房地产业不断向前，由此走上了规模集群、大干快上的发展道路，获得了超高速发展。在较长一段时期内，房地产业属于绝对的卖方市场，庞大的市场需求也让行业规模从万亿级快速发展至十万亿级，大批房企如雨后春笋般诞生并茁壮成长。

如今的头部房企大多诞生于行业高速发展时期，换言之，源源不断的市场刚性需求和宏观政策的红利释放，成就了一批又一批明星房企。

二、房地产业的唯一利器——杜邦公式

长期以来，房企普遍选择用"绝佳"的财务模型——杜邦公式来指导其生产经营活动。杜邦公式是指：净资产收益率＝销售净利率 × 总资产周转率 × 权益乘数（见图3-1）。

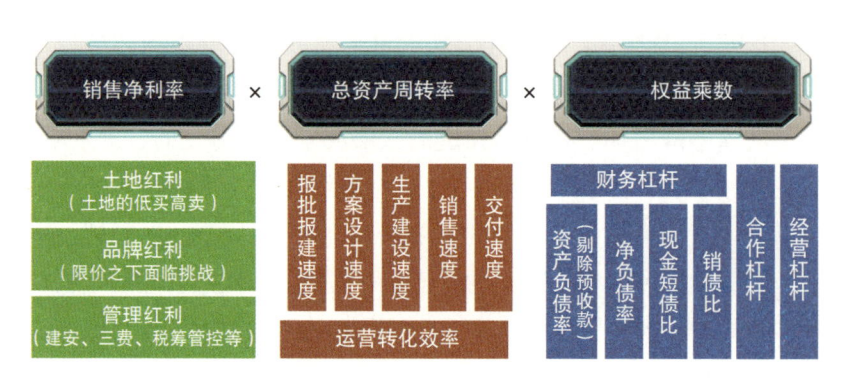

图3-1　房企杜邦公式模型图

净资产收益率越高，企业给股东带来的收益越多，而另外三个指标则分别代表了企业的盈利能力、运营能力和融资能力。不难看出，房企要想提高股东的收益水平，就需要提高销售净利率、总资产周转率和权益乘数。因此，这三个指标也被称为房企的三大引擎。

销售净利率是指净利润占销售收入的百分比。该指标反映了每1元销售收入带来的净利润，表示的是销售收入的收益水平。房企要想提升这一指标，就需要不断打磨产品品质，通过提升品牌附加值来提高销售价格，并不断优化成本，这就是我们经常说的开源节流。

总资产周转率是指在一定时期内，企业的销售收入与平均资产总额的比值。总资产周转率越高，企业的资产周转速度越快，销售能力也就越强。这一指标的提升需要企业提高自身运营能力，准确

把握市场节奏和方向，通过加快销售和建设速度，快产快销，以实现最快速度的产销最佳匹配。

权益乘数是股东权益比例的倒数，即资产总额是股东权益总额的多少倍。这一指标反映了企业财务杠杆的大小，权益乘数越大，股东投入的资本在总资产中所占的比重越小，财务杠杆越大，企业的负债程度越高。

房企是如何把这个公式运用得炉火纯青的？举个例子，你如果开了一家餐厅，那么最想做的是什么？第一，不花自己的钱，用别人的钱，钱借得越多越好，这就是权益乘数；第二，尽可能提高每一道菜的利润，一道卖100元的菜，可以赚50元，这就是销售净利率；第三，分店越多越好，每天的翻台次数越多越好，这就是总资产周转率。

而在销售净利率和总资产周转率一定的前提下，股东的投资额度越小，企业的负债率越高，企业最终的净资产收益率也就越高。因此，中国的房地产企业这些年几乎都在疯狂贷款，利用高杠杆快速扩张。

不可否认有些房企确实始终致力于修炼内功、提升品质，但更多的还是"有速度、欠质量""有产品、缺标准""有局部、少体系""有空间、乏美好""有物质、无精神"的粗放型打法，房企普遍缺少优化成本、打磨产品的耐心，更多的是利用"高杠杆、快周转、大规模"这三板斧在市场上一路狂奔。然而作为一个给老百姓提供基础生活空间的行业，只会这个不会别的，未来会怎么样？它一定是不长久的。

这种急功近利的做法给房地产市场埋下了许多隐患。这些隐患在行业飞速发展时期都不是问题，因为表面的繁荣会遮掩许多瑕疵与不足。不难想象，如果外部环境依然如故，那么这些粗放型房企还会大步快上，毕竟"挣钱才是硬道理"，这就是人性的弱点。中国房地产业有这么多精英，这么多年来都没能逃过人性的弱点，缺少对行业发展规律的认知自觉。

但是，一个健康长久的行业一定是精益的、遵循发展规律的、以科学管理思想为指导的。回顾全球制造业发展史，精益思想是推动制造业持续健康发展的根基。

然而，在 1996 年詹姆斯·P. 沃麦克等人出版《精益思想》一书之后，全球对精益思想的总结和梳理工作便戛然而止，苹果、特斯拉等企业虽然仍在实践和运用它，但对精益思想的精髓却不再明确提出。

当时间走到 1998 年，中国房地产市场正式起步，恰恰完美错过了指导制造企业生产经营的精益思想。

三、调控政策重拳出击，粗放式发展模式宣告终结

从 1998 年房改到 2022 年，房地产业经历了多个经济周期和房地产调控周期。而历次调控大多因带来经济下行而很快结束，并开始新一轮楼市刺激，但这一次真的不同。

2020 年至 2021 年的种种新规，终结了"你好、我好、大家好"的虚幻繁荣，房地产业面临 33 年来的最大转变，其发展模式面临彻底转型。

今天房地产业的处境不是偶然的，而是必然的，这是行业长期的粗放式发展模式造成的。每家房企都应认识到哪些该做，哪些不该做，什么是"是"，什么是"非"，反对什么，提倡什么，从而形成行业自觉，这样行业才会真正走向成熟。简单地依靠杜邦公式大干快上的经营模式，意味着中国的房地产业还远未成熟，它注定要接受"腥风血雨"的洗礼，注定要经历阵痛、蜕变和自我救赎。

高速发展的时代已经终结，房地产业亟须寻求新的发展出路，从高杠杆、高负债、高周转走向高质量、高效益、高品质，从外延

式增长转向内生式增长。

四、新基建浪潮下，房地产业被赋予全新角色

近年来，国际环境风云变幻，地缘政治冲突不断，加上新冠肺炎疫情的反复，全球经济增长疲软，中国经济也面临巨大的下行压力。稳增长、稳就业、稳物价（简称"三稳"），以及推动经济高质量发展，成为国家经济发展的核心战略。

在这一战略下，新基建成为政策发力的关键点。而中国房地产业也将回归大基建领域，成为新基建的一个分支，新基建下的新地产被赋予全新角色。这也意味着以商品住宅为核心的传统房地产业终结了，而以美好生活为目标的新型城市综合开发商正式出现。

1. 新基建是"三稳"的核心抓手，新地产是新基建的重要分支

当下，中国经济靠什么稳住？从拉动经济增长的"三驾马车"来看，出口方面，西方国家的经济形势仍不容乐观，总体消费需求低迷，受此影响，我国的出口面临很大压力；消费方面，国内经济复苏仍面临挑战，消费提振仍需时日，消费对经济的拉动作用有限；投资方面，房地产投资跌入谷底，制造业投资受出口下滑影响也遭受冲击。

不难看到，新基建是稳经济的核心力量。而"基建"这一概念随着时代和科技的发展，早已超出传统"铁公基"的范畴，拓展为新基建。

2018年年底的中央经济工作会议首次提出了"新型基础设施建设"，此后"新基建"成为热词。2020年4月20日，国家发展和改革委员会在新闻发布会上首次明确了新基建的范围，涵盖三大方面、七大领域，即信息基础设施、融合基础设施、创新基础设施三

大方面，5G 基建、特高压、城际高速铁路和城市轨道交通、新能源汽车充电桩、大数据中心、人工智能、工业互联网七大领域。

近年来，国家推动基础设施建设的力度不断加强，历次中央会议均反复强调全面加强基础设施建设。2022 年 4 月的中央财经委员会会议将新基建分为六个方面：城市基建、农村基建、能源基建、交通基建、水利基建、产业升级基建（见表 3-1）。

表 3-1 2022 年 4 月中央财经委员会会议关于全面加强基础设施建设的表述

序号	类别	会议表述
1	城市基建	加强城市基础设施建设，打造高品质生活空间，推进城市群交通一体化，建设便捷高效的城际铁路网，发展市域（郊）铁路和城市轨道交通，推动建设城市综合道路交通体系，有序推进地下综合管廊建设，加强城市防洪排涝、污水和垃圾收集处理体系建设，加强防灾减灾基础设施建设，加强公共卫生应急设施建设，加强智能道路、智能电源、智能公交等智慧基础设施建设
2	农村基建	加强农业农村基础设施建设，完善农田水利设施，加强高标准农田建设，稳步推进建设"四好农村路"，完善农村交通运输体系，加快城乡冷链物流设施建设，实施规模化供水工程，加强农村污水和垃圾收集处理设施建设，以基础设施现代化促进农业农村现代化
3	能源基建	发展分布式智能电网，建设一批新型绿色低碳能源基地，加快完善油气管网
4	交通基建	加快建设国家综合立体交通网主骨架，加强沿海和内河港口航道规划建设，优化提升全国水运设施网络
5	水利基建	加快构建国家水网主骨架和大动脉，推进重点水源、灌区、蓄滞洪区建设和现代化改造
6	产业升级基建	加强信息、科技、物流等产业升级基础设施建设，布局建设新一代超算、云计算、人工智能平台、宽带基础网络等设施，推进重大科技基础设施布局建设

新基建是以美好生活、共同富裕和民族复兴为目标，以项目全过程资产管理为主体，以绿色低碳和数字智慧为两翼，以国土（领陆、领水与领空）、基础设施、不动产、生产生活环境等为建设对象的生产和经营活动。

新基建首先是基建，是以两翼为助力工具的、走向未来的基建，"新"是前提，"建"是主体，"技"是手段。"新"不是简单的"新"，而是新技术的"新"；"建"也不是简单的"建"，而是全能型、全过程、全业态的"建"——不仅要建物质，还要建精神，不仅要建空间，还要建生活、建思想。

基于新基建中的城市基建和产业升级基建两大板块，我们不难看到，新基建基本包含了建筑业及其上下游产业链的大部分领域。房地产业源于基建，如今要回归基建，未来，房地产业不再是一个独立的行业，而是新基建的一个分支，将转型成为新地产。

2. 在新基建政策下，房地产业亟须转变角色、摆脱骂名

长期以来，中国房地产业一直背负着"骂名"。由于房价的一轮轮暴涨，以及资金大量流入房地产业而冲击实体经济的发展，房地产业成了"过街老鼠"，人人喊打。

但真正的房地产业是这样的吗？答案是否定的，房地产业应该是为人们打造美好建筑空间的践行者。这么多年来，房地产业作为国家的支柱产业之一，的确拉动了众多相关产业的发展，但行业的发展确实存在问题，这需要全行业正确面对、妥善解决。

事实上，国家对房地产业的态度也并非"一棍子打死"，不仅要坚守"房住不炒"的政策底线，更要推动房地产业健康、稳定、可持续发展，使其承担起经济社会所赋予的新的历史使命。那么，新基建下的新地产应该树立什么样的全新角色定位，承担起什么样的全新使命？

在各类政府报告中,"高质量发展""共同富裕""美好生活""绿色发展"等是政策关键词,而"增进民生福祉,提高人民生活品质""丰富人民精神世界,扎实推进共同富裕""推动绿色发展,促进人与自然和谐共生"……等一系列顶层设计给各行各业的发展指明了方向。房企一定要跳出单个企业或单个行业盈利的狭隘视角,承担起企业应尽的社会责任与环境责任,顺应政策大势,确定未来的发力方向。

基于政策导向和行业实践,我们总结了房地产业的三个新角色:一是相关产业的资源整合和系统集成者,二是绿色低碳和数字智慧的基础空间提供者,三是项目全过程资产管理者(见图3-2)。

01
相关产业的资源整合和系统集成者
产业链上游的系统集成
产业和行业之间的融合
产业链下游的系统集成
补好自身的基建短板

02
绿色低碳和数字智慧的基础空间提供者
绿色低碳的关键在于装配式建筑,装配式建筑已经从第一代预制构件和第二代装配率较高的现场装配,发展到了第三代全工厂化的装配式建筑

03
项目全过程资产管理者
以"五因制宜"为原则,做好柔性开发和柔性管理,运用项目投资建设的集成思维,提升企业核心竞争力

图3-2 房地产业的全新角色

(1)产业链角度:相关产业的资源整合和系统集成者

无论是房地产业还是其他相关产业,都是为了打造生产、生活、生态空间,最终都是为人服务的。那么这些生产、生态、生活

空间由谁来进行系统集成？答案一定是新地产人。

目前，我国的农业、渔业、文旅等行业，都分别与微生物科学、海洋牧场、全程建设管理等领域积极进行了资源整合。房企也应承担起资源整合和系统集成者的角色，从横、纵两个维度以及自身、行业、上游、下游四个方向进行整合与集成。在自身方面，房企要补好自己的基建短板；在行业方面，房企要做好产业融合；在上游和下游产业链方面，房企要做好系统集成、共享共生。

（2）产品角度：绿色低碳和数字智慧的基础空间提供者

无论是传统产业还是新兴产业，都离不开土地，离不开土地上的基础物理空间。无论是航天科技、生物制药，还是半导体、电子芯片产业，没有新地产提供的绿色低碳和数字智慧基础空间，没有一个美好的、智慧的物质空间和一个愉悦的精神空间，其产业发展都将无从谈起。

打造基础空间的关键在于建筑工业化，核心是全工厂化的装配式建筑。发达国家因为装配式建筑的占比较高，很少有传统意义上的房地产开发商，只有投资商、设计商、建造商，它们的建造商与我们的开发商类似，但前者属于制造企业，在现场施工环节最多做一些水电、景观绿化和部分基础施工，其他大部分建造工作在工厂就完成了。未来，中国的新地产也应该属于制造业范畴，装配式建筑会给房地产业带来一场全新的革命。

（3）投资角度：项目全过程资产管理者

改革开放以来，房企始终没有弄清资本、资产与资金之间的内在关系，也始终没有把"三资"关系清晰地体现在生产经营活动中。

未来，房企不再是简单的投资人，也不再是简单的建筑建设者，而应是项目全过程资产管理者。人类的所有生产经营活动，最终都要落到具体项目上，无论是哪个行业的项目，其全过程都包含融资、投资、定位、设计、建造、销售、服务和运营，最后到资产的退出。这背后就是从资本到资产，再到资金的转换过程，所有生产经营项目都离不开全过程资产管理。而这当中最佳的资产管理者是谁？仍是新地产人。

需要强调的是，这里所说的项目全过程资产管理不同于传统金融机构（比如商业银行）对资本的把握，也不同于传统资产管理公司只关心资产，而不具备实实在在的项目运营团队，更不同于传统建设类企业（包括房企）的只关心或只具备"片段能力"。它同时站在资本、资产、资金三个层面，同步聚焦项目投资的全过程，将资本的担当、资产的托付、资金的运用、生产的精益、产业链的责任以及社会的情怀，贯穿项目全过程。

未来的新地产应专注于项目的全过程管理，使"融—投—定—设—建—销—管—退"首尾相连、不断循环，这样才能真正打磨出一个好的项目。也就是将项目全过程连为一体，解决从资本到资产，再到资金的项目经营本质问题。

总之，在新基建政策下，新地产应树立全新角色，翻开崭新的一页，跟过去的房地产业彻底说再见。新地产人应明确自身的新定位，知道未来该往哪个方向发力。

3. 新地产作为新基建的重要分支，仍是中国经济的压舱石

地产调控已常态化，无论是业内人士还是普罗大众，都产生了疑问：房地产业过去是经济支柱，现在在国民经济中又处于什么样的地位？

我们想说的是，要想稳经济，房地产业仍是关键力量。当然，它不再是传统意义上的房地产业，而是被赋予了全新含义的新

地产。

如前文所述，新地产不仅是新基建的重要分支，还将承担起全新角色。一方面，新地产的全新角色与国家推进美好生活、绿色发展等战略高度契合，它是推动经济高质量发展的关键力量；另一方面，新地产仍将发挥带动上下游产业链共同发展的巨大作用，有力拉动经济增长。除此之外，作为为老百姓提供基础生产、生活空间的行业，房地产业会一直存在。

因此，房地产业仍然是中国经济当之无愧的压舱石，仍将肩负稳定经济大局的重任。经过重新洗牌，房地产业的发展将更加健康、稳定，行业会朝着更科学、更正确的方向发展。对于房企而言，无论是国央企还是稳健民企，步入符合经济规律、市场规律的科学发展轨道，彻底实现转型，是新周期下的必由之路。

第二节
向制造业学习精益管理是大势所趋

房地产业的粗放式发展模式已经走到尽头，转变增长方式并以科学的管理模式推动行业变革，是必由之路。世界制造业的发展路径恰恰为房地产业提供了最佳学习范本。那么，房地产业为什么要向制造业学习？房地产业到底该学习制造业的什么？制造业沉淀下来的精益思想又将从哪些维度引领房地产业变革？

一、房地产业在多个维度与制造业极其相似

近年来，向制造业学习精益管理和精益运营正逐渐成为头部房企的共识。事实上，万科在 2010 年就明确提出，行业的游戏规则

变了，房地产业要向制造业学习，包括对客户的态度、质量管理、生产手段、性价比等方面。2021年，万科再次提出，房地产业只有一条出路，那就是踏踏实实向制造业学习。

如今，越来越多的房企都明确提出向制造业学习。碧桂园提出1平方米只赚100元，贯彻向制造业学习的理念。保利发展提出行业将会制造业化，房企应用制造业思维和精益管理理念向管理要效益。坚守产品主义的绿城也明确提出向制造业学习，先研发再生产，保持前置创新。

万科董事长郁亮在万科的2021年年报中提出这样的看法："经过调整，房地产业的行业竞争将更贴近制造业，这考验的是对客户需求的把握能力、对产出过程的掌控能力和对经营行为的精细化管理能力。"

绿地集团董事长张玉良在2021年1月的媒体见面会上表示："中国房地产业的商业模式正在发生深刻变革，金融属性逐渐减弱，制造业属性不断加强，以往大干快上的杠杆红利逐渐消失，精耕细作的管理红利逐渐凸显。"

旭辉集团创始人林中同样强调："我们要改变过去大手大脚的花钱习惯，细化成本管控颗粒度。"

那么，房地产业为什么要向制造业学习？对房地产业而言，这主要源于三个方面。

第一，在本质属性上，房地产业与制造业极其相似。事实上，与其说房地产业要向制造业学习，不如说房地产业应回归制造业属性。多年来，快速上涨的房价让房地产业穿上了一层金融外衣。而如今，随着行业聚焦经营和产品，越来越多的业内有识之士认识到，房地产业和制造业在经营逻辑上有许多相似之处。

制造企业的核心经营逻辑是"设计—生产—销售",房企的经营逻辑是"设计—建造—销售",二者的相似度很高。根据国民经济分类标准,"制造是指经物理变化或化学变化后成为新的产品,不论是动力机械制造还是手工制作,也不论是批发销售还是零售,都视为制造"。从这个角度而言,房地产业应属于"类制造业"。同时,房地产业在客户、产品、供应链等方面,比制造业面临的情况更复杂。

在客户端,制造业的产品大多是高频消费品,企业需要通过客户的重复购买来实现持续盈利,也要依靠回头客来增加销量。但房地产业的产品却是超低频消费品,它的生产建造过程和影响因素要比制造业复杂得多。

在产品端,制造业的产品只要能够满足客户的使用需求和喜好就行,但房企则要在满足政府的规划要求和各种建设规定的前提下,建造符合客户需求的产品。

在原材料供应端,制造业的原材料供应商基本处于整个产业链的上游,企业一般会事先准备风险对冲预案,以防原材料价格大幅波动而给企业带来经营风险。但是对于房地产业来说,最大的生产资源是土地,土地价格由政府确定。同时,作为经济压舱石的房地产业经常受政策影响,被调控的频率高。在限地价、限房价等政策下,房企对于地价的波动基本没有风险对冲预案。

制造业的细分类别非常多,比如食品制造、医药制造、汽车制造、电子设备制造等。如果要选择制造业中的某一个行业来学习,那么汽车制造业和造船业都是值得房地产业学习的对象。例如,房地产业跟造船业十分类似,二者有几个共同特征:规模大、跨期长、复杂度高;有更强的融资需求;项目管控复杂;都有庞大且精细的供应链整合需求；内部精细化管控要求高；品控、风控要求高。

第二，在发展过程上，房地产业和制造业遭遇过相同的困境。制造业的发展历程具有明显的阶段性，早期是典型的大批量、标准化生产，随着市场上的同类型产品日益饱和，客户逐渐对单一化的产品失去兴趣，很多企业不断丧失市场份额，甚至难以为继。为了满足客户不断涌现的个性化需求，制造业借助精益思想，升级了自己的发展战略，进入以客户需求为核心的柔性制造阶段。

现阶段的房地产业与当初的制造业极其相似。以往的大规模、标准化经营模式难以吸引有更高需求的消费者，房企因此陷入了发展泥潭。制造业的转型方向恰恰为房地产业带来启示——以人为中心、精耕生产、精细管理、精益服务。

第三，在利润水平上，房地产业的利润水平已经趋近制造业。向制造业学习是行业竞争规则重构和底层逻辑变化的必然结果，房地产业曾是暴利行业，但随着地价的快速上涨和限价政策的长期高悬，房地产业的利润水平快速下滑。2021年各房企年报显示，国内30强房企的净利润率已经跌至8%左右，越来越接近制造业的利润水平。利润的压缩必然意味着房企对降本增效的需求更加迫切，以前房企靠外部红利获取利润，现在则要向内看，向管理要利润，提升精细化管理水平。从这个角度看，3.0、4.0阶段的制造业是最好的学习对象，以丰田为代表的精益生产模式和以特斯拉为代表的智能制造模式都是最好的学习范本。

整体而言，房地产业与制造业在本质属性、发展过程和利润水平上有着很多类似之处，并且房地产业比制造业面临的情况复杂，房地产业向制造业学习刻不容缓。

二、对标制造业，房地产业亟须向 3.0、4.0 阶段升级

在明确了向制造业学习是根本出路后，房地产业具体向制造业学什么？

1. 中国房地产业尚处在 2.0 大批量生产阶段

制造业的发展变迁与全球工业化进程密不可分。从第一次工业革命到第四次工业革命，制造业也经历了四个典型阶段，依次为 1.0 机械制造雏形阶段、2.0 大批量生产阶段、3.0 精益生产阶段和 4.0 智能制造阶段。

中国房地产业长期以来都信奉规模至上，通过标准化、快周转、高杠杆，快速实现了规模倍增。而制造业 2.0 阶段也恰恰强调标准化、规模化和大批量生产，以及通过规模化降低成本。不难发现，中国房地产业的发展模式尚处于制造业 2.0 大批量生产阶段。也就是说，中国房地产业还停留在 20 世纪 20 年代的福特式流水线生产时期，这一发展差距值得行业警醒！

在客户的个性化需求日益凸显、行业利润日趋微薄的新形势下，这种模式显然难以为继，房地产业亟须学习制造业的 3.0 精益生产模式，并进一步向 4.0 智能制造模式转型（见图 3-3）。

关于精益生产，我们在第一章已有论述。那么什么是智能制造？概括而言，就是在制造业中构建一个完整的信息物理系统，深度整合物联网、云计算、人工智能等新一代技术，将物理世界的对象"镜像"到信息世界中，实现虚实融合。在这一模式下，生产设备、无线信号连接器和传感器将被集成到一个生态系统中，从而使物理设备具备自感知、自学习、自适应、自决策、自执行的功能，这样生产过程将变得高度弹性化和个性化，生产效率和资源利用效率将大大提高。智能工厂、无人工厂等都是智能制造阶段的典型生

产组织形式。

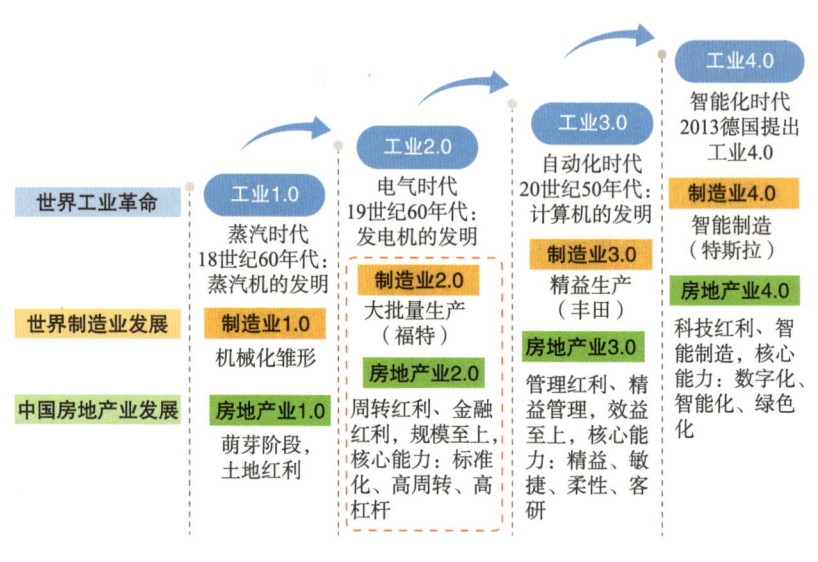

图 3-3 对标制造业的中国房地产业发展阶段

世界工业革命
- 工业1.0：蒸汽时代 18世纪60年代：蒸汽机的发明
- 工业2.0：电气时代 19世纪60年代：发电机的发明
- 工业3.0：自动化时代 20世纪50年代：计算机的发明
- 工业4.0：智能化时代 2013德国提出工业4.0

世界制造业发展
- 制造业1.0：机械化雏形
- 制造业2.0：大批量生产（福特）
- 制造业3.0：精益生产（丰田）
- 制造业4.0：智能制造（特斯拉）

中国房地产业发展
- 房地产业1.0：萌芽阶段，土地红利
- 房地产业2.0：周转红利、金融红利，规模至上，核心能力：标准化、高周转、高杠杆
- 房地产业3.0：管理红利、精益管理，效益至上，核心能力：精益、敏捷、柔性、客研
- 房地产业4.0：科技红利、智能制造，核心能力：数字化、智能化、绿色化

谈到新兴科技，不得不谈元宇宙，元宇宙亦是当下智能制造时代企业的热门选择。由于建筑和元宇宙技术是虚实相生的，因此元宇宙在房地产业的应用有非常大的想象空间。现阶段房地产业对元宇宙的应用主要包括两方面：一是企业管理层面，比如远程办公，应用虚拟数字员工等；二是面向用户的应用场景层面，利用VR（虚拟现实）、AR（增强现实）等技术创造虚拟环境和体验场景，比如"元宇宙样板间""虚拟装修""镜像虚拟世界"等项目。

尽管智能化的科技应用百花齐放，但需要强调的是，智能制造的底层逻辑仍是精益生产，可以这样说，智能制造就是数字化、智能化时代的精益生产，没有以精益生产为基础的智能制造是不坚实的。消除浪费、提质增效、降低成本、压缩库存等源于精益生产的基本思想，仍然是帮助企业提升价值的根本要素，智能化手段只不过是在帮助企业实现底层逻辑——精益化。如果单方面强调科技而忽略底层逻辑，那么这相当于是在病体上做文章，对尚不健康的房地产业来说，会雪上加霜。

一言以蔽之，房地产业向制造业学习，首先要补的是 3.0 精益生产功课，好好修炼内功。只有把精益生产的基础打好了，之后引进新兴科技才能起到如虎添翼的效果。

如今，在数字化、智能化浪潮下，科技带来的红利不可低估。过去，全球价值链分工常用的是"微笑曲线"，即利润率最低的往往是中间的加工制造环节，利润率较高的是上游的研发设计和下游的分销、服务环节。现在，在全球制造业向智能制造转型的时代，U 型"微笑曲线"可能会被倒 U 型"武藏曲线"取代，即生产过程中的数据挖掘、传输、分析、处理和分享活动，将给企业带来更高的利润率。从这个角度讲，后起的中国房地产业需要抢占智能化、数字化先机。

2. 精益思想是贯穿转型全局的灵魂

对于中国房地产业而言，无论是补好 3.0 精益生产功课还是向 4.0 智能制造升级，精益思想都是贯穿全局的灵魂。

如第二章所述，无论是丰田还是苹果、华为、特斯拉，它们都将精益思想贯穿企业生产、管理的各个环节。历史的车轮滚滚向前，不少企业慢慢消失了，而丰田等企业则在精益思想的引领下不断发展和精进，保持行业领先地位。

房地产业与制造业极其相似，甚至在诸多方面比制造业复杂，要想学习制造业的转型升级路径，房地产业更加需要精益思想的引领。值得欣喜的是，为了拥抱新的发展周期，标杆房企纷纷提出围绕开发链条实施精细化管理，强调以精益思想指导企业穿越周期、实现长远发展（见表 3-2）。

表 3-2　标杆房企精益管理理念示例

序号	名称	精益管理理念
1	保利	2021 年提出深化和推进精益管理的总要求，2021 年年底总部设置精益管理委员会；2022 上半年正式提出"八维精益理念"：理念精确、治理精准、技术精湛、过程精细、结果精致、产品精美、服务精心、品牌精彩
2	华润	将"生产运营精细化"写入企业战略，提出五类管理目标、三大管理措施、四化保障体系以及杜绝八大浪费
3	中交	围绕企业经营实践的基本思路，总结了"五精"理念：精细的管理、精美的建筑、精英的团队、精致的城市、精益的思想
4	越秀	将精益管理在大生产领域解码为"4410"工作思路，即成本控制的 4 个挖潜领域、生产链条的 4 个关键环节以及 10 项精益行动
5	旭辉	穿越周期、长期制胜、效益导向、轻重结合、产品第一、精益管理、现金流第一

精益思想的精髓在于最大限度地创造"悦人"价值，通过塑造以"悦人"为核心的系统经营逻辑，满足客户的精神追求，打造"悦人"的产品和服务。而企业也只有在真正拥有"悦人"的能力后，才能从容"悦己"。

从这个角度而言，房地产业不仅会回归类加工制造业，未来还会走向"类服务业"，因为用户才是真正的经营核心。这与制造业的升级逻辑不谋而合，4.0 阶段的制造业同样强调"服务型制造"，制造与服务呈现融合发展趋势，企业在产品智能化的基础上衍生出越来越多的附加服务。对房企而言，"悦人"主要体现在三个方面。

第一，强化人文导向，以"悦人"为本。当摒弃传统思维，以

"悦人"视角围绕客户潜在需求进行挖掘,形成价值观并以此审视产品的设计、制造、服务时,房企就会发现原有产品中有很多客户本身并不需要或者不喜欢的元素和设计,这其实是房企强加于客户的"所谓需求",是对资源的浪费。

创新的房企产品往往需要有视觉冲击与艺术享受,房企很有必要进行科学的深入分析,例如消费者的核心需求是什么?购房愿景是什么?购房时最重视什么,最想避免什么?房企只有以客户为中心,深入洞察这些诉求,才有可能提供差异化产品,减少无谓的浪费。

从满足客户需求到满足和引导客户"精神愉悦",房企需要重新定义文化价值,并在此基础上形成价值观,从而在经营逻辑和思想体系层面进行全面革新,以精益的方法论实现价值创造,不断提升客户的精神满足感。

第二,强化价值创造导向,通过为客户创造愉悦感来提升自身价值。以"悦人"为本不应是一句空话,也不应是一句口号,而应该是实实在在为客户创造物质及情感价值的行动。现阶段的房企在经营上一定要从"我认为、我提供"向"你需要、我创造"的思维转变。这种转变是从为了盈利而生产到为了给客户创造物质和精神价值而生产的转变。简单而言,过去的房地产业虽然可以满足人们的基础居住需求,但是在满足其他更深层次的需求上,比如对舒适、宜居、健康、绿色低碳等的需求,却远没有做到位。

对于购房者来说,购置房产的意义更像是开启了置业后的全新生活。因此,确保优质、贴心的售后服务和物业管理,并在业主入住后持续为其创造价值,从而达成"悦人"的目标,是房企取得成功的关键。

现在国内的一些楼盘已经应用了比较成熟的地热系统、新风系统、隔音隔热系统，这些都是房企从为客户创造价值的角度琢磨出来的。但这远远不够，房企还要考虑客户入住之后的一系列生活方案，比如停车、就学、购物、健身等。只有解决了这些问题，目标客户才能变成现实的客户，房企才有可能打造品牌效应，不断提升自身的价值。

可以说，客户决定了产品，决定了服务，而这将成为未来房企发展的关键。真正将人的物质和精神需求放在首位，为客户持续创造愉悦的价值，才能实现企业的"悦己"，才能让企业的价值得到持续转化和提升。

第三，顺应政策和市场变化，从投资理念向人文居住理念升级。近年来，随着人民对更高生活水平需求的提升以及绿色低碳、数字智慧等科技力量的推动，一种全新的科学房地产观正向我们走来，且势不可挡。但到目前为止，依然有很多消费者将房产看作最佳投资选择，这种认知在"房住不炒"的今天，显然已不合时宜。

现阶段的房企需要顺应时代发展规律以及政策和市场变化，科学引导消费者的居住理念和投资理念升级。比如按照中央"房住不炒""租售并举"等政策要求，制定一整套自上而下、一脉相承、科学有效的房地产开发、建设、服务体系，突出房产的居住属性，弱化房产的投资属性。

例如，社区、社群文化的打造，正是升级居住理念，实现"悦人"的重要方式之一。

"物以类聚，人以群分""孟母三迁，择邻而居""远亲不如近邻"等传统居住观念，至今仍然被许多购房者看重，这是房企提升产品居住属性的极佳突破口。

例如，某些房企推出"邻里节""海豚计划""红叶行动""颐乐学院""四点半学校""太太下午茶""千人家宴"等客户关系活动，通过社区特有的物化载体和周到的人性服务，使具有相似生活观的群体得以相互交流、相互欣赏、相互尊重，这是新时代房企必须关注的深层次问题。

综上所述，未来在精益思想的指引下，在"悦人"的经营逻辑下，房企既要设身处地为客户着想，想方设法为客户创造价值，又要科学引导客户的居住理念和投资理念，平衡客户的物质和精神需求。如此一来，房地产人才能真正成为个人身心愉悦的设计者、和谐家庭的规划者、和谐城市的建造者，以及和谐社会的基础构建者。

3. 典型案例：中交集团——践行精益思想，打造世界级基建工程

中国素有"基建狂魔"的称号，而这种强大的基础设施建设能力实际上是由大量高水平的企业支撑的，其中就包括中交集团，这是中国第一家实现境外整体上市的特大型国有基建企业。

中交集团承建了多个国家重点工程项目，也创造了诸多我国乃至世界水工、桥梁建设史上的"第一"。

杭州湾是世界三大强潮海湾之一，这里的风、浪、流条件极其恶劣，涨落潮平均流速达每秒2.5米，最大实测流速达每秒5.16米，最大潮差达7.6米，每年有台风、季风袭击，这对大桥建成后的耐久度提出了极高要求。世界上很多知名跨海大桥都因风浪侵袭出现了建成后不久桥墩就大量裂缝的质量问题。

为了提升工程质量，中交集团在进行了大量试验后，决定采用海工耐久性砼进行施工。砼结构的抗裂性能好，在海中的使用寿命为100年左右，但有很大的施工难度。

为了防止砼结构的氯离子渗透，中交集团对大桥的不同部分分

别规定了不同的氯离子扩散系数，通过施工时的严加控制，确保重点部分的氯离子含量及石料的碱淡性。在掺和料的选择上，中交集团优先考虑了粉煤灰和矿粉，尽量少使用业界常用的胶凝材料，这种做法能够有效提升大桥的耐久性。同时，为了进一步提升砼结构的黏性，中交集团甚至规定拌和时间比常用标准延长60秒，并尽量避免长距离输送。

此类精益施工的例子在杭州湾跨海大桥项目中还有很多，正是由于中交集团对项目质量的高度重视，大桥最终如期圆满交付，先后获得"百年百项杰出土木工程""中国招投标行业发展30年经典项目""改革开放35年百项经典暨精品工程"等诸多殊荣，也让世界再一次领教了中国人在基建领域的强大实力。

精益求精理念几乎贯穿所有中交集团承建的项目，这样的例子数不胜数。

在世界第一高悬索桥——四渡河大桥的建设中，悬索的架设成为一道难题。世界范围内都没有在这么深的峡谷中架设悬桥的先例。中交人硬是凭借对精益求精理念的坚持，创造性地使用火箭抛送先导索，这一技术也成为世界首创。

用最少的资源和成本，保质量、保工期完成项目任务，是中交集团对精益求精理念的践行。

中交集团承建的跨海大桥项目——港珠澳大桥，因项目难度大、施工条件复杂、工程规模庞大，吸引了全世界的目光，被英国《卫报》评为"新世界七大奇迹"之一。而为了如期完成项目，中交集团不仅在技术方面精益求精，还在项目管理思维方面进行了精益升级。

（1）建造技术的精益求精

港珠澳大桥虽然名为"桥"，实际上却是一项集桥、岛、隧为一体的庞大工程。为保证伶仃洋水域 30 万吨级的通航能力，中交集团需要在海中筑起两座人工岛，两座岛要用长达 6.7 千米的隧道连接，同时实现沉管隧道内车辆畅行无阻，而隧道上方，30 万吨油轮要满载通航。工程量大、施工难度高，且港珠澳大桥所在海域是珠江口泄洪、纳潮、排涝、输沙的重要通道，每天有 4 000 多艘船穿行。既要按时交工，又要尽量减少工程对生活、生态、生产的影响，本就不低的建设难度在复杂的施工条件面前变得难上加难。

岛隧建设项目是工程难度最大的一部分，两个面积各 10 万平方米的人工岛和 6.7 千米长的海底隧道被公认是"当今世界最具挑战的工程"。

在海中建设人工岛，传统办法是抛石填海、围堤筑岛，但这种办法在港珠澳大桥项目中却并不适用，一是工期长，二是会对海域环境造成严重影响。因此，中交集团放弃了以现场施工为主的传统手段，创新提出了工厂预制、快速成岛的全新方案——"超大直径钢圆筒围成人工岛"，即先在工厂里预制出高 50 米、重 500 多吨的巨型钢圆筒，然后将其运至海上，用大型机械将其"钉"进海底，形成人工岛围护结构。利用全新的快速成岛技术，中交集团创造了"当年开工，当年成岛"的工程奇迹。

而在沉管隧道的建设方面，在港珠澳大桥项目之前，我国已有的沉管工程总里程还不到 4 千米，相关关键技术也一直掌握在少数发达国家手中。为了攻克这一技术难题，中交集团进行了 100 多项试验，研发了 10 多项世界领先的专用设备和系统，获得了 500 多项专利，攻克了 10 余项外海沉管安装方面的世界级工程难题，创新提出了"半刚性"沉管新结构并付诸实践。最终，在严苛的外海环境和地质条件下，33节沉管全部成功安装。

技术突破的背后是中交集团对价值评判标准的提升，不只追求项目的按时交付，还充分考虑了人与自然的和谐发展，这是精益思想的又一重要体现。在尽可能降低对生活、生态、生产影响的前提下，思考如何更快、更好地完成项目。

（2）项目管理思维的精益升级

作为一项集桥、岛、隧为一体的庞大工程，任何一个环节的不稳定，都有可能产生工程质量问题，所以港珠澳大桥项目的施工标准非常严苛。

比如在沉管隧道工程上，6 000吨的巨型构件的安装精度必须控制在15厘米之内。再比如，寓意粤港澳三地同心的世界最大的"中国结"，远看体态轻盈、线条优美，实际上是一个重达780吨的全钢结构的庞然大物，高50米，宽28米，镶嵌在163米高的大桥主塔上。其安装精度偏差要控制在2毫米以内，倾斜度的允许偏差仅为1/4 000。

为了确保每一个施工环节都达到预定标准，同时将误差控制到最小，中交集团没有像传统工程建造企业那样采用不同部门各自为战的项目管理思路，而是形成了模块化、集约化、现代化的集团精益作战模式。

在中交集团的周密部署和统筹调配下，设计、咨询、生产、运输、安装、施工等各个部门通力协作，瞄准同一目标，同下一盘大棋。

港珠澳大桥不是中交集团创造的第一个奇迹，也绝不会是最后一个。在基础设施建设领域，中交集团已经成为全球领军企业。截至2021年，中交集团连续15年荣膺《工程新闻纪录》"全球最大国际承包商中企"榜单首位，是"一带一路"建设的排头兵。

在基建业务保持持续优势的前提下，中交集团也在不断提升价值创造能力。特别是2021年以来，面对日益激烈的市场竞争环境，中交集团以高质量发展为主线，保持高度的战略定力，积极推动"集团利益一体化，发展一盘棋"、"资源集约化"和"管理协同化"，充分挖掘集团全产业链优势，发挥勘察设计、咨询规划、施工建造、管理运营、投资融资等一体化服务能力。在大交通、大城市领域为客户提供精益解决方案，一站式满足客户需求。

同时，随着时代的变化，中交集团不断升级企业文化，以昂扬的姿态和创新的思维书写高质量发展新篇章，立足新发展阶段，全面贯彻新发展理念，积极融入新发展格局。中交集团始终坚持"让世界更畅通，让城市更宜居，让生活更美好"的企业愿景，秉承"固基修道，履方致远"的企业使命，坚守"交融天下，建者无疆"的企业精神，努力打造具有全球竞争力的"科技型、管理型、质量型"一流企业。

以史为鉴，可知兴替，房企应总结过去的经验教训，相信规律的力量、思想的力量、科学的力量，构建以精益思想为核心的全新经营逻辑，转向正确的、科学的发展轨道。

跳出单个企业的发展范畴，展望整个供应链、产业链、价值链，构建良好的生态环境，是精益思想的核心。一木聚不成密林，滴水汇不成江海，一家企业的发展离不开良好的行业生态，只有房地产业及相关上下游产业链的生态体系日趋完善，房企才更易步入正确的发展轨道。当然，构建良好的行业生态不是一家企业能够独立完成的，需要政府和全行业的共同努力与相互配合。

第四章 精益思想指引下的房地产业变革方向

精益思想如何引领房地产业变革重生，走向精益管理的科学发展之路？房企如何以精益思想为指引，补上3.0精益生产这一课？

丰田精益生产模式的核心在于以即时制、自动化为支柱，以基于看板的拉动式生产方式为实施方法，打造精益的产品、稳定便捷的供应链、精益的品牌营销体系，杜绝浪费，强调零库存、零缺陷，与供应商形成互利共生的合作伙伴关系，并以客户需求为拉动，按订单组织生产，从而实现产销之间的即时性。

但是，在精益生产模式风靡全球后，为什么很多企业效仿了丰田却仍然以失败告终呢？如前文所述，其中的一个关键原因是底层的企业文化、科学的战略体系没有建立起来。所以，借鉴制造业的精益生产模式，房企应用精益思想推进精益管理，不仅要从产品、供应链和品牌维度出发，还要从底层的文化、战略维度深入推进，五个维度缺一不可。

如果把这五个维度看作一棵树，那么房企的精益价值树以企业文化体系为土壤与基因，以企业战略体系为根基与纲领，以企业品牌体系为树干与指引，以供应链体系为枝丫与支点，以产品体系为果实与价值（见图4-1）。根基从土壤中吸纳养分，并将养分输送到树干中，树干又把养分输送到枝丫和末端，从而形成层层递进、有逻辑、有体系的发展模式与生态链。借鉴制造业的精益生产模式，在精益价值树的五个维度中，品牌体系、供应链体系、产品体系仍是企业经营的核心竞争力。

图 4-1 所示意图内容：

精益价值树的目标：构建企业文化、战略、品牌、供应链、产品方面的规范标准与创新体系，构建品牌体系、供应链体系、产品体系"三位一体"的核心竞争力

- 产品体系 —— 果实：
  - 六种创新思维——方法论
  - 五因制宜、以人为本
  - 大纲、导则、指引——行为规范
- 供应链体系 —— 枝丫：
  - 发展的效率
  - 资源的价值
  - 最小与最大（时间、成本、收益）
- 品牌体系 —— 树干：
  - 内在精神的外在表现
  - 与产品的连接
- 战略体系 —— 根基：
  - 目标与方向
- 文化体系 —— 土壤：
  - "三观"与精神

"三位一体"企业核心竞争力

图 4-1 房企精益价值树示意图

房企只有遵循精益思想，发挥工匠精神，构建优秀的文化体系、高远的战略体系、丰富的品牌体系、科学的供应链体系和精益的产品体系，搭建起"五位一体"的精益价值树，才能成功转型为适应新形势的新房企。

需要强调的是，这棵精益价值树的搭建一定要从土壤到树梢。为什么？长期以来，中国房地产业的发展是一个"舍本逐末"的过程，房企总是围绕树梢上的花朵、果实做文章，关注点都在打造产品上，之后才逐步向下完善企业的供应链、品牌体系等。这类似于"盲人摸象"，先摸象腿，再摸象身，最后才知道大象的完整模样。房企普遍缺乏全局思维、系统思维，其根基往往没有打牢。

现在环境变了，房地产业需要重生，引领房地产业发展的思维需要重塑，那么这个过程就要反过来了。房企应从土壤到树梢，自下而上搭建精益价值树，全盘审视和全面重塑企业的文化、战略、品牌、供应链和产品体系。换言之，房企要从改良土壤开始，筑牢根基、苗壮树干、丰富枝丫，最终让精益价值树结出更加美丽的花朵、更加丰硕的果实。唯有如此，无论面对怎样的外部环境，房企

都能精准找到变革发力点。

总之，房企构建精益价值树，实际上就是以精益思想为指导，构建科学的规范标准和创新体系。再进一步说，房企不仅要让自身的价值树更加枝繁叶茂，还要向整片森林延伸，促进整个行业、上下游产业链形成良好的、完整的有机生态体系。

第一节
重塑企业文化，树立正确的价值观

意识对人的影响是根深蒂固的，如果不是内心深处真正认同的理念，那么即便它可以付诸实践，最终的结果也可能差强人意。所以，企业的变革与转型、强化与升级，往往依托优秀的文化体系，优秀的企业文化是孕育参天大树的土壤，没有肥沃的文化土壤，一切都是空谈。

一、重构以人为本的文化土壤

对于企业来说，文化是魂魄，是促进企业发展的精神力量。作为一种潜移默化的力量，企业文化在实际经营中虽然看不见、摸不着，但却实实在在地影响着管理者和员工的认知模式和行为方式。

稻盛和夫（Inamori Kazuo）一手创建了两家世界五百强企业：京都陶瓷株式会社（现名为京瓷集团）和日本第二电信（现名为KDDl）。稻盛和夫崇拜西乡隆盛（Saigo Takamori）提出的"敬天爱人"，并将其作为企业文化。

稻盛和夫用他特有的极富感染力的文字指明企业为什么需要企

业文化，明确提出"六项精进"和"经营十二条"，而经营十二条的第一条就是"明确事业的目的和意义"。

一种能够迎合企业未来发展方向的企业文化，往往能够使管理者和员工更加高效和准确地走到既定的发展道路上。反之，当企业的文化与发展模式无法有效适配时，管理者和员工的认知和行为也很难快速步入正轨。不成功的企业有很多，而拥有不适应或僵化的文化，是其共同的深层次原因。

1. 以精益思想为指引，升级企业使命、愿景、价值观

一般而言，企业文化由三部分组成，分别是使命、愿景和价值观，精益思想与企业文化的有机融合，将有力推动三者的升级。

（1）使命：回望初心，展望未来，盈利不是唯一使命

企业使命是指"企业由社会责任、义务所承担或由自身发展所规定的任务"。在一些企业经营者的认知中，企业存在的意义就是获取更多的利润。在我们看来，这个说法确实有失偏颇。从某种程度上说，收入和利润只是企业在走向更高层次的目标中产生的"副产品"。

盈利固然重要，但如果经营者将盈利看作企业的唯一使命，那么企业在发展到一定规模后，很有可能进入其他一些能够快速获得利润的领域。这样一来，企业会面临"主业受影响，副业不长久"的情况，很难走得长远，更谈不上基业长青。

宁波过去有一家房企叫银亿集团，它凭借对烂尾楼的收购与改造，一度成为宁波最大的房地产开发商。由于只追逐利润而缺乏对长期发展目标的规划，银亿集团的很多决策都带有明显的不确定性

和冒险性，比如进入汽车制造业。

早期对汽车领域的投资确实为银亿集团带来了不错的回报，这让企业高层迷失了方向，不断加大对汽车领域的投资力度，从而导致房地产业务后继乏力。而彼时的汽车行业陷入低迷状态，新的业务线不仅未能像预料的那样成为银亿集团的第二曲线，反而带来了更多的债务和坏账。最终，银亿集团于2019年6月破产。

在融合精益思想与企业文化时，企业需要持续更迭和升级其使命。使命更迭的首要任务不是与未来的市场潮流或发展趋势相一致，而是回归初心，寻找企业最初的理想和与之匹配的社会责任。

或许很少有从业者真正思考这个根本性的问题：房企的使命到底是什么？仅仅是创造利润吗？

作为人类基本生活场所和城市空间基本形态的缔造者，房企应该把社会责任视为使命中的重要组成部分。房企的使命应包括回馈员工、满足客户需求和造福社会这三大目标，而三者都是围绕人展开的。

换句话说，"人本主义"应该是大多数房企的初心。围绕着"人"这个关键词，我们不难确定房企的使命更迭方向：首先是改造"人"；其次是建造好房子；然后是创造美好生活；最后是造福社会。

需要注意的是，企业使命的调整必然是面向未来的，但在展望未来的同时，企业也要把握调整方向的正确性以及调整幅度的合理性。与企业初心和实际情况相去甚远的使命，不但起不到正向作用，反而会令企业无所适从，从而阻碍企业的发展。

（2）愿景：面向市场和消费者的深层次需求

企业愿景是指企业经营者的立场和信仰，是企业对自身未来发展的设想，代表着企业对社会的承诺，它也是企业统一员工思想和行动的有力武器。企业愿景一般包括三个关键词：第一个是"做久"，第二个是"做大"，第三个是"做强"。

以华润集团为例，其现阶段的愿景是"成为大众信赖和喜爱的世界一流企业"。为了实现这一愿景，华润提出：不但要使企业的产品和服务受到客户的青睐与喜爱，企业的业绩表现令股东放心和满意，企业的文化氛围让员工快乐和自豪，而且要积极履行社会责任，使企业受到社会公众的喜爱、认可和赞赏，成为同行乃至企业界竞相效仿的对象；不仅要为股东和客户创造卓越价值，还要为社会创造价值。

为了成为世界一流企业，华润集团始终坚持以下做法：努力跻身国际大舞台，以全球视野配置资源、拓展市场，以成熟、自信的姿态在自由、开放的经济体系中赢得商业成功；集团旗下的各产业努力构建行业领导地位，拥有达到国际标准的人才团队、运营效率、企业文化和品牌体系，从而形成国际竞争力。显然，清晰的企业愿景对华润集团的发展起到了重要作用。

一个清晰的、有效的企业愿景，不仅可以提升企业的存在价值和市场价值，还可以指导企业战略的健康发展，提升内部凝聚力，增强员工对企业的忠诚度。此外，在动态竞争条件下，外部环境是复杂的、多变的、随机的，清晰的企业愿景可以助力企业有效应对危机。

综合来看，企业使命其实是企业对自身未来发展的最高形态的期望，在实际经营中，企业往往会在企业使命的基础上，结合当前的市场形势和发展趋势，制定更加具体的愿景，以此指导当前阶段的发展方向。

更重要的是，企业愿景不能因为一时的成功而止步不前。时代在快速变化，企业只有不断调整、升级企业愿景，顺应时代潮流，才能基业长青。那么精益思想又是如何融合于房企的愿景之中的呢？

在描绘愿景的时候，有些房企会陷入一个误区——仅从自身发展角度出发，忽略市场和消费者的真实需求。房企应改变传统认知，把自己定位为服务者。因此，房企愿景的更迭应基于市场和消费者的真实需求，房企应细致入微地了解每一类消费者的习惯、偏好，以真正提升客户的生活品质为愿景。

碧桂园服务成立于1992年，在三十年的发展历程中，碧桂园服务经历了中国物业服务发展的各个阶段：从1.0物业管理时代重视对物的管理，到2.0物业服务时代开始关注业主需求，再到3.0物业资本时代迎来上市潮，如今物业服务正迈向全新的4.0价值服务时代。

消费者在购买住宅后，通常只能满足基本的生活需求。因此，教育、医疗、健康等方面的系统服务才是物业管理企业的价值所在。基于此，碧桂园服务在发展过程中不断迭代升级企业愿景。2020年11月，碧桂园服务正式发布最新愿景——国际领先的新物业服务集团，同时提出围绕"新物业"，秉承以人为本的理念，深入挖掘客户需求，通过新科技、新生态、新服务，持续开创新价值，最终实现"服务成就美好生活"的品牌使命。

（3）价值观：一把手主导，逐步完善、避免重建

企业价值观是指企业及其员工的价值取向，是企业在追求成功的过程中所推崇的基本信念。

世界著名咨询公司麦肯锡曾提出7S模型，指出企业在发展过程中必须全面考虑各方面的情况，包括结构（Structure）、制度（System）、风格（Style）、员工（Staff）、技能（Skill）、战略（Strategy）和共同价值观（Shared Value）。其中，风格、员工、技能和共同价值观是一个企业获得成功必须具备的软性条件，且共同价值观占据最中心的位置，其重要作用可见一斑。

从哲学角度看，价值观是"关于对象对主体有用性的一种观念"。因此，企业的价值观实际上是与其愿景相匹配的，二者具有内在逻辑关系。使命定义了企业存在的意义和理由，价值观则是企业在承担使命、追求愿景的过程中所坚持的基本价值评判标准。

为了实现"成为大众信赖和喜爱的世界一流企业"的发展愿景，华润集团制定了相应的价值观：诚实守信、业绩导向、以人为本、合作共赢。其中，客户至上强调关注客户，把握客户需求，维护客户利益，体现客户价值，与客户共享发展成果。这些价值观实际上都是为华润的愿景服务的。

企业价值观的形成首先需要企业领导者大力倡导并率先垂范、身体力行，然后全体员工在长期生产和经营中逐步认同，最后渐渐内化为企业不可或缺的、员工自觉遵守的是非标准和行为准则。企业价值观一旦形成，便会成为决定企业经营思想的宝贵财富，不会因企业领导者的变更而消失，也不会因员工的变动而改变。

面对全新的行业环境和市场环境，房企面临着许多挑战和机遇，为了适应这些重大转变，房企有必要对其价值观进行重塑。价值观的更迭一般是自上而下逐层传递的，从而逐步改变员工原有的观念。也就是说，在变革企业价值观时，关键过程必须由企业一把手主导。另外，企业价值观的更迭是一个艰难的过程，需要较长时间，企业应逐步完善、修正，避免完全重建。

综上所述，在企业文化的各个组成部分中，企业使命回答的是"企业为什么存在"，愿景回答的是"企业希望成为什么"，而价值观回答的是"企业为实现使命和愿景如何采取行动"。也就是说，使命是企业的根本，企业的一切源于使命；而愿景会把使命转变为真正富有意义的预期结果；价值观则是企业在实现使命和愿景的过程中的思维模式和行动方式。其中，价值观会随着使命和愿景的调整而不断优化。

在精益思想的指导下，使命升级强调回归企业初心、肩负社会责任，愿景升级强调契合市场和消费者的深层次需求，价值观升级强调行为准则的内化，三者相辅相成，缺一不可。

2. 弃恶向善，重构企业文化

企业文化是精益价值树的土壤，我们认为企业文化的改造和升级，不只针对企业的使命、愿景、价值观，还要回到人和人类的本性进行改良和重塑。

房地产业本应是一个为大众构建生产、生活空间的高尚行业，这注定了从业人员要有工匠精神，需要以道德为先。

然而在过去的三十年里，多数房企都陷入了高周转、高负债、高周转的竞争怪圈，盲目追求利润和规模，只关心如何快速攫取高额利润，如何快速扩张，如何实现更大的规模。道德和文化被抛到脑后，房企忽略了对企业文化的建设。这些企业只顾着赚钱，并没有真正想清楚房地产这个行业是做什么的，更未认真思考这个行业与社会、人类的关系。最后，产品沦为建筑垃圾，行业背负骂名。

如今我们要强调的是，对企业文化的改良和重塑，要求企业坚持知、信、行合一的行为准则，从"人之初，性本善"做起，塑造"高尚、高品位、高道德"的行业风尚。没有基因的重塑，其他一切挣扎和改变都是没有根基、没有出路的。

更需要注意的是，企业需要规避发展中的错误逻辑，警惕阶段性的、局部的、断章取义的文化。

2022年8月，日本"经营之神"稻盛和夫遗憾辞世，关于其经营思想的讨论层出不穷，其中不乏抨击、误读和曲解。比如在房地产业的传统"三高"时代，很多房企推出了合伙制、跟投制，说是继承了稻盛和夫的阿米巴体系，即通过缩小核算单位，激发企业的奋斗精神。然而这明显钻了逻辑空子，即不能因为局部拥有某属性就推断总体也一定具有该属性。如果不能完整、系统地继承稻盛和夫"敬天爱人"的哲学体系和经营模式，只是把组织体系中的一个小点放大，又凭什么去抨击和质疑呢？

很明显，房地产业在那个时代不仅忽视了人的善，还放大了人的恶行与贪婪，被一种离开道德约束的"企业家精神"带入了深渊。这让很多房企失去了健康的文化土壤，过度强调"分钱"的重要性，企业治理结构的科学性也由此倒退了200年甚至300年。这并不是稻盛和夫的经营之道，而是某些无德企业和企业家用来掩饰自己黑暗、贪婪内心的遮羞布。

企业文化的重塑，是关于基因的改造，企业需要从人性出发，让企业家精神与企业的愿景、使命、价值观等在精益思想的指导下深度融合。为了避开逻辑陷阱，企业需要客观、深入地理解企业文化和企业家精神的内核及其重要性。只有拥有肥沃的文化土壤，企业乃至行业的精益升级才有坚实的基础，企业的精益价值树才能枝繁叶茂，行业的生态体系才能朝气蓬勃。

2020年以来，受新冠肺炎疫情和政策的双重影响，一大批中小型房企失去了立足之基，被迫退出市场，甚至某些头部房企也面临破产危机。环境的影响只是这些企业失败的外因，缺乏正确的企业文化才是更加重要的内因。

从这个角度说，房企在新的市场环境下，要想实现进一步的发展，首先要改变的就是企业的内核，即构建符合自身特点的优秀企业文化。房企需要在长期经营中逐渐总结出自己独有的文化，而企业文化在建设过程中需要与企业未来的发展方向相匹配。只有构建了稳固、牢靠的文化基础，企业的战略、品牌、供应链乃至产品才能在正确的方向上发展。

一个希望走向未来的房企，一定要以先进的企业文化驱动自身进步。有了先进文化的驱动，房企才有可能进一步以创新思维引领合作伙伴乃至行业、产业链共同发展。

二、循序渐进、由点及面地将精益思想融入企业文化

企业的文化体系并非一成不变，而是需要根据企业的规模、外部竞争环境、产业生命周期进行调整。基于发展历史、发展阶段和企业规模的不同，中国的房企大致可以分为三类，不同类型的企业在根据精益思想进行文化调整时，侧重方向自然也会有所差异。

1. 初创型房企：以最小成本创造最大价值

一部分初创型房企往往是投资人在获得某个地块的开发权之后，为了更好地推进单个具体项目而成立的。在该项目的开发、销售工作结束后，企业便宣告解散。另一部分则是某些大型企业为了进军地产领域，花巨资倾力打造的，其成立的目的不仅仅是开发当前的某个项目，而是有着一系列开发规划。

这类型房企的主要精力往往放在如何快速构建商业模式、实现盈利以及确保"活下去"上，很少会刻意对企业文化进行梳理和提炼。同时，由于团队人员少，组织架构相对简单、扁平，经营者的一些认知和想法往往会成为指导员工的思想。

因此，初创型房企需要将精益思想落实到项目开发和销售的

具体环节，力求以最小的成本为购房者创造最大的价值，同时实现盈利。

2. 成长型房企：企业与员工同频共振

成长型房企能够在群狼环伺的市场中拥有一席之地，说明它具备了一定的竞争实力。在淘汰与逆淘汰的博弈中，企业文化得以积累并不断发展，但并未最终形成。此阶段的企业文化是一种年轻的、充满活力的文化。在内外经营环境的共同作用下，许多新的观念、意识和精神注入企业，这对员工具有强烈的吸引力和感召力。

有时，成长型房企的企业文化会表现为企业发展的阶段性不稳定，这种不稳定性的直观表现就是，因宏观政策和市场环境的波动，企业领导者的想法发生变化，企业的目标和标准朝令夕改，原先较优秀的企业文化也会受到冲击。因此，这一阶段的房企要想保持奋发图强、积极进取的发展态势，持续增强企业的竞争优势，打造属于自己的核心竞争力，需要学习精益思想。

需要注意的是，企业文化的调整其实是一个系统工程，文化层面的改变往往比物质层面的改变更难以实现。在文化升级的过程中，成长型房企难免会经历"阵痛"，老员工不支持，合伙人不理解，甚至消费者不买账，都是有可能出现的"过敏"反应。对此，房企应做好充分的心理准备，坚守初心。企业文化的建设绝不是领导者一个人的事情，而是全体员工的事情。换句话说，只有当企业文化对企业和员工都产生了价值，使企业和员工同频共振时，它才能被接受和认可。

3. 成熟型房企：由点及面、渐进调整

成熟型房企在多年的发展中，积累了相对丰富的管理经验，企业管理者较充分地认识到了企业文化对企业发展的重要性。同时，

这些房企形成了颇具特色的企业文化，并在一轮又一轮的市场竞争中不断对其进行调整与革新，以适应新时代的发展要求。

这类企业在进行文化调整时，要注意将精益思想与企业原有的文化体系有机结合，而难点在于如何改变员工的认知和习惯，让他们接受新思想。很多时候，房企贸然改变员工的习惯很可能会遭遇阻力。因此，精益思想的有机融入需要由点及面、由浅入深，而非一蹴而就。

总之，企业文化的调整是一个循序渐进的过程，一鼓作气将整个企业的文化体系调整到位，非但不能一劳永逸，反而会因为过于突然，使企业"水土不服"，进而影响文化体系的升级进度。房企可以先将精益思想作为新的指导思想，应用到某些具体的经营环节，在取得一定的应用成果后再进行全面推广。这样不仅有利于全体员工接受，还会使企业文化体系的升级更加顺畅和高效。

综上所述，建设优秀企业文化的关键在于运用精益思想迭代升级企业的使命、愿景和价值观，且不同类型的房企应结合自身发展阶段和特点，有的放矢地运用精益思想重塑自身的企业文化。

精益的文化体系是房企精益价值树的土壤，有了沃土的滋养，价值树才能枝叶茂盛。企业文化的升级是房企运用精益思想进行变革的开端，房企运用精益思想进行自我重构，要从文化开始做起，这是房企构建更加精准的战略体系、品牌体系、供应链体系以及产品体系的基础。

第二节
重塑战略体系，树立科学的发展观

作为精益价值树的根基，战略扮演着承上启下的角色，从文化这块土壤中吸纳养分，再把养分输送给品牌、供应链及产品。根壮则树旺，根基不牢，再高的枝干也只是空中楼阁、镜花水月，稍有风吹草动，大树便会轰然倒塌。

一、夯实战略根基，让价值树枝繁叶茂

战略是企业发展的根基，是企业基于对未来的研判，对"怎样让自己更好地走向未来"这一问题的回答。战略在很大程度上决定了企业经营活动的成败，决定了企业能走多远，它是企业长久、高效发展的基础。

例如，某个房企在大数据时代脱颖而出，根本原因在于这家房企早就进行了数字化转型，前瞻性地将数字化作为整个企业的战略方向。反过来说，房企如果对未来没有清晰预判，总是以当下的市场状况和发展现状来决定未来要走向何方，就很容易在前行的过程中遭遇挫折。

有些房企在初期没有进行全盘分析和整体战略规划，最终导致项目失败。而有些房企则是因为战略选择过于激进，一遭遇突发风险便不堪一击。

大名鼎鼎的顺驰、光耀、兴润、华光等房企，都因资金链断裂而最终走向了衰败。这些房企大都采取了激进的企业战略，缺乏对项目和市场的客观分析。一旦市场行情走低，资金紧缩、产品不适销、高成本融资等问题就会凸显。

总之，房企如果失去了对市场趋势的精准洞察，缺乏正确的战略指引，抑或采取过于激进的发展战略，那么大概率难以长久发展。即便勉强成功，其间耗费的资源和资金也会因为频繁试错而成倍提升，企业最终也会走向衰败。

1. 战略与文化相辅相成

企业的战略和文化密不可分。第一，企业文化是制定企业战略的重要条件，企业战略是对企业文化的反映，有什么样的企业文化，便会产生什么样的企业战略。企业文化具有鲜明的企业特色，有利于企业制定与众不同的战略，是企业战略的驱动力与重要支柱。

第二，企业文化是实施企业战略的重要支撑。企业战略需要由全体成员落实，而企业文化具有导向、约束、凝聚、激励以及辐射等作用，从而激发了员工的热情，统一了全体成员的意志，激励其为实现企业目标而共同奋斗，企业战略这才有实现的空间和可能。企业文化是"心法"，是精神、理念、思想，主管心灵；企业战略是"律法"，可以具化为规范、标准、纪律，主抓行为。

第三，企业文化与企业战略必须相互适应、相互协调。企业在文化的驱动下制定了某种发展战略，但在实施战略的过程中，企业往往也会根据实际效果，衡量其文化是否合理，是否符合当前的发展需求，是否需要进一步调整与优化。

中建西南院始建于 1950 年，是成立最早、专业最全、规模最大的国有甲级建筑设计院之一。作为承担建筑设计工作的专业部门，中建西南院一直把对人才的关注与关怀作为企业文化的重要内容，始终把人作为核心资源和发展基石，坚持关心人、爱护人、理解人、尊重人、发展人，逐步形成了"爱岗乐业、明德至善"的人本文化。

进入新时代，房地产业的整体发展出现了巨大变化，中建西南院在房地产业务方面的战略规划也开始转型升级，这给建筑设计工作带来了全新的挑战。与此同时，越来越多的 90 后乃至 00 后加入设计院，成为一线生力军。

由于业务转型、工作压力增加，以及人员构成复杂化，中建西南院发现原有的人本文化及企业战略已不再适应当下的发展需要。于是，中建西南院结合从日常的人力资源工作中积累的经验，重新对企业人本文化中的员工关怀部分进行了针对性设计。从原本的监督和激励为主，转变成预防为主、防治结合，强调企业要尽量避免使员工在心态、态度上出现问题，一旦问题出现，企业要快速发现并将其解决。

通过重塑人力资源方面的文化与战略，中建西南院培养出了很多年轻的优秀人才，在房地产业整体发展下行的大环境中，成功实现了逆势增长。

总之，企业战略反映了企业的宗旨和核心价值观，带有企业文化烙印，企业通过战略落地来实现使命和愿景。而企业只有具备自我更新的文化，以及在战略实施之后进行有效复盘，才能真正实现战略与文化的正向循环提升。

2. 战略助力品牌升级

现阶段的中国经济正处于从投资升级向消费升级的转变中，购房者有着不同于以往任何阶段的全新属性。他们有着对美好生活的向往与追求，希望通过房屋和居住环境的改善来提升自身的居住质量和生活品质。他们有着强烈的品质改善欲望，却对产品选择缺乏标准，对产品定位模糊。信任的缺失与对品牌忠诚的脆弱，也导致他们在选择产品的过程中不断提出质疑。

因此，房企需要树立正面且积极的品牌形象，通过品牌建设来增进与客户的关系，不断培养忠诚客户，使客户对品牌产生情感和联想，最终让他们在购房时能够直接想到品牌所代表的产品和服务。

企业品牌升级在很大程度上依赖战略的指引。通过制定战略并不断对其进行修正、调整，企业可以预判市场和行业趋势，从而助力企业品牌的打造和升级，助力企业根据产品特性和客户需求，精准设定不同的品牌形象，进而建立系统的品牌体系，最终有效解决产品区分和客户辨识方面的行业难题。

3. 战略助力供应链升级

房企的产品打造已经从大规模、批量化的粗放模式，逐步转变为以客户为中心，根据客户需求设计个性化的项目解决方案。而客户需求的多样化和复杂性，意味着房企在项目建设过程中，需要用到的建筑材料类型日趋多样，需要对接的供应商也日趋多样。因此，房企对自身的供应链进行升级势在必行。

传统的供应链通常是指围绕企业，将供应商、制造商、分销商和最终用户连成一个网链结构，其管理理念是通过网链上企业间的协作，实现最优的供应链体系。而通过战略赋能后的企业供应链，应以未来的长期利益为指向，精心选择合作伙伴，形成一个不可分割的、协调发展的整体。

在此基础上，房企还应将供应链上的所有交易对象都看作"客户"，以供应链为中心，谋求多方共赢，这才是房企供应链的升级之道。

4. 战略助力产品升级

在精益价值树体系中，产品是最终的果实，也是房企直接面向市场，展示其核心竞争力的关键所在。由于市场环境及消费者需求的不断变化，房企的产品也需要随之迭代升级。在这个过程中，战略对产品升级的重要性早被广泛认可：房企要想实现持续、健康的发展，获得持久的产品竞争优势，就必须有适宜、明晰的企业战略。战略与产品相比，总会表现出明显的先导性。换言之，如果企业的战略清晰，其产品升级方向就会随之明确。

深植"运动"基因二十多年的中奥地产是一家典型的"运动"房企，早在2005年，中奥地产就与中体产业集团合作推出运动主题产品——奥林匹克花园，并成功打造了江西奥林匹克花园、九江奥林匹克花园、无锡奥林匹克花园等首批运动社区。这标志着中奥地产步入产品1.0时代——"乐活运动家"，引领运动社区热潮。

基于最初版本的运动社区构想，中奥地产开始发力提升硬件设备，并启动软件运营服务，接连打造了九江中奥广场、中奥珑郡、红星中奥广场等项目，这标志着其产品从1.0时代升级到2.0时代——"家门口的运动场"。其中，中奥·江南云筑、红星中奥广场等项目在社区融入运动主题元素，无一例外成为当地的"红盘"。

2020年，中奥地产与中体产业集团加深了战略合作，双方共同探索最新的健康运动模式，合力推出适合社区内全年龄段业主的"健康运动计划"。这标志着其产品进入3.0时代——"健康运动社区"，即从饮食健康、运动健康、成长健康等角度为业主解决健康运动顾虑。中奥地产希望通过综合提升业主的健康运动居住体验，做"健康运动社区倡导者"。在这一阶段，中奥地产为了解决饮食健康问题，打造了高标准餐饮管理及服务体系"中奥冠军餐厅"；在运动健康方面则推出"中奥健康中心"，为购房者提供一对一的健康指导；而在成长健康方面，重点针对0~12岁儿童，推出了社区成长系统"潮引力乐园"。

随着人工智能、云计算等先进互联网技术的发展，中奥地产又对科技板块进行了战略布局，于2022年提出迈向产品4.0时代——"未来智能运动场"。中奥地产希望通过打通相关健康运动资源，布局健康生态产业链，为业主建立完善的健康档案。

中奥地产的产品升级之路，其实就是一条践行精益思想的道路，中奥地产始终秉承着"打造高品质的专业运动社区"的企业战略。在这一战略的引领下，中奥地产长期致力于推动城市居住环境改善，不断进行产品升级，持续打造高口碑、高品质的专业运动社区，传递运动理念，成为国内运动社区的倡导者与践行者。

二、精准洞察趋势，推动房企战略重塑

如今，在"房住不炒"的大背景下，楼市已经拉开了新常态化下半场的序幕，房地产业进入了变革与转型的阵痛期。房企纷纷调整战略打法，寻求生存和可持续发展之道。

拿着旧地图一定到不了新大陆，房企要想破局突围，科学的、正确的战略牵引是根本前提。那么，房企如何才能推进战略重塑呢？答案还是精益思想。

精益思想和传统管理理念的最大区别在于，后者只关注客户、产品、市场等有形价值，而前者则引入了积极心理学和现代物流学的相关理念，在有形价值的基础上更关心无形价值。这种无形价值可能在当下不易得见，但在未来必然会发挥作用。换言之，在精益思想的引导下，管理者会具备更强的行业洞察力，会从更长远的角度思考行业和赛道的趋势，从而确定战略重塑方向。

失败的企业战略往往只聚焦短期业务战略，企业追逐热点与风口，从而导致自身的基本盘优势在多次折腾中消弭殆尽。精益的、优秀的企业战略体系强调聚焦长远（至少5年以上），同时兼顾短期环境变化，制定短期业务战略（1~3年），做到长短兼顾。长期发展战略的重点是定义什么是不变的，这就需要企业从使命和愿景出发，聚焦布局核心竞争力，同时深刻理解和承接国家战略导向；短期业务战略的重点是阐述什么是变化的，这就需要企业洞察市场环境，前瞻性调整业务布局。

1. 科学的战略重塑应具有前瞻性、目的性和创新性

企业战略重塑不是对战略的局部调整，而是做出方向性的改变，精益思想指导下的战略体系应具备三个特征。

第一，前瞻性。企业战略重塑首先要以企业的发展为前提，在对企业未来发展环境进行分析和预测的基础上，对企业的战略目标进行修正与革新，企业的一切资源都服从和服务于这个战略目标。

第二，目的性。企业战略重塑更多是为了使企业实现可持续发展，而不仅仅是为了实现短期增长。增长只是一时的数字，而发展则是长期的、质的飞跃。

第三，创新性。企业的持续发展来自创新，知识创新、技术创新、管理创新等已成为企业发展的动力。没有创新，企业就无法在未来的竞争中占据优势，也无法保持永续发展。企业战略重塑要具有创新性，既不能随大流，也不能重蹈覆辙。

2. 长期发展战略应基于企业使命和愿景，并承接国家战略导向

如前文所述，企业文化是企业战略的驱动力与重要支柱，企业长期发展战略的制定，应根植于企业文化基因，反映企业的核心价值观，以企业的使命和愿景为根本出发点。

华润集团董事长王祥明在某论坛上针对房地产开发业务明确指出：华润集团未来要更加深入地融入国家的新型城镇化建设，与政府有关部门加强合作；通过合作开发、代建、代运营以及参与地区统筹开发等方式，更加广泛地参与地方的建设工作；与政府携手，共同开发高质量、多功能的城市地产项目，为城市居民提供更加丰富多彩的美好生活。

华润集团之所以能够针对市场新趋势，快速对自己的发展战略进行升级，很大程度上是因为其自身文化就带有与时俱进的特征。

正是因为有卓越的企业愿景和价值观的指引，华润集团才会主动洞察和分析行业需求，并主动重塑自己的战略，以匹配市场变化。

此外，房企的长期发展战略还应与国家发展战略、产业战略一脉相承。房企在用精益思想寻找自身的战略定位时，还需要具有关于中国乃至全球政治经济格局的大视野。唯有洞察政策意图、顺应政策趋势，房企才能更精准地把握未来的发展方向，抓住时代契机与红利。

党的十九大报告已明确指出，"中国特色社会主义进入新时代，我国社会主要矛盾已经转化为人民日益增长的美好生活需要和不平衡不充分的发展之间的矛盾"。党的二十大报告再次强调，"必须坚持在发展中保障和改善民生，鼓励共同奋斗创造美好生活，不断实现人民对美好生活的向往"。不难看到，围绕"美好生活""共同富裕"的政策主基调，做"美好生活的营造者"一定是房企未来的发展方向。

招商蛇口的企业愿景是"成为中国领先的城市和园区综合开发运营服务商"，企业使命是"做美好生活的承载者"，在这种企业文化的牵引下，招商蛇口将成为城市和园区综合开发运营服务商作为自身的长期发展战略，业务聚焦城市功能升级、生产方式升级、生活方式升级，形成"前港、中区、后城"的发展模式。此外，招商蛇口始终积极响应国家重大区域发展布局，业务覆盖粤港澳大湾区、长江经济带、京津冀、海南自贸港等热点地区，积极参与"一带一路"沿线国家和地区建设，努力做人民美好生活的承载者。

龙湖秉承"善待你一生"的企业使命，以"空间即服务"为长期发展战略，不仅创造空间产品，还连接人与空间，洞见客户生活、工作、社交场景，参与城市空间和服务重构。龙湖始终以客户视角和技术为驱动力，不断提升空间营造和服务能力，打造有生命的空间、有温度的服务，为消费者和合作伙伴提供更加多元的服务和发展空间，努力成为以客户为中心的空间营造服务商。不难看到，龙湖的企业文化和长期发展战略都以人为核心。

3. 短期业务战略应动态适配外部环境

随着外部环境的变化，企业的短期业务战略也应调优。为了动态适应外部环境和内部条件的变化，或者为了利用潜在的机会，房企往往会重新进行战略定位，改进或选择新的经营战略和发展战略，围绕增强企业的核心竞争力，推动企业战略升级。

危机中往往蕴藏着机遇。面对行业剧变，快速洞察环境变化、快速调整战略方向的房企，往往能把握先机，甚至弯道超车。

面对行业的深度转型，招商蛇口认为房地产市场容量已达峰值并将呈下行趋势，预计未来会维持在 10 万亿~12 万亿元左右，行业在未来 5~10 年将进入存量时代。基于对行业趋势的判断，招商蛇口进行了战略升级，在 2022 年提出了"三个转变"，并在集团上下形成高度共识：从重资产为主转向轻重资产结合，从开发为主转向开发与经营并重，从同质化竞争转向差异化发展。在这一战略的牵引下，招商蛇口制定了"双百战略"目标：一是 2025 年之前持有 100 个超级购物中心或者核心地段的写字楼，二是 2025 年实现持有物业运营的营业收入达 100 亿元。

2022 年龙湖根据行业变化及自身业务，将过去的"四大主航道"（地产开发、商业运营、租赁住房和物业服务）升级为"六大主航道"（地产开发、商业运营、租赁住房、智慧服务、房屋租售、房屋装修），以实现业务的多维驱动。"六大主航道"协同并进，不断拓宽"空间即服务"的边际，多元丰富企业的利润来源。此外，龙湖坚持深耕战略，布局高能级城市，控制财务杠杆，不断提高企业的安全边际，做好发展与安全的平衡。

危机总会为那些勇于进行战略重塑的企业带来弯道超车的机会，但也需要注意，在行业容错率不断降低的情况下，战略重塑要基于对外部形势的洞察和对自身业务的全盘分析，而不是草率地随大流。而能否顺利推进战略重塑，在很大程度上影响着房企的命运。

对于 D 企的轰然倒塌，有人把问题归结到房地产业务上：数千亿元的巨额债务压顶，烂尾楼盘一个接一个……但这只是表面现象，实际上，作为国内房地产业的龙头企业，D 企的房子一直卖得不差，其房地产业务也一直在盈利。真正让 D 企走向败局的是它在战略方面的错误选择。在用足球俱乐部敲开体育板块的大门之后，D 企又将触角快速探入矿泉水、保险金融、医疗、美容、新能源汽车等领域。

这张看似巨大无比的商业网络，实际上早已漏洞百出。除房地产本业之外，D 企投资的其他领域基本上最终都没有获得相应的回报，而这些"副业"的所有投入都要靠房地产板块来"输血"。最终的结果便是，在政策收紧的大环境下，其资金链断裂，大量到期债务无法兑付，败势愈演愈烈，直至大厦倾塌。

现在看来，D 企的失败在于其进行了一次错误的战略重塑。什么项目都想投，什么钱都想赚，这本身就是一种投机行为，而投机从来都是企业战略的大忌。

4. 切入产业赛道、打造第二增长曲线是必然选择

随着市场环境的变化，增量市场见顶，房企凭借住宅地产一条

腿走路，发展空间将越来越小。近些年，房企都在进行战略升级与重塑，纷纷拓展产业赛道，业内也出现了一个很有意思的现象——标杆房企纷纷改名，有意识地淡化"地产"二字。这一现象体现的是房企为了适应时代变化而进行战略重塑，从单纯以地产为主转向多元化、多业态。

房企拓展产业赛道、打造第二增长曲线，需要关注几个核心要点。

第一，先稳定主业，有闲置资金再投资副业。房企孕育住宅地产之外的第二赛道，并不意味着降低地产开发业务的重要性。因为无论是地产开发业务还是其他产业板块，充足的资金都必不可少。一方面，地产开发业务带来的收入可以适当投资于其他项目。尽管当前房企受限于行业利润的大幅下滑，多元化投入有缩减趋势，但仍不可否认，地产开发业务是房企利润的核心来源。另一方面，一定的销售规模有助于房企维持高信用评级，进而获得满足发展所需的融资。当然，如今行业下行，房企无论是拿地还是融资，都受到了严格限制，销售回款面临严峻挑战。在这种情况下，房企应当先渡过当下难关，有多余的闲置资金再适度投资第二赛道。

第二，打造产业IP。事实上，房企对多元产业的探索早已有之，但并非全都一帆风顺，很多房企都在多元化布局上踩过坑。通过总结在多元产业领域取得巨大成功的房企的共同点，我们发现产业IP发挥了关键作用，而拥有产业IP的房企在地产调控常态化的背景下，也能有效抵御行业的寒意。产业IP之所以能为房企带来核心竞争力，关键在于：一方面，它能够帮助房企获得优质的外部发展条件，从中央到地方的相关政府部门都会给予具备产业基因的房企大量政策支持；另一方面，因为有政策的支持，拥有优质产业IP的房企的拿地成本大幅降低，并能够进一步反哺地产主业。龙湖、美的、新希望等房企都是典型代表；龙湖天街、龙湖冠寓分别是商业地产、长租公寓领域的IP；美的依托母公司的智能电器产业，发展泛地产智能业务，打造智慧社区、智慧家居系列产品；新希望则围绕民生进行全产业链布局，在大农业、新消费领域都取得了显著成绩。

第三，培养住宅地产之外的核心竞争力，并与主业形成协同效应。地产开发板块应形成"拿地—设计—采购—建设—营销—服务"的完整闭环，当地产开发业务达到一定规模后，房企可以腾出一部分利润贴补多元产业板块，赋能多元产业板块"投—融—管—退"的全流程闭环，助力产业IP的打造，优化财务报表，提升资本市场认可度，这对房企的后续融资有重大帮助。而打造出的产业IP能反向加持地产开发业务，降低拿地成本，从而推动各业务板块协同发展。

第四，寻找符合自身基因的产业领域。诸多房企因为投资非相关产业而栽了大跟头。在资源有限的情况下，房企如何在有限的产业赛道内进行恰当的选择和布局，在很大程度上影响着房企的前途与命运。产业选择有三个基本原则：首先，按照"地产+、泛地产、非地产"的三层逻辑进行选择，不同规模的房企适合的产业类型不尽相同；其次，选择能与主业形成协同效应的产业领域；最后，选择符合自身基因的产业领域。

总体而言，精益思想指导下的战略体系，一方面要与房企内部的文化、品牌、产品、供应链全面衔接，有了战略根基，精益价值树方能枝繁叶茂；另一方面应兼顾长、短期，企业长期发展战略应根植于企业的文化基因，并与国家发展战略结合，短期业务战略应动态适配外部环境。

房企的战略重塑是一项涉及众多要素的系统工程。面对政策的调整和复杂多变的市场环境，房企只有在精益思想的指导下，对自身的资源、能力进行客观分析，以客户为中心，构建属于自己的精益价值树，强化根基，才能不断增强核心竞争力，最终打造出精益的产品，满足人们对美好生活的追求与向往。

第三节
重构品牌体系，放大品牌资产价值

政府和市场不断呼吁让房价回归理性，中国房地产业无论是住宅还是商业、文化、旅游地产，都需要用品牌来创造新的价值。在这样的政策及市场竞争环境下，品牌是房企最有价值的资产之一。品牌的创建、维护和拓展，需要房企进行精益管理。

肥沃的土壤、强壮的根基，方能孕育出苗壮成长、枝繁叶茂的参天大树，而其中，品牌是主树干，如果树干不粗壮，土壤和根基中的营养就无法输送到大树的末梢。

一、行业竞争加剧，房企亟须精益思想赋能品牌体系

过去多年的高歌猛进使得房企对品牌体系建设问题没有时间、也不屑于深入思考。房企对于品牌的认识，仅仅停留在营销推广层面，停留在"募—投—建—销—管—退"全流程资产管理的"销"上，仅围绕"卖房子"展开，从而在业务上也局限于末端的市场研究、广告策划、营销策划等。房企普遍没有从企业长期可持续发展、打造百年老店的视角思考到底什么是品牌以及如何搭建品牌。

1. 外部环境剧变，构建品牌体系势在必行

随着房地产业回归制造业属性，品牌作为产品的重要标识，将取代传统推广、代理等销售行为，并在市场竞争中起决胜作用。房

企如果还没有意识到品牌建设的重要性，就会被时代淘汰。如今，在市场和政策的双重压力下，建立有效的房地产品牌体系迫在眉睫。

第一，住宅市场的销售增速快速回落，在行业监管和融资趋紧的情况下，行业的优胜劣汰将进一步加剧，部分房企将面临危机。

第二，2020年以来，生产制造业的成本进一步攀升，建筑材料、人工等方面的费用不断增加，这给房企带来更高的建造和管理成本。同时，由于行业内卷、市场竞争的恶化以及代理方式的变化，销售成本进一步增加，因此项目利润被大幅挤压，房企只能进一步削减经营费用，精简冗员，实行减员增效的"瘦身"工作。

第三，随着市场供给的过剩、战略集采的深入、客户价格敏感度的增加以及网络信息的透明化，房地产业的产品价格竞争压力也逐步加大。越来越多的房企为了缓解现金流压力，采用打折、降价、首付分期、赠送精装修或家电的方式进行产品促销。甚至一些面临债务风险的房企，直接以市场价格的一半销售产品，这给行业的价格体系和销售市场的有序性带来巨大冲击。

在这种情况下，房企迫切需要构建完善的品牌体系，以锁定客户，提升产品溢价，抵御市场风险。

2. 品牌体系的构建应以精益思想为指导

房企品牌体系的构建应充分融合精益思想，推动品牌体系的精益升级。区别于传统的企业品牌建设，精益思想指导下的品牌体系构建应该具备五个核心特征。

第一，品牌定位应与国家战略衔接。在确立品牌定位时，房企要对政策环境、竞争环境、行业现状以及未来趋势做出详细预判，这就要求房企深刻理解国家战略，并使品牌定位与国家战略高度契合、一脉相承。

中交地产确立的"美好生活营造者"的品牌定位以及"雅颂天地、和美中国"的品牌愿景，正是紧密承接国家战略导向的直接体现。"美好生活营造者"与新时代"人民日益增长的美好生活需要"相呼应，"和美中国"更是和党的两个一百年目标高度一致。

第二，品牌体系是动态的、持续迭代的。每个企业的发展和经营模式都有其特点，在品牌体系的规划和建设过程中，房企要对现有的品牌体系进行思考，并分析其与当下市场的匹配程度。房企有必要根据行业形势、市场情况、客户定位的变化来进行品牌体系的迭代升级，对经市场检验且出现问题的部分进行认真分析和反思，然后补足品牌体系。

第三，品牌体系的建设目标应该是多维的，在正确价值观的指引下兼顾多方利益。如表 4-1 所示，品牌体系建设应达成五个维度的目标。房企应不断思考品牌与社会、行业、企业、员工、客户的关系，在这种分析、定位和纠偏过程中，房企才有可能使品牌体系和管理需求达成最优匹配。

表 4-1　品牌体系建设的五维目标

维度	目标
社会	创造美好，承担责任
行业	树立旗帜，彰显实力
企业	补足短板，力求完美
员工	凝聚团队，发扬品格
客户	洞察需求，传递价值

从社会角度看，精益思想指导下的品牌体系完全不同于过去的单纯以产品为中心的品牌体系，前者具备独特的精神内核。企业文

化才是决定企业品牌体系的关键,承担企业社会责任、为客户创造美好生活才是构建品牌体系的核心目标。从行业角度看,品牌体系建设应以树立行业旗帜、彰显企业实力为目标。从企业角度看,企业应全面审视自身的优劣势,补足短板,力求完美。从员工角度看,品牌体系应充分凝聚团队,发扬团队品格。从客户角度看,品牌体系应充分洞察客户需求,传递和输出品牌价值。

第四,构建品牌体系应全面关注消费者的"五感"——视觉、听觉、味觉、嗅觉、触觉。全球品牌大师马丁·林斯特龙(Martin Lindstrom)在《感官品牌》一书中向我们揭示了全球成功品牌的共性:它们大多运用了"五感"品牌营销理念,创造了全新的五维感官世界,让顾客对品牌始终保持忠诚。房企只有发挥"五感"的协同作用,才能提升品牌的附加值,才能在消费者越来越挑剔、同质化商品层出不穷、竞争愈演愈烈的环境下,让自己的产品突出重围,让自己的品牌长盛不衰。

第五,构建品牌体系不应只关注短期盈利,还要着眼长远回报。房地产业的传统品牌管理模式侧重于促进短期销售,房企更关注对品牌的投入(比如广告投放、打榜等)能否带动近期的销售并增加利润。与此相反,精益的品牌体系则着眼于能带来长期利润的资产。品牌体系的构建可能需要长年累月的努力,而在此过程中,短期回报不甚显著,还有可能因持续投入而导致短期利润下滑。因此,精益的品牌体系构建需要长期投入。

总的来说,房企应清晰认识到,精益的品牌体系不但能创造资产,而且是企业成功不可或缺的要素。房企的最高管理层必须坚信,精益的品牌体系将为企业带来竞争优势,并最终获得经济上的稳定回报。

二、以客户为中心，构建精益的品牌体系

品牌形象是消费者对品牌的所有联想，它反映了品牌在消费者记忆中的图景，能够让人产生独特、精准的品牌想象，帮助品牌与消费者、市场建立密切联系。

品牌形象是"战术性的"，品牌资产则是"战略性的"，后者是企业保持竞争优势和长期盈利的基础资产。因此，房企不仅要树立良好的品牌形象，还要进一步往下深挖，以精益思想为指引，沉淀自身的品牌资产。那么，房企应该从哪些维度入手呢？

美国品牌管理大师戴维·阿克（David Aaker）在《管理品牌资产》一书中将品牌资产定义为"与品牌相联系的，可为公司或顾客增加产品价值或服务价值的资产"。品牌资产大体可以分为五类：品牌忠诚度、品牌知名度、品牌认知度、品牌联想、其他专有资产（比如专利、商标、渠道关系等）。品牌资产不仅为顾客创造价值，还为企业创造价值，是企业遏制竞争对手的真正壁垒。

结合品牌管理经典文献以及房地产业实践，我们认为房企运用精益思想构建精益的品牌体系、沉淀和完善自身的品牌资产，核心在于以下五个方面。

1. 基于企业文化，明确品牌价值主张

美国最大的网上鞋城 Zappos 的首席执行官谢家华在斯坦福大学商学院演讲时曾说："互联网时代，你的文化就是你的品牌。"现在，越来越多的房企认识到了这一点。品牌不仅代表企业和其产品，还包括服务承诺、客户体验乃至文化等深层次的含义。

企业文化是企业基于共同目标和方向所呈现的一种统一的价值、意识和行为，它体现了这个企业的历史和价值传承（见表 4-2）。

表4-2 典型房企的企业文化内涵示例

名称	企业文化内涵
万科	企业愿景：以人民的美好生活为己任、以高质量发展领先领跑，做伟大新时代的好企业 企业使命：为最广大的利益相关方、创造更长远的真实价值 核心价值观：大道当然、合伙奋斗 战略定位：城乡建设与生活服务商
保利	企业使命：让美好生活更美好 品牌愿景：美好生活同行者 品牌理念：和者筑善 核心价值观：向上、向心、向善
碧桂园	企业使命：希望社会因我们的存在而变得更加美好 价值观：我们要做有良心、有社会责任感的阳光企业 企业精神：对人好，对社会好 战略愿景：做为社会创造幸福生活的高科技综合性企业 品牌理念：给您一个五星级的家
华润	企业基因：为中华民族伟大复兴而立心，为创造人民幸福生活而立命，为实现国家经济繁荣而立身 企业使命：品质给城市更多改变 价值观：诚实守信、业绩导向、以人为本、合作共赢
中交集团	企业使命：固基修道，履方致远 企业愿景：让世界更畅通，让城市更宜居，让生活更美好 核心价值观：公平、包容、务实、创新
招商蛇口	企业愿景：成为中国领先的城市和园区综合开发运营服务商 品牌使命：赋能城市生长，承载美好生活 品牌口号：美好生活承载者

可以看到，房地产业领先房企的企业文化多以企业价值观为核心诉求，注重精神理念的传达，彰显企业的品位和内涵。品牌是企业对内、对外输出文化的整合点，因为品牌本身就具备文化和意识

属性。

当企业所宣扬的文化和价值体系与客户的价值观相一致并产生共鸣时，客户就会接受该企业的文化，接受该品牌，从而选择企业的产品。

2. 构建高识别度的品牌形象和差异化的品牌联想

在日常生活中，人们经常会通过品牌符号或名称将其与产品进行联想。美国品牌管理大师戴维·阿克指出："品牌联想是指人们回忆起与品牌相联系的一切事物，品牌形象是各种品牌联想以某种有意义的方式组织在一起而形成的。"让品牌实现差异化是品牌联想的核心价值之一，而差异化的品牌联想则是企业的关键竞争优势。

品牌符号和品牌名称的潜在价值在于给客户带来各种联想，让客户快速联想到其代表的含义与内容，这是客户做出购物决定并形成品牌忠诚度的基础。所以，定位准确的品牌往往具有较强的联想，可以获得优于竞争对手的地位。

当英国太古集团进入中国市场的时候，英语在国内并没有被广泛应用，所以人们对其原品牌"Swire"的感知并不强烈。为了快速打响品牌，该企业选择了与原品牌相关度不高，但中文内涵深刻的汉字"太古"作为其在中国市场的品牌形象，随后成功开拓东亚市场。

品牌与产品密不可分，品牌的创建和塑造要求房企从客户的需求入手，以产品为基础和载体，对客户的需求进行深入理解，通过设计、包装等手段，帮助客户建立差异化的品牌联想。同时，房企要科学地利用营销和推广手段，不断指引和强化客户认知。

随着经济的发展，客户的需求也在不断升级。无论是住宅社区、商办写字楼还是大型综合主题产业项目，房地产产品都在不断细分和深化。面对不同的产品属性，房企如果仅打造单一品牌符号，就无法有效区别各产品之间的差异，也无法有效引导客群对品牌产生直接联想，反而容易让客户对品牌识别不清。因此，房企应根据产品特性和客户需求，精准设定不同的品牌形象，建立品牌体系，进而有效解决产品区分和客户辨识问题。

3. 提高品牌美誉度

品牌美誉度就是品牌口碑，是企业的立身之本。企业提升品牌美誉度，实现品牌强化，有很多方式。

第一，对社会重大事件迅速做出反应，树立良好的企业公民形象。当发生重大事件时，这恰恰是品牌积极发声的良好时机。这不仅是因为社会时事具有一定的传播价值，还因为这些事件都具有较好的流量基础，能够使品牌在短期内获得大量关注并为累积美誉度创造条件。企业通过对社会重大事件发声，能够树立主动承担社会责任的良好企业形象。

第二，设计品牌 IP，创造正向事件联想。越来越多的房企开始注重打造与品牌强关联的自有 IP，比如龙湖的龙小湖、旭辉的旭小熊、保利的熊猫 P 仔等，都不是真实人物，而是虚拟 IP。通过赋予品牌一定的形象和人格，房企在使品牌深入人心的同时，避免了一些不可控的风险。

第三，加强舆情管控，增强企业品牌防火墙。当下，信息的传播更加迅速，所以房企对舆情的管控不仅仅在于监管，更重要的是发现潜在危机，防患于未然。特别是现在的房企，一些明星经理人不仅是管理者，还是 KOL（关键意见领袖），其个人问题会影响企业的品牌形象。品牌形象在建立后需要房企长期维护，对品牌危机的处理更是体现了房企的管理水平和公关实力。

第四,营造良好的服务体验,提升品牌口碑。房地产业进入下半场,房企间的竞争也从产品品质延伸到服务和客户体验上。良好的客户体验对于品牌口碑的提升和传播都能起到积极作用,而客户只有从心理层面认为房企提供的服务是一种享受,才会乐于传播该品牌。

第五,匹配时代价值观,树立并追求正确的品牌文化。从某种程度上说,用户对品牌的认同,不仅仅是因为产品或者品牌具有某个特性,更是因为品牌背后的文化。只有精神层面实现契合与认同,房企才能真正让用户成为品牌的粉丝。所以,房企要时刻关注大众思潮的变化,及时匹配时代价值观,树立并追求正确的品牌文化。

金杯、银杯不如口碑,但口碑的积累并不容易,这需要房企有足够的勇气和耐心,坚持做正确的事情。毕竟,十件善事所积累的名声,会因为一次小小的恶行就崩塌。

4. 关注产品和服务细节,提升品牌的感知质量

与品牌的实际质量相对应的是感知质量,即说到某个品牌,人们往往会对其总体质量有一个感知,这种感知不一定建立在详细了解产品规格的基础上。感知质量会直接影响顾客的购买决定和品牌忠诚度,特别是当顾客不想或不能对产品进行详细分析时。所以,提升品牌的感知质量也是房企打造精益品牌体系的关键。

如果房企的品牌宣传没有坚实的产品基础,那么它不可能在市场和客户端形成品牌感知质量。打造优质产品不仅要靠企业文化的支持和生产流程的提升,还要靠客户,即对客户来说,质量意味着什么(特别是住宅类产品)。房企有了优质的产品和服务,只是取得了部分胜利,还必须让客户感知产品的高品质。感知质量与实际质量不同,主要基于三大原因。

第一，如果房企原来的品牌感知质量过低，那么客户在做购买决策时可能会受到一定的影响。他们可能不相信新的品牌宣传，或者不愿意花时间验证。房企如果频频发生"质量门"问题，那么即使花了大量费用进行公关，也无法打消客户对产品品质的忧虑。因此，避免品牌被冠以劣质产品之名非常重要，而且恢复品牌商誉非常困难，在短期内重塑品牌形象会更加艰难。

第二，房企可能在客户认为不重要的方面实现了高品质，但是这样的高品质其实对感知质量影响甚微。事实上，要么是客户没有注意到这些变化，要么是这些提升与客户真实需求的关联不大。因此，房企一定要确保对产品和服务的提升能够与客户产生共鸣。

第三，在对产品质量进行判断时，由于没有掌握必要的信息，所以客户几乎无法给出理智、客观的判断。有时候，他们即使得到了重要信息，也可能会因为缺乏时间或动机而放弃判断。因此，在判断产品质量时，客户通常会把产品质量和一两个线索联系起来，然后依靠这些线索进行判断。这样，房企提升感知质量的关键就是正确理解并管理这些线索以及重要感知节点。比如在房屋交付过程中，墙面的平整度、门窗的质量等就是房企必须关注的重点。

5. 提高品牌忠诚度

品牌忠诚度是品牌价值的核心，品牌忠诚度越高，企业就越不容易受到竞争对手的攻击。即使一个品牌的市场规模不大，但是它如果拥有高度忠诚的消费群体，那么仍然具有极高的市场价值。

品牌忠诚度也是衡量客户对品牌认可程度的重要指标，反映了客户对品牌的信任、承诺以及情感依赖。品牌忠诚度能够减轻价格对客户的影响，其形成的关键在于品牌价值体验。

品牌价值体验包括三个层面：物理层面——产品功能、质量以及价格；心理层面——客户对品牌价值的心理预期以及客户的自我价值定位；社会层面——客户的社会身份认同感与社会圈层归属感。这三个层面越是高度契合，客户对品牌的忠诚度就越高。

房屋作为具有居住功能的产品，其设计品质、工程工艺、景观环境以及配套服务等有关产品的直观体验，都能构成品牌的实体价值，这是客户认可品牌的基础。销售价格则是对品牌实体价值的货币量化，将直接影响客户的价值预期——同比价格越高，客户对产品的价值预期就越高。另外，价格也与客户对房屋的需求以及对产品的改善程度有关，两者的趋同性越高，客户越容易选择该产品。

此外，客户在选购房地产产品的过程中，会感受到由品牌带来的社会身份、地位的评价。这种评价与客户的自我价值定位越吻合，客户的社会身份认同感与社会圈层归属感就越强烈，品牌的精神价值（或者说品牌所具备的人文价值）就越高，客户的消费体验也就越好。

因此，品牌价值是品牌实体价值与客户心理价值的叠加，而品牌价值体验体现在客户对品牌价值的心理预期与社会现实评价的交互印证上。品牌价值与价格的对比形成了品牌的消费性价比，性价比越高，越能促进客户的首次消费决策。而品牌价值体验越好，越能增强客户对品牌的信任，甚至使其重复购买，从而最终提高客户对品牌的忠诚度。品牌价值影响着客户的消费决策，品牌价值体验是客户产生品牌忠诚度的根本。

综上，房企运用精益思想构建和升级品牌体系的核心在于：明确品牌价值主张，构建差异化的品牌联想，提高品牌美誉度、品牌感知质量和品牌忠诚度。当然，在品牌的背后，精益化的产品和供应链是底座，产品越优质，客户口碑越好，品牌形象就越优良，品牌的价值和溢价能力就越突出。总之，品牌体系作为房企精益价值树的一个组成部分，与其他部分紧密相关，品牌体系的精益升级离不开文化和战略的引领，以及产品和供应链的支撑。

当然，企业品牌体系的建设是一个庞大的课题，全球范围内对企业品牌体系的研究也有诸多文献，但是突破传统的单一广告营销的品牌体系研究仍是凤毛麟角。同时，对于中国房地产企业如何升级品牌体系，业内缺少先进的理念和可落地的实战指导。本节结合了前沿文献以及笔者的从业经验，但这也仅仅是抛砖引玉，以期唤醒房企的品牌意识，为房企品牌体系升级提供一些启发和思路。

第四节
重构供应链体系，构建命运共同体

同气方可连枝，枝繁自有叶茂。完善供应链体系是打造产品的基础和前提，没有供应链的辅助和支持，房企很难独立完成项目的建设与服务工作。

一、房企供应链体系升级迫在眉睫

房企在进行产品定位、规划设计、施工建造、销售运营等工作时，需要与不同的供应商合作，比如设计商、承建商、材料供应商等。这就要求房企有效地筛选和管理供应商，通过重构和升级供应链体系，优化产品的设计、建造和运营。未来，房企间的竞争在于供应链的竞争，对房企而言，供应链升级迫在眉睫。

1. 房企的传统供应链发展模式存在诸多弊端

纵观房企的供应链发展历程，主要有四种典型模式。

一是传统采购之路。房企根据生产需求制订物资采购计划，然后组织实施。这种模式由于与市场脱节，常常会导致产品和原材料的库存量大，资金占用多，从而严重影响房企的经济效益。

二是自主研发之路。房企自主研发相关产品，为自己提供建造工作所需的原材料。但是房企从本质上说，是一个资源整合机构，并不是实际生产商。因此，在自主研发道路上，房企天生就存在专业度欠缺、技术滞后、人员投放成本高、研发周期长、成功率低、难以落地等缺陷。

三是联合研发之路。联合研发是指两个以上房企共同投资，共同参与产品研发活动。这种模式有强强联手、共同承担研发风险等优点，但由于房企之间的企业文化、企业定位、发展方向、经营情况、发展阶段、实际诉求等存在差异，因此很难形成双方都满意的研究成果。并且在合作过程中，经常会出现沟通成本高、知识产权争议、产品同质化严重、相互竞争等问题。

四是投资研发之路。房企通过直接投资，参与产品研发活动。这种模式在某些领域是可行的，但在房地产业不太现实。首先，房地产开发的综合性、复杂性太强，涉及的领域、专业、技术、环节也太多；其次，费用太高，涉及材料费、燃料费、实验费、仪器设备费、场地费、软件开发费、委托研发费、研发人员培训费等，这些费用是大多数房企难以承担的。

不难看到，过往的每种模式都存在固有缺陷。如今，精益思想指导下的供应链体系强调的是房企与供应商打造命运共同体，构建"你中有我、我中有你"的整体，秉承一种思想、一种文化，寻求共同利益与共同价值。在行业转型期，与供应商组建命运共同体已是房企供应链体系升级的必由之路。

2. 客户需求升级，倒逼供应链体系升级

房企为了确保自身的生存和发展，其生产和服务必须从以产品为中心向以客户为中心转变。如今，产品过剩、产品同质化严重

等问题凸显，客户有了更多的个性化需求，这倒逼房企加速升级供应链。

在传统的工业时代，客户更多追求的是质量。而在当今移动互联网全面应用与物联网快速发展的时代，除了质量，客户还追求更高层次的价值诉求，即产品价值观。

房企应从人的角度进行思考，从以下七个方面打造产品，从而全方位提升用户的"六感体验"（视觉、听觉、嗅觉、触觉、味觉、心流）。

- 更健康——安全健康：安全的社区、建筑和服务，绿色健康的景观、运动等。
- 更方便——高效便利：智慧社区、智能家居、万物互联等。
- 更好用——功能合理：空间流线、功能设置、户型等更合理。
- 更好看——精致美观：包括建筑风格、材料、工艺等。
- 更文化——精神文化：包括社区文化、人文艺术、价值认同、精神愉悦等。
- 更体验——服务体验：各类服务更优质。
- 更便宜——性价比高：包括地理位置、品质、价格等。

当消费者有了更多的需求，房企就要用更好的产品来迎合这些需求。产品的背后是供应链，对于房企来说，供应链是直接影响产品最终质量的关键要素。只有供应链体系提升了，房企才能真正完成产品升级。

3. 供应链体系升级仍面临不小的阻碍

供应链体系升级是房企提升产品力的必经之路，但是从行业目前的整体状况来看，房企在供应链建设方面还普遍存在一些问题，供应链体系升级的脚步受阻。

第一，本位思维，缺乏从用户角度出发的考量。因为长期受高杠杆、快周转、大规模的经营模式的影响，很多房企陷入了本位思维的陷阱。无论是设计产品还是建设供应链体系，房企都只考虑自身的利益，忽略客户的真实需求。

各大媒体平台的社会新闻板块常常有一些因工程质量缺陷而导致产品交付后问题频发的消息，尤其是一些地方性的房地产开发商承建的项目。房企为了最大限度地控制成本、提高利润率，会选择价格更便宜的原材料。甚至还有一些房企不惜铤而走险，使用不符合建设和装修标准的劣质原材料。

从企业发展的角度看，从自身利益出发进行供应链建设无可厚非，但如果产品无法有效销售出去，房企的利益就无从谈起。所以归根结底，还是因为房企习惯于传统模式下的思维方式，缺乏从客户角度思考的逆向思维，从而限制了供应链体系升级。

第二，与产品体系脱节，找不到变革方向。供应链管理部门与产品设计部门没有形成有效的互通机制，当产品需要在某个方面提升时，这一信息无法有效反馈给供应链管理部门。不了解产品升级的方向，为产品设计服务的供应链体系自然就找不到变革方向。

第三，单打独斗，资金压力阻碍供应链体系升级。有一些房企认为自己拥有的才叫资源，所以在构建供应链体系的时候，更愿意自己经营这些业务。但是，原材料供应业务以及其他建设、装修等服务业务的构建需要大量的成本和资源。而现在整体市场疲软，房企可能没有这样的实力和魄力去调整自己的供应链体系。

总之，房企作为类制造业的一员，供应链体系在其经营发展过程中发挥着非常重要的作用，直接影响产品的最终质量。所以，无论是为了提升经营水平，还是为了推进产品升级，房企都必须升级供应链体系。

二、用精益思想搭建完善的供应链体系

过去，大多数房企对供应商的选择和管理都过于粗放，缺乏标准，从而导致供应商质量参差不齐。房企无法充分发挥供应链的作用，更无法保障自身的产品和服务质量。如今，房企以精益思想推动供应链体系的升级，关键在于四个方面：一是明确升级的原则，二是组建优质的供应商团队，三是推动自身供应链管理模式升级，四是重视对产业链上供应商的培育。

1. 精益的供应链体系应遵循五个核心原则

房企推动供应链体系升级，首先需要明确升级的原则，即房企与其合作伙伴在各个环节与各自工作中都要遵循的原则，这是基本前提。总体来讲，与丰田精益生产模式类似，房企打造精益的供应链体系应遵循五大核心原则。

（1）以客户需求为导向原则

对房企来说，过去甲方是开发商，乙方是供应商；而现在，甲方是客户或购房者，乙方是开发商和供应商。为了用更少的成本获得更多收益，房企在经营中应坚持"除非客户需要，否则什么都不做"的原则。因为如果房企做了某个动作，但这个动作的结果不是客户需要的，那么这就是浪费。当然，这里所说的客户需求是有效需求，是客户愿意花钱买单的需求。所以，精益的供应链体系一定是"需求拉动"的，按客户的需求进行投入，使客户在需要的时间得到需要的东西。

（2）识别和消除浪费原则

房地产业的所有工作，或者说一个产品从原材料到最后成品的过程，一般分为三类：第一类是增值工作，即不断加工原材料，使其变成成品；第二类是准备工作，即为了完成增值工作而必须进行的准备工作，也可称为附带工作，其本身不产生增值；第三类是浪费，如果房企所做的动作、花的时间、付出的成本，既不被用于增值工作，也不被用于准备工作，那么这就是浪费。具体来说，浪费分为七种。

第一，过量生产。过量生产其实就是供大于求。比如客户需要100个产品，企业生产了120个，最后20个没有客户购买，就变成了废品。过量生产不仅体现在成品上，也体现在加工所用的原材料上，材料浪费其实很常见。

第二，生产时间过长。比如一个产品或者半成品的合理生产时间是10天，但因为组织不合理，实际生产时间为12天，那么企业就浪费了2天时间。如果通过更加合理的组织与安排，企业用9天就保质保量完成生产了，那么节省的1天就是增值的部分。

第三，等待。不管是原材料还是加工到一半的半成品，只要闲置就属于等待，等待也是一种浪费。

第四，运输浪费。很多工厂在完成了上一道工序后，需要把半成品运到另外一个厂房进行下一道工序，这中间必然需要有运输过程。但实际上，通过将生产过程流程化和系统化，很多运输环节其实是可以省略的。一切不是精益状态的运输都是浪费，生产线的排布应足够合理，让所有运输环节最后加总到一起实现最短路径、最少时间、最低成本。

除了运输物品，企业还要运输人员。比如员工代表企业去政府部门办事，需要通过一个个窗口，办理一个个流程，那么在不同窗口之间的移动也可以叫作运输。这种运输如果不是必要的，那么也会形成浪费。所以，现在很多政府部门都在实施一站式服务，以减少人员运输，这是一种更便利、更高效的工作方式。

第五，过度加工。比如客户对住宅产品中的某些细节的要求没那么高，那么房企就不应追求过度的精益求精，因为客户不认为这是一种价值。如果客户有一定的期望，并且能为它买单，那么这才是有效需求。

第六，库存多。库存有多种形式，比如原材料库存、半成品库存、成品库存等。如果库存产品卖不出去或者不升值，这就会形成浪费。

第七，返工。如果产品达不到合格标准，那么房企只能回过头重新加工。而返工所花费的额外时间和资源原本是可以避免的，所以也属于浪费。

（3）价值流动原则

价值流动强调的是不间断流动。在房地产项目开发过程中，如果前一道工序完成了，但后一道工序还没开始并且停滞了较长时间，这就是流动性不顺畅，返工也是流动性不顺畅的一种表现。

房企要想避免流动性不顺畅的问题，一要安排好每一个流程与工序，二要做好各个流程与工序之间的衔接工作。

（4）消除波动性原则

波动性是指质量与生产周期不够稳定，具体表现有两种：一是产品的质量有波动，未在一个合理误差范围内；二是产品的生产时间有波动，时长时短。同样，服务方面也有波动性，同样的服务标准由不同的销售人员执行，效果会有差别。

房企与供应商都必须通过科学有效的管理体系，将波动性降到最低。出现波动性的原因有很多，主要有六类：人（人员的技能）、机（机器设备的稳定与性能）、料（原材料的质量以及供料时间）、法（工作方法、工作路径、工作流程）、环（工作环境的温度、湿度、噪声）、息（信息的准确性和及时性）。

（5）柔性开发原则

柔性开发模式的典型代表其实就是现阶段很多DTC（直接面向消费者）品牌采用的私人定制生产模式。客户将自己的诉求传达给企业，企业根据客户对产品质量、数量、外观等的具体要求，按需生产。相对于传统的大规模、批量化生产模式，柔性开发模式能够快速应对市场变化，还能有效避免成本的浪费。当然，前提是企业拥有一套能够及时了解客户需求并将客户需求反映到生产端的生产管理体系。

房地产柔性开发是针对大规模、批量化开发的弊端而提出的一种新型开发模式。柔性开发是指以用户需求为导向，通过改革组织结构、运作方式、供应链体系、市场营销方式等，使生产系统对客户需求与市场变化做出快速反应，同时消除无用的损耗，力求让房企获得更大的效益。

例如，中交地产的项目团队依据供应商提供的模块化产品与服务，按照"因城、因地、因时、因价、因人"的五因原则，在项目定位、开发和运营过程中进行模块化组合，从而将多样化、个性化的产品提供给客户，这其实就是柔性开发的具体表现。

以上五种供应链体系升级原则，是根据当下一些具体趋势分析得来的。随着时间的推移和市场的变化，房企在实践这些原则的同时，也要通过各种科学制度、措施或者手段对其进行完善。

2. 组建优质的供应商团队

对房企来说，并不是所有的供应商都能与其构建命运共同体，并在未来实现双赢。房企要想组建符合供应链升级需求的供应商团队，首先要找到合适的供应商，之后再组建供应商团队，并根据行业的变化对供应商进行动态考核与评估，及时清理"劣马"、填补"优马"。

（1）找到优秀的供应商，确保"全优"

什么样的供应商团队才是真正优质的团队？进入供应链、产业链时代，房企应做优秀资源的整合者和集成者，选出"优马"供应商，搭建优质的供应商团队。如果房企的供应商都是"优马"，那么在市场竞争中，房企自然能无往而不胜。

如何找到"优马"？科学的制度体系和公开、公正、公平、依法合规的评标规则是找到优秀供应商的前提。房企可以通过完善制度体系和评标规则，让优秀的供应商脱颖而出。

结合行业实践，与房企进行战略合作的供应商通常需要满足"三匹配"和"五优选"原则。"三匹配"是指：与房企的战略目标以及品牌理念相匹配，与房企在行业内的地位相匹配，与房企的管理特点相匹配。"五优选"包括：严标准，制定较严格的供应商选择标准；把两头，兼顾品牌和服务，在符合备选标准的基础上，既考虑供应商的规模，也考虑其专业性；量区域，考量区域平衡，参考供应商总部所在地，兼顾房企的城市布局及重点区域，方便服务具体项目；重配合，将供应商的配合度、战略合作诚意度作为重要考量标准；为所用，供应商应能够在传统合作领域做好服务，同时能站在"五个共同体"的高度上，积极参与房企产品体系的建设、丰富与持续完善。

亚士成立于1998年，是一家集建筑装饰涂料、保温装饰板、防火保温材料、防水材料的研发、制造和服务于一体的高新技术企业。截至 2021 年年底，亚士已经和国内 117 家房企达成了合作，连续 10 年被评为"中国房地产开发企业 500 强首选供应商"。之所以有这么多优秀的房企愿意与亚士建立合作关系，甚至组成命运共同体，不仅仅是因为亚士足够优秀，更是因为亚士本身的定位与目前房企的发展趋势相吻合。

在品牌理念方面，亚士旗下有三家公司：亚士漆的使命是"为全面涂装解决方案提供高品质的系统级产品"；亚士保温科技的使命是"为全面涂装解决方案提供保温装饰一体化成品板系统"；而亚士涂装的使命是"为高端用户提供卓越的全面涂装服务"。专业且多元，同时拥有高品质的产品和服务集成解决方案，而不是简单的产品供应，这恰好是当下房企需要的。

在自身水平方面，作为全球领先的全面涂装解决方案提供商、国内建筑涂料第一品牌，亚士的业务遍布全国各地。更难能可贵的是，亚士非常清楚自己作为供应商的战略定位，愿意与房企配合，参与它们的战略规划并成为其战略合作伙伴。

房企与供应商之间的深入合作不是"藤"与"树"的依附关系，而是"篱笆"与"木桩"的相辅相成关系。也正因如此，房企才要找到最适合自己的"木桩"，以确保合作的稳定性。

（2）有机整合供应商团队

仅仅找到优质的供应商还不够，因为供应商团队的组建并不是不同专业供应商的简单集合，房企应将其有机结合成一个整体。

为了避免供应商的工作产生重叠，房企首先需要设定战略供应商库的类别与专业子项，明确自己所需的供应商类型。

中交地产在组建自己的供应商团队时，通过细化分析，确定了建筑设计、材料设备、施工建造、新技术新材料、商业地产、内部工贸供应商六大类别，并进一步细分出园林设计、园林绿化、施工总承包、精装设计、装饰装修、电梯、空调、综合照明、入户门、铝合金门窗、内外墙涂料、防水材料、策划咨询、销售代理、商业咨询、案场服务、社群社区服务等多个子项。

在确定了所需的供应商类型后，房企还要确保各供应商的专业能力保持相对一致，并达到房企规定的标准。这样才能保证日后供应商之间的合作顺利完成，房企也能打造出高质量的产品，提供优质的服务。

房企在选择供应商的过程中，除了要关注备选企业的合法合规性、质量控制体系、品质和服务标准、售后服务体系以及财务状况和商誉，还要考察备选企业的企业规模、专业水平、与头部房企的合作情况、获奖情况以及产品和服务的市场口碑等。

当然，标准的制定只是前期准备工作，在标准确定下来后，房企还需要根据既定的标准，完成公开招募、下属平台公司推荐、报名投标、入围筛选、专家集中评审以及组织商务洽谈等工作，最终确定战略供应商库名单，签订合作协议。

（3）动态考核和筛选供应商

在搭建和管理供应商团队的过程中，团队成员并不是一成不变的。原因在于：一方面，与供应商建立战略合作关系，并不意味着所有的供应商都能按照既定的方案，高效完成自己的工作；另一方面，随着房企自身发展水平的提升，发展速度慢于房企的供应商就不适合继续留在团队中了。

所以，房企需要建立合理且有效的绩效考评机制，定期对供应商的工作成绩进行审核，并根据考评结果及时清理不合格的供应商，之后招募更高水平的同类型供应商进入团队。

（4）与供应商形成命运共同体

如前文所述，房企供应链体系的升级必须走向命运共同体之路。具体而言，房企与供应商应构建起"合作共同体、文化共同体、品牌共同体、发展共同体、命运共同体"五个共同体，形成动态联盟。

一是构建合作共同体。房企与供应商形成合作共同体后，双方的差异将成为合作的动力而不是阻力，这体现的是一种互补。房企要想真正建立起合作共同体，就要确保双方在合作中的利益与目标一致，同时双方要做出共同行动。

二是构建文化共同体。文化是根源，是企业实现可持续发展的基础，也是企业与企业达成合作的基础。文化代表了企业的基因，如果两家企业在使命、愿景、价值观方面无法达成一致，那么它们很难同心同德、合作共赢。

三是构建品牌共同体。建立良好的品牌共同体，一方面能够使合作双方形成较强的集体意识与道德责任感，并确立共同的行为准则；另一方面能够让上下游产业链优质品牌交相呼应，强强联手，最终大幅提升社会与客户对共同体的品牌认知、品牌联想以及品牌忠诚度。当然，品牌共同体的建立不是简单地建立合作关系，在确定合作关系之前，房企要进行细致考察，确保合作对象的品牌形象、调性与自身是相辅相成的。在确定了合作关系后，房企还要在合作项目中将两个品牌之间的合作关系宣传出去，以强化品牌影响力。

四是构建发展共同体。建立发展共同体的最基本要求就是合作双方有共同的目标。这看似简单，但实际上并不容易实现，毕竟每个企业在合作中的首要目标都是获益，而不是让对方多获益。比如，房企与施工团队的目标都是完成一个项目的建造，但房企想要的是打造高质量的产品，而施工团队考虑的是降低成本、提高收益。显然，这样的合作无法持续，更不能带来好的结果。所以，要想建立发展共同体，房企与供应商的目标要一致，目标背后的追求也应该保持一致，二者共同的核心诉求应该是满足客户的有效需求，从而实现共赢。

五是构建命运共同体。面对世界经济的复杂形势和"百年未有之大变局"，任何国家和企业都不能独善其身。因此，升级房企供应链体系就是通过命运共同体的新视角，让房企、上下游产业链、客户、社会等多方实现共赢。

房企在与供应商建立命运共同体后，可以更大程度、更有效地整合优秀资源，充分发挥上下游产业链细分专业优势，调动供应商的积极性，使其深度参与产品研发，共同为客户创造价值，减少不必要的浪费，提升整个产业链的核心竞争力，最终实现共赢。

3. 升级供应链管理模式

对于现在的房企来说，供应链管理主要限于协调物流时间和方式，并监督执行。但在构建了命运共同体之后，供应链管理模式也应该更进一步。升级供应链管理模式可以帮助房企和供应商更快、更准地找到合适的合作方式，用最少的成本创造最多的收益。房企升级供应链管理模式，应从五个方面推进。

（1）梳理价值流

价值流是指将原材料转变为成品并赋予它价值的全部活动。从项目论证和项目定位到设计、施工建设、营销、交付、运营等环节，其中的原材料配送、原材料加工乃至项目建成之后的服务等，都属于价值流范畴。

房企之所以要识别价值流，是为了重新梳理业务流程，筛选出没有必要存在的环节或者动作，及时对业务流程进行精简，从而实现降低成本、减少浪费的目的。至于如何判定增值活动和无效活动，房企可以把实现顾客需求的最大满足作为参考标准。因为只有客户愿意花钱买单的需求才是有效需求，只有满足客户需求的环节才能带来实际收益。

（2）构建集成供应链模块

房企要想知道增值活动是否可以为自己创造价值，就需要进一步分析增值活动的流程。而在此之前，房企需要先明确客户与供应商、供应商与供应商之间的关系，之后才能明确增值活动的展开路径。

首先，针对性地梳理每一个增值活动所对应的客户和供应商，并将其对应起来。比如，地产开发各环节所需要的产品规格、数量等内容，要与对应的供应商和相关方联系起来，这样房企就能清晰地看到输入与产出的关系了。

其次，明确每个增值活动的流程与步骤。这可以分为两步：一个是物的角度，即画出原材料一步步变成成品的流程；另一个是人的角度，也就是组织协调，从客户的订单和要求出发，协调各个部门、组织的运作，最后产出可以交付的成品。在做了这些功课后，房企还要掌握每一个步骤完成后的库存量。

当然，房企可以通过构建集成供应链模块，明确自身与供应商、供应商与供应商之间的关系。而要想构建集成供应链模块，房企在组织结构上需要从职能管理转变为面向全产业链的管理，通过有效的组织结构（矩阵或网络型），在房企内部形成"虚拟供应链"。所谓虚拟供应链，就是不但使房企对内外部资源进行有效整合，而且使内部各层级（总部、区域、项目）、各业务部门，都与外部资源对应起来，从而形成上下左右互通的集成供应链模块（见图 4-2）。

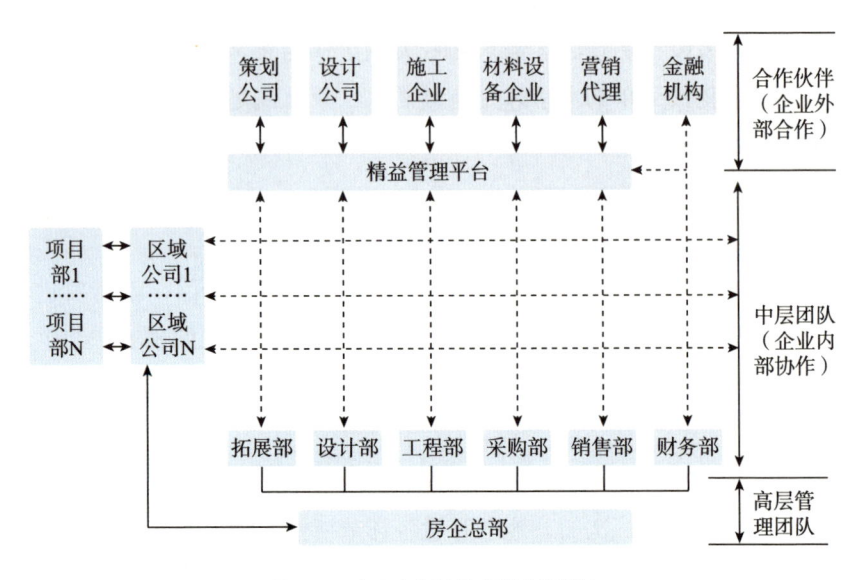

图 4-2 房企内部的集成供应链模块

通过构建集成供应链模块，房企可以清楚地将自己与供应商、供应商与供应商之间的关系展现在图表中。

（3）对流程进行分析

在明确了增值活动的流程之后，房企还需要针对流程进行分析，确定每个环节的提升空间。一般来说，房企可以从时间角度入手，分析某个环节花了多少时间，有多少时间属于增值时间，有多少时间属于准备时间，又有多少时间属于没有价值的浪费时间。房企也可以从人的角度入手，分析某个环节用了多少人，哪些人是在做增值工作，哪些人是在做准备工作，哪些人完全没干活，最终确定哪些人员是可以被精简的。房企还可以从物的角度分析产品从原材料到成品，发生了哪些改变，哪些改变是必要的，哪些改变是为了后续环节，哪些改变是完全不必要的。

（4）梳理生产计划

增值活动会因生产计划的变化而变化，所以房企在分析增值活动的提升空间时，也要充分考虑生产计划。

生产计划一般分为两种：一是先有计划，然后依据计划向供应商下订单，安排生产，最后向客户发货；二是先有客户需求，即先有客户订单，这样房企可以知道自己应该安排什么样的生产计划，然后根据生产计划向供应商采购。根据实际情况，这两种计划模式是可以不断转换的，而模式的转换也会使增值环节发生变化。

（5）计算库存和物流数据

计算库存数据，包括合格库存、废品库存、滞销库存等。房企一方面要计算物料送达需要多少时间，另一方面要计算客户期望交付的时间，这两个时间应与生产时间匹配起来。另外，运输的频率、包装的大小、可供装货的空间等信息都要清晰标注。

根据计算结果，对照行业平均水平，参照前述"五个原则"与"七种浪费"，房企应明确哪些地方可以改善，不断优化供应链体系，最终实现精细化管理。

4. 重视对产业链上供应商的培育

房企进行供应链体系升级，还应进一步跳出单个企业视角，放眼行业，拓展到整个产业链上下游，致力于整个产业链的共荣、共生、共赢。

我们希望上升到产业链视角的供应链体系，做到全员上下"一个声音，一个打法"，百万人如一人，各个部门、不同企业之间高度协同，真正做到全企业如一人，全行业如一人，全产业链如一人。

供应商不仅是房企业务链条上的一员，还是制造业产业链上的一员。由于房地产业下行，不少供应商纷纷尝试拓宽业务渠道，进军地产领域或基建领域。总体来看，供应商要做好产业链上的服务工作，找准定位，与服务对象深入同频，并用精益思想武装自己，从而与房企共同推动整个产业链的持续升级（见图4-3）。

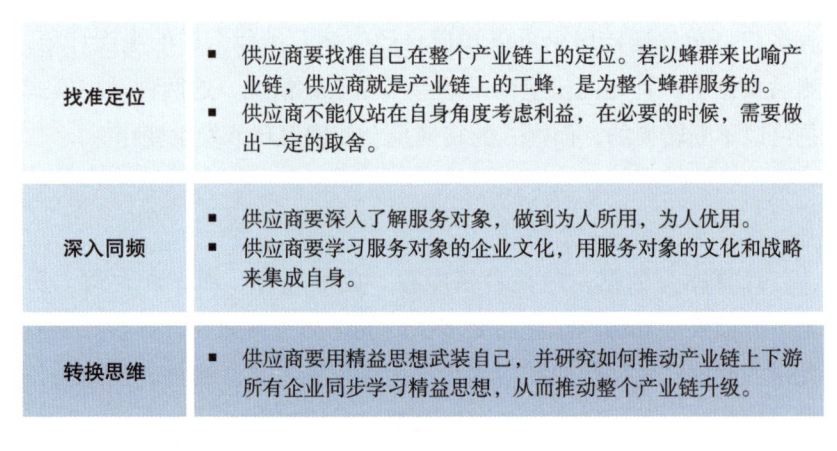

找准定位	▪ 供应商要找准自己在整个产业链上的定位。若以蜂群来比喻产业链，供应商就是产业链上的工蜂，是为整个蜂群服务的。 ▪ 供应商不能仅站在自身角度考虑利益，在必要的时候，需要做出一定的取舍。
深入同频	▪ 供应商要深入了解服务对象，做到为人所用，为人优用。 ▪ 供应商要学习服务对象的企业文化，用服务对象的文化和战略来集成自身。
转换思维	▪ 供应商要用精益思想武装自己，并研究如何推动产业链上下游所有企业同步学习精益思想，从而推动整个产业链升级。

图4-3　供应商培育的三大要点

综上所述，供应链体系对房企而言至关重要，没有优质的供应链做支撑，房企的产品打造就会是无源之水、无本之木。在新的行业周期下，房企需要在精益思想的引导下，组建优质的供应商团队，升级供应链管理模式，对供应链体系进行系统升级，同时与合作方形成命运共同体。最后，房企还应进一步上升到产业链视角，与多方共同推动整个产业链的共荣、共生、共赢。

第五节
重塑产品思维，树立精益的产品观

橘生淮南则为橘，生于淮北则为枳，二者叶子相似，但果实的滋味却存在很大差异，原因何在？水土不同。只有拥有肥沃的土壤和强壮的根基，大树才能枝繁叶茂，结出累累硕果。

精益价值树中的果实就是产品体系。产品是消费者感知企业价值的核心载体，企业其他方面的提升，最终都会回归到产品上。文化、战略、品牌、供应链的升级，归根结底是企业内部发展要素的提升。如果这些提升不能具体反映在产品上，那么消费者自然也无从感知企业调整和升级所带来的价值。消费者感知不到更多的价值，企业就等于做了无用功。

一、产品升级是新形势下的必然要求

产品是企业直接向消费者展示其核心竞争力的关键，文化、战略、品牌、供应链的升级，最终都是为了实现产品升级。产品升级不仅是企业提升产品质量的必由之路，还是企业实现降本增效、全面发展的必然要求。

1. 在传统建造模式下，产品的同质化竞争趋于恶化

历经高速发展，房地产业的同质化竞争变得越来越激烈。相信很多人在生活中都有过类似的感受，走在城市的街道上，发现道路两边的建筑物基本大同小异，相同的风格，相同的外观，相同的质量水平。在住房资源供不应求的时代，有刚性需求作为内在驱动力，这些都不是问题。但是在如今供给远远大于需求的市场环境下，这种同质化往往会促使消费者选择其他企业。

房企要想实现更好的发展，必然要跳出同质化的窠臼，打造差异化产品。当然，这种差异化肯定不能是比其他同类型产品更差，而是要比它们更优质，更符合当下消费者的需求。

2. 房企推动降本增效，产品升级是题中之义

除了提升产品质量和打造差异化产品，产品升级其实还有另外一层更本质的含义，那就是用更低的成本打造更好的产品。而这种降本增效的产品打造模式，正是当下房企所需要的，也是精益思想所倡导的。

更优质的产品固然是消费者的追求，但消费者对性价比的追求往往凌驾于绝对的质量水平之上。也就是说，在如今的市场形势下，房企不仅要提升产品的质量，打造更加符合消费者个性化需求的产品，还要想方设法降低产品的成本，以提升产品的性价比。

在经营过程中，除了拿地，成本消耗最多的环节莫过于产品建造。房企在产品建造环节，不仅要从整体质量、产品独特性的角度升级产品，还要推进成本的精细化管理，尽可能降低成本，从而在合理售价范围为提高利润率。

3. 真正优质的产品应满足"五性原则"

房企的产品类型相对多样化，在进行产品升级时，房企不仅需要提升某类产品，还要迭代整个产品体系。在一些房企管理者的眼中，所谓升级无非就是比之前更好，比同类型更优质，但具体如何更好，优质如何体现，很多管理者其实并不理解。事实上，一款优质的产品、一个高质量的产品体系，需要满足"五性原则"。

第一，整体性原则。整体性是指各个系统与细分专业之间密切配合、相互依存，形成一个完整的统一体。房企要把产品体系看作由各个系统或要素构成的有机整体，从整体与要素的相互依赖、相

互制约关系中，揭示产品体系的整体特性与逻辑规律。这需要房地产开发产业链中的各个供应商共同且同时参与研究，相互打磨、交叉集成，从而形成各细分专业相互联系的、完整的有机体系。

第二，均好性原则。均好性是指整个社区的各项功能、各个楼宇之间，以及大系统与小系统之间、成本与售价之间，达成科学、有效、合理的平衡状态。房企应尽量使各项指标均达到较好的水平，避免某一方面出现太大的偏差。

第三，稳定性原则。稳定性是指产品的性能与质量在长时间内保持稳定。房企应始终注重质量管理的五大要素——人、机、料、法、环。其中，人是指人员的质量意识、工作态度和工作技能；机是指机器设备、工具等辅助生产的用具的稳定性和使用状态；料是指原材料、半成品、配件等物料的质量；法是指法则，即生产过程中所遵循的规章制度；环是指环境，例如无尘、无水、无油污、无噪声等。

第四，持续性原则。持续性是指在发展经济的同时，追求人和环境的和谐发展，既满足当代人的需要，又兼顾子孙后代的永续发展，均衡考虑经济、环境、道德和社会问题。持续性不仅包括环境与资源的持续性，还包括社会、文化、经济等的持续性，一般体现在四个属性上：自然属性、社会属性、经济属性和科技属性。而房企要想实现长远发展，打造的产品一定要符合持续性原则。

第五，精神性原则。随着收入水平的提高，人们在物质层面的需求大多已经得到满足，越来越多的人开始追求精神层面的满足。对于房地产产品，人们的精神追求主要表现为家园感、归属感和幸福感。这种精神层面的需求，显然不是一个简单的产品能够实现的，房企需要在社区服务中，通过正确的价值观和完善的服务来改变住户的心理，从而激发住户参与社区活动的主动性和积极性。社区成员基于共同的心理和精神归属，对自己在社区中的角色、责任以及义务进行重新确立和再认知,从而建立起积极向上的社区精神,促进社区的团结。

二、升级产品思维,以流程和技术的精益化驱动产品升级

房企要想让产品符合"五性原则",首先需要升级产品思维,然后才是寻找具体的方式方法,包括从建造流程、专项技术的角度推动产品降本增效,以及确保合作方精准把握产品规范要求。

1. 六重精益思维助力房企打造富有精神内涵的建筑

房企的产品升级始终离不开为消费者和社会创造更加美好的生活这一主题。不仅如此,房企还应围绕客户的全生命周期,为客户打造高品质的建筑,让家族的记忆、精神、品格能够得到传承。围绕这些视角,我们全方位归纳了六重精益思维(见图4-4),这对于房企产品体系的精益化升级有极大的促进意义。

积极心理学思维
镜像神经元
营造美好、传递美好、放大美好
营造美好生活的精神境界观

精益地产思维
少的投入、多的价值、用户思维
横向:将多个细分专业交叉集成
竖向:着力从"五个维度"入手
纵向:将精益价值树体系与客户需求紧密结合
营造美好生活的顶层设计观

柔性开发思维
因城、因地、因时、因价、因人
模块化组合,多样化、个性化
营造美好生活的产品运用观

新时代规划思维
中西合璧、以中为主、古今交融
地域化、民族化、城市化、客群化
营造美好生活的规划设计观

企业文化思维
蓝色海洋精神、红色家国责任
金色国际品牌、橙色协同能力
绿色友好产品
营造美好生活的品牌文化观

绿色科技融合思维
以人为本、以生活为本、以社区为本
让绿色健康、智慧智能走进寻常百姓家
营造美好生活的科技创新观

图 4-4 六重精益思维

（1）积极心理学思维是营造美好生活的精神境界观

房企只有先确定了目标客群想要的是什么，才能有针对性地设计和开发更符合客户需求的产品。但是，虽然房企有很多渠道去了解消费者，但很多时候了解都流于表面。要想深入了解消费者内心深处对于美好生活的设想，房企需要更加科学的分析方法。积极心理学恰好就是一门站在精神世界的维度，研究人们对美好生活、幸福生活的追求的学科。

在信息分析方面，积极心理学有自己独特的关于幸福的诊断和统计标准，通过对比收集到的信息来判断被分析者当前是否幸福，对未来是否乐观。房企可以借鉴这种模式，从不同方面构建关于美好生活的评分标准，然后通过市场调查，确定主流消费群体对美好生活的追求。

当然，房企也可以选择更加直接的解决方法，那就是不断挖掘人类内在的美学感知，以追求人文精神为目标，运用积极心理学，通过整体性、系统性策划，将各细分专业的"美好"——美好建筑、美好环境、美好社区、美好服务和美好体验，融入产品打造过程（见图4-5）。

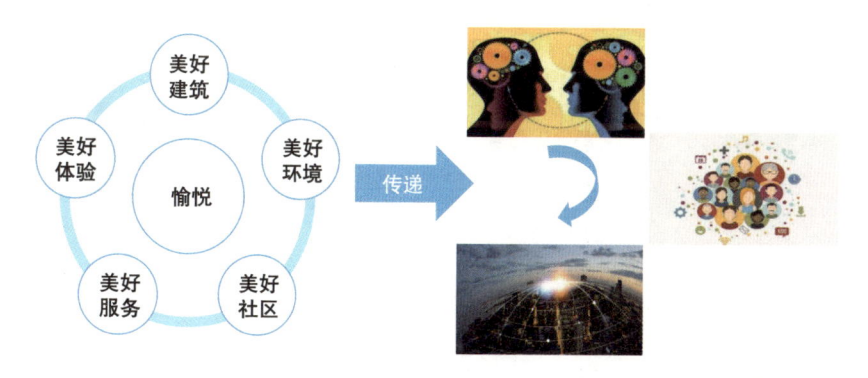

图4-5 房企运用积极心理学构建美好生活的逻辑

（2）精益地产思维是营造美好生活的顶层设计观

积极心理学可以帮助房企找到营造美好生活的方向，但在具体的产品打造环节，房企还需要具体指导。精益地产思维摒弃了以大规模、粗放式和标准化为特征的传统制造模式，以用户需求定义企业生产价值并拉动产品打造，通过有效配置与合理使用资源，为客户提供更优质、更多样、更个性的产品与服务。房企只有意识到这一点，认可精益地产思维，才能开发出更符合消费者需求的产品。

当然，房地产项目的开发和建造是一个系统过程，需要房企整合各种资源。所以，精益地产思维的作用不仅仅是针对产品本身，更是针对房地产开发全流程。

按照精益地产思维，结合星级酒店的投资开发模式，中交地产针对定位、设计、建造、销售、运营等环节，以打造美好生活为目标，通过多个细分专业的交叉集成，形成了前后贯通、相互印证、相互配合、合乎逻辑的富有生命力的生态系统（见图4-6）。

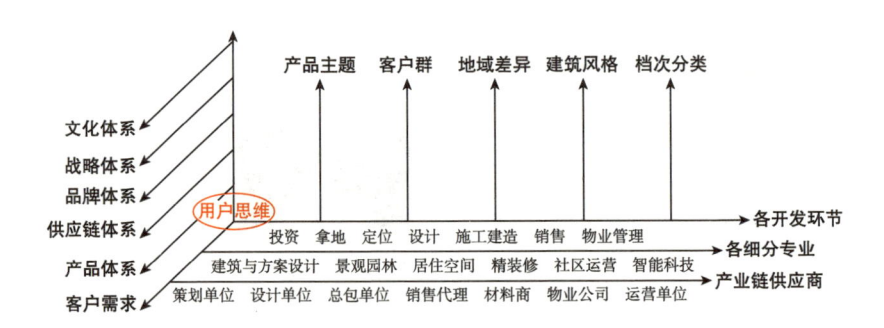

图 4-6 中交地产生态系统

我们用三个象限、三条坐标轴来表示一个房地产项目所涉及的内容。

房企在建造社区的时候，首先要进行项目定位，这需要从产品主题、客户群、地域差异、建筑风格和档次分类五个维度入手。其次，中交地产以产品为载体，将精益价值树与客户需求有机结合，明确了客户需要什么样的产品体系、供应链体系、品牌体系等。

最后，投资、拿地、定位、设计、施工建造、销售、物业管理等环节涉及策划单位、设计单位、总包单位、销售代理、材料商、物业公司、运营单位等。中交地产将房地产开发全流程的各个环节与用户紧密串联在一起，强调用户需求对产品设计的指导意义，同时让产品升级细化到每一个具体环节。

房企要考虑成百上千个要素，才能最终打造出合格的住宅社区，这就是精益地产思维在一个住宅项目建造中的应用和体现。

（3）新时代规划思维是营造美好生活的规划设计观

不管是积极心理学思维还是精益地产思维，都要求房企根据消费者的实际需求提升产品。消费者的需求会随着时代的变化而变化，所以房企的产品升级自然也需要与时俱进，符合公众认知和大众审美。

目前，无论是政策导向还是消费者的偏好，都倾向于"中西合璧、以中为主、古今交融"的规划模式。中式建筑可以满足人们在审美方面的需求，而西式建筑则更具有实用性。当然，房企还是要对具体问题进行具体分析，建筑的规划和设计还要考虑地域、民族、城市、客群以及环境等因素（见图4-7）。

"中西合璧、以中为主、古今交融"的规划模式要求房企传承中华建筑文化，吸收世界优秀建筑的设计理念，坚持开放、包容、创新的原则，形成独具特色的建筑风格，营造多样化、有活力的城市空间。房企应运用新时代规划思维，在项目实施过程中，以地产开发为纽带，将国家战略、城市愿景、社区环境和人民生活紧密联系在一起。

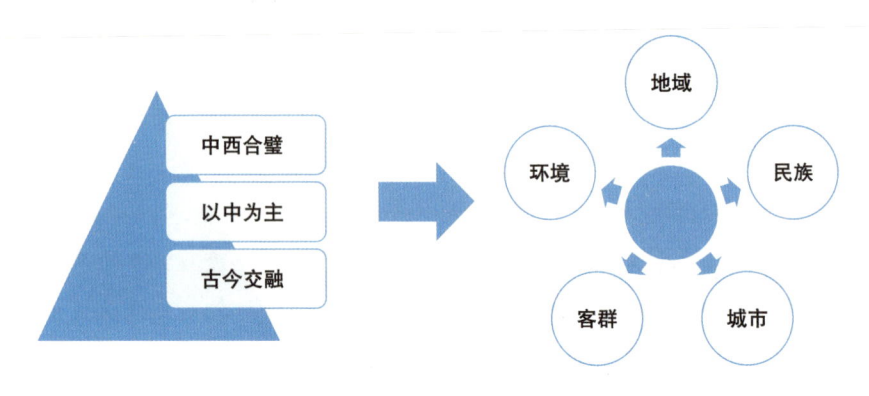

图 4-7 新时代规划思维的关键点

（4）绿色科技融合思维是营造美好生活的科技创新观

房企的产品升级离不开绿色科技，房企应将前沿科技元素融入产品。近年来，从最初的数字化概念到智能系统，再到现在的智慧产品体系，房企致力于打造智能建筑、智慧社区、智慧城市，相关技术包括 5G、AI（人工智能）、VR、机器人、生物识别、区块链等。

科技在快速进步，房企应始终坚持以人为本、以生活为本、以社区为本的宗旨，在全产业链进行技术的交叉集成，让绿色科技走进寻常百姓家。

作为绿色建筑领域的先行者，朗诗在 2012 年就确定并发布了"深绿"战略，致力于将绿色建筑技术应用于房地产项目，开发更优质的产品。比如，朗诗通过应用"地源热泵＋天棚辐射"和"集中新风"两项技术，使建筑可以为住户提供恒温、恒湿、恒氧的健康居住环境。也正是因为有高科技绿色住宅的特色标签，更多追求健康生活的消费者最终选择了朗诗。

（5）企业文化思维是营造美好生活的品牌文化观

新的建筑风格也好，绿色建筑技术也罢，房企只有将其展示给消费者，让消费者感知到，产品升级才真正具有价值。如果房企费尽心力将产品提升到了一个更高的层次，但消费者却没有感知到，产品也没有带来实际收益，那么这等于做了无用功。

想要让消费者感知到产品的提升，企业文化是不可或缺的因素。企业文化是企业的灵魂，也是产品的精神内核，还可以塑造品牌形象，而品牌的作用就是与消费者进行沟通。也就是说，房企需要将精益思想融入自己的企业文化，这样才能塑造更符合客户需求的品牌形象，从而占据消费者的心智。

当然，企业文化在品牌形象上的体现也是需要设计的，房企一定要从消费者入手，表达他们的追求、愿望和生活方式，说出他们的心声和感受。

（6）柔性开发思维是营造美好生活的产品运用观

上述五种思维基本都作用于产品开发的前期策划与设计阶段，而在建造阶段，房企需要遵循的是柔性开发思维，以确保前期的设计能够完美呈现。

长期以来，房地产业在"旧三高"模式的推动下，追求"短平快"，无论多少个城市、多少个项目，房企基本都是"一张图纸打天下"。这种产品开发模式就是大规模快速复制，讲求简单熟练、越快越好，这是非常原始的模式。

现在，行业步入精细化管理时代，房企做产品应通过模块化组合，实现柔性开发，进而做到"五因制宜"，即因城、因地、因时、因价、因人。如前文所述，柔性开发其实就是一种按需生产的开发模式，围绕客户需求进行模块化组合和个性化定制，这其实就是把工厂车间的柔性生产模式运用到房地产项目的建造环节。

总而言之，房企要想实现整个产品体系的升级，就需要将精益思想融入产品的设计阶段，形成创新思维。当然，思维层面的创新只是提供了产品升级思路，并不能直接带来更高质量的产品，所以房企还要将精益思想运用到产品建造环节。

2. 以流程和技术的精益化驱动产品升级

房企优化产品体系，本质上是要实现两个目标：一是降低成本，二是提升产品质量。要想实现这两个目标，房企首先要对产品建造流程进行精益化升级，提高效率，避免浪费。其次，房企还需要针对各建造环节的技术进行精益化升级，确保每一个环节都能达到既定的质量水平。

（1）产品建造流程的精益化

虽然房地产项目本身有既定的流程，但很多时候，各个环节之间的衔接并没有想象中那么高效和流畅。一个小小的疏漏或者失误会导致流程反复，从而带来额外成本。之所以会出现这样的问题，在很大程度上是因为房企对产品建造流程的规划不够合理。而要想让产品建造流程实现精益化升级，房企可以从系统化、规范化、专业化、集成化、模块化五个角度入手。

第一，系统化。这要求房企对现有的产品建造流程进行全面梳理，剔除冗余且无效的部分，仅保留必要环节。

第二，规范化。这要求房企对各个环节进行定位和分析，为每个环节制定标准和操作规范。

第三，专业化。房企在产品建造过程中，需要大量不同的专业工种，不论是为了提升建造效率，还是为了保障产品的品质，房企都应该确保"让专业的人做专业的事"。

第四，集成化。原本复杂的工作，通过集成化的生产、制造模式，能够大大提升工作效率。为了确保流程的高效性，在确认了所需的专业团队之后，房企还要把这些人集合起来，组成一个完整的项目团队，集众人之力，推动项目高效完成。

第五，模块化。从某种程度上说，模块化是集成化的升级形态。通过模块化，房企在开发不同类型产品的时候，就可以根据产品建造所需的能力模块，寻找合适的专业团队，从而高效完成项目团队的组建。

（2）专项技术的精益化

产品建造流程的精益化升级，更多的是为了控制成本，提升产品质量。房企还要通过提升专项技术来实现产品升级，这主要涵盖以下三点。

第一，通用性。在房企产品的设计和建造场景中，需要达到通用性的有两方面：一方面是标准化的建筑构件，另一方面则是技术的评判标准。前者的通用可以降低建造环节出现失误的概率，而后者的通用则是为了方便专项环节的技术选择。

为了科学引导和规范上海市绿色建材产品的生产，加快绿色建材的推广应用，上海市住房和城乡建设管理委员会于2017年发布了关于批准《绿色建材评价通用标准（第二册）》为上海市工程建设规范的通知，该标准适用于对上海市建设工程中的预拌混凝土、预拌砂浆、砌体材料、建筑外墙水性涂料和建筑节能玻璃等产品进行绿色评价。

有了既定的技术标准，房企在开发产品的时候，就有了指引。在确保产品升级的基础上，房企可以有效避免因过高的采购标准而导致成本浪费。

第二，兼容性。对房企来说，产品升级需要有好的技术支持，而专项技术的提升又需要硬件设备的支撑。所以，房企如果确定了自己要在某个技术上实现突破，那么除了在技术层面进行投入，还要考虑兼容性的问题，提前做好硬件设备的更新迭代。

第三，易用性。一个上手容易、操作简单、界面友好、不考验使用者智商与耐心的技术，项目团队学习和执行起来会更加简单。

以智能寻车系统为例，该系统集成了很多复杂的技术，包括定位系统、数据采集系统、导航系统等。但在手机界面，用户要做的只不过是输入自己的车牌号，然后按照导航指示就可以快速找到自己的车。

假以时日，如果房企产品设计与建造过程中每一个环节的技术都能实现易用性，那么即便没有专业供应商团队提供服务，很多工作也能由房企的项目团队自主完成。

总而言之，产品建造流程和专项技术的精益化可以有效控制成本，同时提升产品的质量。至于房企产品具体如何提升，需要朝着什么方向提升，不同发展特点的房企通常会有不同的选择，而这种选择主要基于房企过去的沉淀以及对未来的规划。

3. 制定产品规范及标准化指引，确保合作方同频

在整个项目开发过程中，房企充当的只是资源协调者的角色，即负责把各个专业团队召集在一起，然后共同完成项目。

由专业的人来做专业的事并没有什么问题，但站在产品体系升级的角度，这却会造成一些困扰。因为标准由房企制定，但执行标准的却是多个供应商。为了确保产品体系升级，房企有必要将升级后的产品体系细化为产品系列大纲、产品规范导则、产品标准化指

引，并将其同步给合作方，让它们领会产品升级的方向，明确产品建造的标准，从而为后续的具体工作提供精准指导。

（1）产品系列大纲——让供应商迅速掌握产品特性

产品系列大纲由房企总部编制，从市场定位的角度对各个产品进行梳理，同时规定产品建造原则。产品系列大纲侧重于方向性内容，可以使供应商快速理解、掌握房企的产品体系。

产品系列大纲的编制需要房企从多个维度对产品体系进行分析与梳理，对不同类型产品的特点，比如容积率、形态、规模、档次、建筑风格等进行罗列。同时，房企要对不同类型产品的核心消费群体进行分析，了解客户的阶层、基本特征、购房需求、生活观、价值观等，以及其所对应的产品类型。通过产品系列大纲，项目团队在进行可行性研究和项目定位时，能够有据可循、快速决策，各个供应商也能根据合作项目的安排迅速了解产品特性。

中交地产的住宅产品有多种类型，针对每种类型，中交地产都进行了深入分析，并对产品的客群定位、品牌定位、品牌诉求、品牌格调、容积率、形态、规模、档次，以及不同类型客户的基本特征、需求特征、生活观、艺术观、价值观等进行了细分。

此外，中交地产还根据自身产品打造的特点和标准，制定了产品建造大纲（见表4-3）。通过表格的形式，中交地产对产品建造过程中的规划设计、施工建造、景观园林、材料设备、装修装饰、社区配套服务、社区教育和医疗、人文精神等方面的工作方向和标准进行了集中展示。负责不同业务的供应商可以通过产品建造大纲清晰地了解自己的工作方向和目标。

表4-3 中交地产产品建造大纲示例

规划设计	规划结构		注重轴线关系、空间序列感和延续性
	边界设计	城市界面	注重街道的尺度和元素的丰富性
		住宅界面	在保证园区私密性的前提下,做到围墙内外自然过渡、无缝设计
	入口设计	园区主入口	体现园区档次与形象,有明显的主题性标识
		组团入口设计	根据业主的回家动线合理设置,利用多元手段实现空间感受的转换,同时强化领域感和识别性
		单元入口设计	注重建筑与景观的结合面,形成宜人的尺度和亲切的气氛
	交通组织设计		合理布局,注重地块划分和道路间距、道路与主入口关系、公共空间预留等
	外立面设计	风格	符合产品定位,充分表达产品意境
		造型	充分体现产品风格、气质和审美
		色彩	色彩和谐,与整体环境协调(积极温暖、绿色健康,同时考虑地域文化和时代潮流)
	单元门厅设计		注重采光,考虑与室外景观的借景关系
	电梯厅与电梯桥厢		电梯井道原则上不得与卧室毗邻;高端楼盘需要考虑设置服务人员专用电梯
	入户门		充分考虑业主的出入活动及社交需求
	窗户		注重开窗形式、开启高度以及安全、通风等
	架空层		层内景观应与室外景观自然过渡,同时考虑室外硬质景观与架空层内装修风格的无缝对接

(2)产品规范导则——清晰界定产品质量标准

和产品系列大纲一样,产品规范导则也由房企总部编制,但它的内容更加全面、具体,基本可以囊括产品建造过程中的全部细分专业与环节，是各个环节都需要遵循的规范导则。产品规范导则的编制工作应充分发挥供应链体系的专业优势，房企可以让优秀的战略供应商负责具体的编制工作。

有了相对具体的标准和规则，房企就能够最大化保障供应商团队按照既定的水平和质量完成任务，从而确保产品顺利建造。

房企产品规范导则的编制流程如图4-8所示。

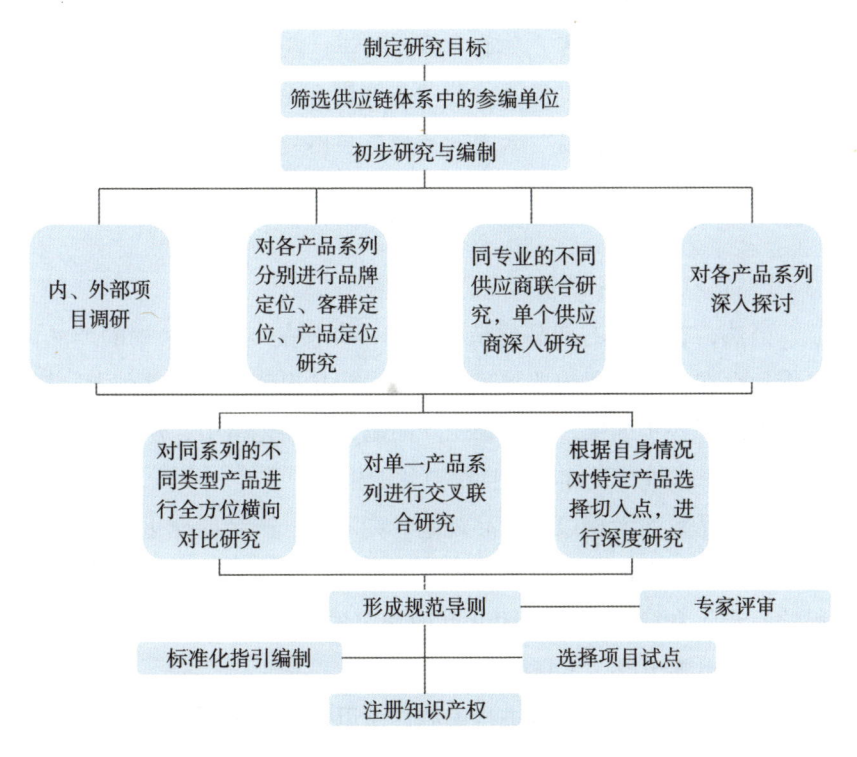

图4-8 产品规范导则的编制流程

当然，作为供应商团队的工作指导，产品规范导则的内容应该尽可能详细。除了按照不同产品类型进行分类描述，房企还可以对一些关键产品进行深入分析和拆解，进一步细化工作内容，从而为

第四章 精益思想指引下的房地产业变革方向　　　　　　　　　　　153

供应商提供更准确的指引。

中交地产的《方案与建筑设计规范导则》，从"安全、绿健、工艺、智慧、全生命、最后一米"六大方面入手，规定了高层、中低密度、低密度、综合大盘等产品系列，明确了品牌、客群、定位、规划、景观、居住空间、精装修、照明、物业服务等方面的工作重点。同时，通过产品系列的横向对比以及各专业的竖向交叉，中交地产充分考虑了客户体验、操作效率、经济性、地域差异，并针对每个住宅产品制定了具体的"品牌篇、规划篇、产品篇、造型篇、配套篇和示范区篇"六大产品规范导则的细化篇章，以便全方位指导住宅产品的建造。

（3）产品标准化指引——保障产品质量

当然，在实际的产品建造过程中，即便是同一个系列的产品，也难免存在个体之间的差异。所以，在产品规范导则的基础上，房企还可以进一步细化，针对某一产品制定标准化指引，从而对供应商团队的工作进行更加具体且细节化的指导。

和产品系列大纲以及产品规范导则不同，产品标准化指引是由平台公司（数字化智能建造平台，即负责管理、监督产品建造全过程的平台）和房企的项目团队共同制定的，当然，在这个过程中，房企总部也要予以一定帮助。

因为是根据实际项目进行编制，所以房企在编制过程中要进行实事求是的调研以及就事论事的分析。一般情况下，项目团队需要在总部的帮助下，通过实地调研、内部项目复盘、对标优秀项目、客户访谈等方式收集信息。在确定了过往产品的设计是否有效，以及消费者还有哪些更加具体的改进需求之后，项目团队就可以着手进行具体的编制工作了，之后要向总部和平台公司汇报，并根据它们的意见进行修改。

综上,从产品系列大纲到产品规范导则,再到产品标准化指引,房企可以一步步将升级后的产品建造标准和规范全部传达给供应商。

精益思想指引下的房地产业重塑,不仅聚焦末端产品,还从底层的文化、战略、品牌、供应链角度进行全方位改造,构建房企精益价值树。对于精益价值树,有几个核心要点需要房企关注。

第一,以哲学思维思考问题,特别是唯物辩证法。在构建精益价值树的过程中,房企应具有柔性开发思维,坚持动态的、发展的眼光以及"五因制宜"(因城、因地、因时、因价、因人)原则。

第二,不仅强调物质层面,还强调精神层面。精神愉悦的价值远超物质愉悦,房企应对思维科学特别是积极心理学进行研究和运用,以"悦人"为终极目标。

第三,不仅重视每个独立维度,还重视各个部分之间的关系。文化、战略、品牌、供应链、产品不是割裂的,而是五位一体的、一脉相承的,都是大树的重要组成部分。

第四,不仅关注房企本身,还关注房企与其他企业以及产业链上下游的关系。只有从共生、共存、共荣、共赢的视角出发,与上下游企业搭建起命运共同体,房企乃至整个房地产业才能持续、稳定、健康地发展。

第三部分　精益思想推动行业"三化"转型

回望历史，每一次工业革命的发端，无一不是科技的推动使然，伴随历次工业革命的推进，制造业的发展模式也在升级演进。与此同时，制造业3.0时代的精益生产，驱动着科技的系统集成和落地；而科技的落地应用也反作用于管理领域，推动管理模式螺旋式发展。科技发展与管理精进相辅相成、相互驱动。

当下，世界范围内的第四次工业革命正在进行时，智能制造模式正在制造业内广泛铺开。与制造业2.0生产者主权、制造业3.0消费者主权相比，信息物理系统、人工智能、云计算等新一代信息技术革新，宣告了创新、科技主权时代的到来，一种更加智慧的生产方式正在如火如荼地推进。

当然，如前文所述，智能制造的底层逻辑仍是精益生产，精益化仍然是企业经营的核心原则，新一代信息技术为企业精益管理的智能化升级提供了推动力，为企业精益管理插上了智慧的翅膀。

对于中国房地产业而言，转型与蜕变、颠覆与重塑是唯一出路，以精益思想为指引，向制造业学习精益管理是必然选择。如果说构建精益价值树，完善文化、战略、品牌、供应链和产品体系是房企弥补3.0精益生产短板的关键手段，那么工业化、绿色化、数字化则是房企迈向4.0智能制造的有力武器，这将推动房企精益管理迈向新的台阶！

具体而言，房地产业的智能制造模式主要体现在三个方面：一是建造方式的工业化，背后是建筑工业化技术；二是产品打造的绿色化，背后是绿色低碳技术；三是管理模式的数字化，背后是数字技术。工业化、绿色化、数字化，并非单纯的技术变革，它们的底层逻辑都是帮助房企实现更加精细的管理，助推精益管理的进一步升级。

如今，运用精益思想，以新科技为驱动力，全面重塑房企的建造方式、产品打造及管理模式，从而推动房地产业转型升级，已是箭在弦上。

在建造方式上，高能耗、高污染、高浪费的粗放式建造显然不符合新时代经济社会的发展要求，用最少的成本和最环保的方式实现高质量、高效率的建造，走向建筑工业化的智造时代，已是必然。我们不妨畅想一下，在不远的将来，装配式建筑技术和建筑机器人的广泛应用，使得项目开发过程完全标准化，行业会变成什么样子？那一定是一番全新的景象：建筑工厂化了，房屋超市化了，销售也订单化了，建造环节全部在工厂完成。

在产品打造上，二十大报告明确强调，"发展绿色低碳产业，倡导绿色消费，推动形成绿色低碳的生产方式和生活方式，积极稳妥推进碳达峰、碳中和"。作为我国的"碳排放大户"，房地产业必须向低碳的、节能的、健康的发展模式转型。未来的建筑产品打造，从设计、供应链、建造到运营，都应该充分融入绿色低碳科技；未来的住房应该是节能的、环保的，能为人们提供美好生活空间和精神享受。

在管理模式上，数字化正在快速颠覆房地产业的游戏规则，快速拥抱数字化的房企才能先人一步。投资、设计、采购、工程、营销等房地产开发环节的业务痛点，都需要通过数字化手段予以解决。现在，越来越多的房企看到了数字化转型所带来的管理红利，加快了数字化转型的步伐。无疑，数字化转型将全面颠覆房地产业传统的线下手工作业模式，业务场景将全面在线化，业务效率和组织效能都将大大提升。

当然，房企的工业化、绿色化、数字化转型，不是遥远的未来，而是已经在路上了。值得强调的是，这一定离不开精益思想的指导，否则新时代下的新地产根本跟不上制造业的发展步伐。同时，这三者不是封闭的、割裂的，而是有机融合、首尾相连、系统集成的。

建筑工业化和绿色低碳的实现，离不开数字化的赋能，比如BIM（建筑信息模型）技术、智能机器人等。绿色低碳的实现也离不开建筑工业化，要想实现"双碳"目标，大力发展全工厂化的装配式建筑是关键。发展全工厂化的装配式建筑，同样离不开绿色低碳和数字化的助力。

如果把全工厂化的装配式建筑看作"一体"，绿色低碳和数字化就是"两翼"：一翼是包含分布式光伏、风电、氢能源等在内的绿色低碳能源，为装配式建筑提供能源支撑；另一翼是数字化，推动实现智慧家居、智慧停车、智能门禁、智慧空间、智慧社区、智慧城市，从而实现"部件配件—墙体—单个建筑—社区街区—城市—国家"层层递进的"数字中国"体系。

综上所述，管理模式的优化精进，推动着科技的系统集成与落地，而科技进步又引领着管理模式的螺旋式发展。如今，新一代信息技术发展迅猛，制造业正在向4.0智能制造迈进，对标制造业，房地产业在弥补3.0精益生产短板的基础上，也应进一步向4.0智能制造升级。围绕国家战略和顶层设计，未来的房地产业应以美好生活、共同富裕和民族复兴为终极目标，以精益思想为指引，以科技为核心驱动力，通过工业化、绿色化和数字化三大利器，向4.0智能制造进军，实现房地产业精益管理的再次升级。

第五章 从建造到智造，走向建筑工业化的未来

"建造"和"智造"虽然只有一字之差，代表的却是两个时代。

当蜕变、重生成为中国房地产业的唯一出路时，建筑业作为房地产业的基础分支，其高能耗、高污染、高浪费的粗放式建造模式显然无法适应和满足现代建筑的需求，因此建筑工业化成为行业新的发展目标。

建筑工业化其实涵盖了建筑业的标准化、规模化、智能化、数据化等需求，主要利用标准化设计、工业化制造、装配式施工和数字化管理等方法来建造和管理建筑，从而推动建筑业与先进制造技术、新一代信息技术深度融合，让产品设计从混乱走向标准化，生产方式从现场作业走向预制化，建造方式从人工化走向减人化，管理方式从分段式走向一体化，最终推动建造过程提质增效，建筑业转型升级。

具体而言，建筑工业化要求房企以装配式建筑为载体，以云计算、BIM等技术为基座，以精益思想为指导理念，通过设计、生产、施工一体化的建筑建造运作系统，最大限度地提高工程质量，降低成本，满足节能、环保、全生命周期绿色的建筑发展要求，实现更好的经济和社会效益。

第一节
从传统建造到建筑工业化

当其他行业都在快速进入现代化、信息化、数字化时代时，建筑业却迟迟没有实现华丽转身。虽然 BIM、GIS（地理信息系统）、智能建造、智能运维等新概念、新技术在冲击着建筑业，但高速发展的技术与建造管理模式和经济效益始终没有实现较好的融合和平衡，我国建筑业的工业化、信息化水平仍然较低，高能耗、高污染、高浪费的传统作业模式依然占据主导，升级重构势在必行。

2020 年 7 月，住房和城乡建设部等部门联合印发的《关于推动智能建造与建筑工业化协同发展的指导意见》提出，到 2035 年，我国智能建造与建筑工业化协同发展取得显著进展，企业创新能力大幅提升，产业整体优势明显增强，"中国建造"核心竞争力世界领先，建筑工业化全面实现，迈入智能建造世界强国行列。

随着新技术、新模式和政策的大力推动，建筑工业化迈入关键阶段，其价值和意义也越发明显。

一、对标制造业，建筑工业化是行业转型的必经之路

房地产业的革命，倒逼其金融属性逐渐弱化，制造属性逐渐强化。因此，整个行业已经形成一个基本共识：房地产业越来越像制造业，房子越来越像耐用消费品，房企也越来越像制造企业。

推动建筑工业化可以使房企减少对人的依赖，实现安全、高效、精细的建造，建设性价比更高、质量更优的建筑。通过各个环节的集成和数字化，再加上成熟的信息管理系统，房企就可以对整个设计、生产、物流和施工过程进行可视化展示，从而简化管理，强化各个专业团队之间的合作，让整个建造过程更加高效、精细。

向制造业学习，走建筑工业化之路，是中国房企变革生产过程的必然选择。

二、建筑工业化是实现降本增效、绿色发展的最优选择

一直以来，我国建筑业都是一个劳动密集型、建造方式较落后的传统行业，不仅生产方式粗放、劳动效率不高、能源资源消耗较大、科技创新能力不足，在管理上更是存在诸多弊端，比如用工难，不能清晰掌握工人情况，建筑质量、成本、安全等问题无法有效控制，等等。中国作为一个建筑大国，始终没有形成有效的数据资产。

因此，面对传统建造方式的局限，同时围绕建设"宜居、宜业、宜乐、宜游"的高品质人居环境，以及提升人民群众获得感、幸福感和安全感的要求，建筑工业化势在必行。

建筑工业化就是用最少的成本和最环保的方式，实现高质量、高效率的建造。目前逐渐广泛使用的装配式装修能够有效解决建造与装修环节重复施工和二次返工的问题，还可以促进对绿色建筑材料的应用，从根本上解决装修污染问题。

对于房企而言，无论是从节能减排、绿色低碳等社会责任角度出发，还是从降低成本、提高利润的企业经营角度出发，建筑工业化都是行业未来的主流方向。建筑工业化不仅是对工程建造技术进行创新，还将从经营理念、产品形态、建造方式以及企业管理等方面重塑建筑业。

三、建筑工业化是主流方向

建筑工业化并不是新名词，而是一直以来的全球建筑发展趋势，其内涵一直在丰富和发展。

早期的建筑工业化由西方国家提出，是随着工业革命出现的，并在"二战"后得到了较快发展。彼时各国急需建造大量住房，但

又缺乏劳动力，因此建筑标准化设计、构配件工厂化生产、现场装配式施工等建造方式因超高的生产效率而风靡一时。经过几十年的时间，装配式建筑已经发展到相对成熟、完善的阶段，日本、美国、澳大利亚、法国、瑞典、丹麦是最典型的国家，其装配式建筑渗透率皆高于70%。

我国在20世纪50年代也大力推行和发展过建筑工业化，其间多种装配式建筑体系得到了快速普及。然而在20世纪80年代中期，装配式建筑的弊端开始显现，其抗震性、安全性引发人们的担忧，加之丰富的劳动力进入城镇和我国的建设需求急剧增长，现浇体系被广泛认可和应用。

其实，在早期发展过程中，装配式建筑的缺点确实无法忽略，比如建筑功能单一、稳定性差、成本较高等，但随着现代工业技术的发展，绝大部分难题已经被解决了。当前，构件生产企业已经可以按照房企的具体建造需求，在车间生产大批量的定制化构件。随着生产标准的普及，生产成本快速下降，装配式建筑的价值和优势也越发凸显。

如今，面对用工荒、绿色低碳以及我国"稳增长、促改革、调结构"的经济发展需求，参考西方装配式建筑的发展趋势和成果，大力发展新型建筑工业化再次成为关键。

自2015年起，关于推动建筑工业化和装配式建筑的规划密集出台。2021年年底，住房和城乡建设部发布了124个智能建造新技术典型案例，其中智慧施工管理系统创新服务案例42项、建筑产业互联网平台创新服务案例20项、建筑机器人等智能建造设备创新服务案例13项。

事物的发展总会经历由点及面、由个体到普遍的过程。现阶段建筑工业化虽然尚未完全普及，但这一定是未来房地产业的主流方向。随着政策的推动，已有多家房企进入智能建造领域，碧桂园、金地、万科等房企的建筑工业化之路已经开始。

第二节
聚焦建筑工业化主战场，打响四大升级突围战

随着时代的发展，建筑工业化的内涵和定义也在不断丰富和深化。如今的建筑工业化是指通过信息技术的驱动，以系统化集成设计、精益化施工为主要手段，整合全产业链、价值链和创新链，实现工程建设高效益、高质量、低消耗、低排放。

建筑工业化可以加快房地产业转型升级，其本质是对传统建造模式的四个层面进行升级。

一、产品设计从混乱到标准化

标准化是工业化的基本要求，这一原则对建筑工业化同样适用。在传统建造过程中，由于建筑生产的特殊性，每栋建筑都是独一无二的，房企对标准化设计并没有太高的要求。

正是由于缺少成熟的标准化设计参考，房企每次都要经历复杂、漫长的扩初设计、施工图设计、深化设计，还要对设计方案进行讨论、验证、修改等，设计成果的优劣主要取决于设计师的经验和责任心，这导致图纸中存在大量的"错、漏、碰、缺"问题，图纸难以满足施工要求，甚至有大量边勘探、边设计、边施工的"三边"工程存在。

因此，建筑工业化首先要从改变产品设计开始。产品设计要以模数协调和模块组合两大设计理念为支点，打造标准化设计体系。标准化是工业化的基础，没有标准化就无法实现规模化的高效生

产，建筑工业化的价值也无从谈起。

产品设计的标准化要遵循"少规格、多组合"的原则，通过减少构件的种类、数量来提升规模效益，通过多种组合来提升适应性，如同搭积木一样，形成"万紫千红"的差异化、个性化设计。从这个角度看，标准化设计首先是一种设计方法，即用标准化构件搭建标准化模块，进而组合成标准化楼栋，然后在构件、模块、楼栋等各个层面进行不同的组合，从而形成多样化的建筑产品。

标准化设计可以大幅提高生产效率，提高产品的互换性和质量，产生规模效应（见图5-1）。因此，标准化设计是建筑工业化的第一大突围。

➤ 提高生产效率
标准化设计是提高生产效率的有效途径，也是房企满足客户需求的必然选择

➤ 提高产品质量
标准化的产品一般都有很高的可靠性，因为它是经过严格审查和实践检验的成熟产品

➤ 提高产品互换性
在统一标准的基础上，标准化设计有利于提高产品的互换性，方便高效组装

➤ 产生规模效应
标准化设计可以使产品大量复制，由此产生规模效应，高效生产

标准化设计的意义

图5-1 标准化设计的意义

二、生产方式从现场作业到预制化

建筑工业化的本质是提高生产效率，减少现场作业与人员投入，减少环境污染，节约能源和资源。将建筑生产方式从分散的、落后的、现场人工湿作业，逐步过渡到以现代技术为支撑、以现代机械化施工为特征、以工厂化生产制造为基础的大工业生产，实现房屋建造全过程的工业化、集约化和社会化，是行业趋势。在这个

过程中，装配式建筑是建筑工业化的典型代表和重要载体。

因此，建筑工业化的第二大突围是生产方式从现场作业到预制化。预制化生产可以完美避开现场作业的弊端，房企在工厂里预制钢筋混凝土柱、墙、梁、板等，再将其运输到施工现场装配。

预制化生产的优点十分突出，不仅能节约资源、减少污染，还能提高生产效率，让生产进度不受恶劣天气等自然因素的影响。此外，装配式建筑比现场作业建筑的外立面形式丰富，性能更好，可满足保温、防火、隔音等各种需求。

目前，我国的装配式建筑处于起步阶段，设计、施工、构件生产、思想观念等都在向预制化生产转型，距装配式建筑的标准化设计、工厂化生产、装配式施工、一体化装修、信息化管理、智能化应用仍然有很长一段路要走，但这也说明未来上升空间充足。虽然当前仍面临一些技术上、标准上的难题，但是一旦克服，房企在环保、时间、经济方面的优势会越发明显。

三、建造方式从人工化到减人化

当前，房地产业面临着事故多发、劳动力缺乏、施工标准不一致、劳动力成本不断增加的压力，从人工转向机械，是解决行业诸多问题的有效途径之一。因此，建筑工业化的第三大突围是从人工化到减人化。

减人化可以通过管理和技术两个方面的升级来实现。管理升级主要是统筹应用各项技术，周密安排施工节奏，或用穿插体系减少空档时间，从而提升人员利用效率。技术升级主要是通过各项新型科技，比如建筑机器人、造楼机等，减少人员。

当前，建筑机器人已经有了长足发展，具有专业建筑功能的建筑机器人在建造过程中发挥的作用越来越大，不仅可以辅助和替代

"危、繁、脏、重"施工作业，还可以结合智能塔吊、智能混凝土泵送设备等，提高整个建造过程的效率和质量。

各大房企在政策和技术的推动下，都在积极推进建筑机器人在生产、施工、维保等环节的应用。

建筑机器人属于特种机器人的一种，主要包括房屋建筑机器人、土木工程建筑机器人、建筑安装机器人、建筑装饰及其他机器人，可应用于设计、建造、运维、破拆等领域，能有效提高施工效率和施工质量，保障工作人员的安全以及降低工程成本。

碧桂园作为较早涉足智能建造领域的大型房企，在2018年就成立了全资子公司，聚焦建筑机器人、BIM等产品的研发、生产与应用，打造并实践新型建筑施工组织方式。

以碧桂园自研的建筑废弃物再利用流动制砖车为例，该制砖车能将建筑垃圾直接转化为园林路面砖、植草砖、盲道砖等各种实心混凝土砖。这种即产即销模式既减少了粉尘污染和来回运输废弃物所产生的碳排放，又节省了建废清运费、砖类建材采购费。

四、管理方式从分段式到一体化

建筑工业化是一个系统工程，房企要统筹规划，做好顶层设计，使各个环节协调发展，因此，第四大突围是从分段式到一体化。

当前，建筑工程的短板在很大程度上源自割裂。其一是建造过程割裂，传统的建造方式是以现场手工作业为主的分段式作业，设计与生产、施工脱节，运营管理碎片化，承包商追求各自的效益。其二是产业割裂，产业间无协调，产业大而不强，产业链脱节，价值链断裂。

基于此，管理方式的一体化涉及两个维度：一是纵向拉通，即开发全过程一体化，实现建造过程的连续性、建造环节的集成化和工程管理的组织化；二是横向融合，拉通房地产业的整个产业链、价值链，通过一体化建造平台，实现全产业链协同发展。

也就是说，管理方式的一体化是从设计到供应链，再到产业链的全方位一体化，通过全过程的信息化管控和科学建造技术，提升房企的核心竞争力和产业链协同水平，从而真正实现综合效率的提升。

未来，房地产业的精益升级方向必然包括建筑工业化，而标准化、预制化、减人化、一体化则是建筑工业化的本质内涵和最终目标。尽管当前以装配式建筑为主的建筑工业化存在明显弊端，但是房地产业一定会朝着更加标准、更加智能、更加绿色的方向发展，从理念到实践，开创一个灿烂辉煌、可持续发展的未来。

第三节
蝶变进行时，建筑工业化克难前行

建筑工业化是房地产业转型的必由之路，这一点毋庸置疑，其优势、价值和突围方向都十分明确，但在实践过程中，行业面临的困难和问题却层出不穷。

第一，标准化程度不高，这导致装配式建筑的造价高、成本高，从而阻碍行业大规模推广和普及装配式建筑。第二，装配式项目存在设计不当的问题，这带来施工复杂、难度高以及安装效率低、综合成本高等一系列问题。第三，供应链十分脆弱，相关厂商分布不均，产能协调和过程监控困难。第四，很多装配式项目的施工落地导入期较长，质量安全管理承压严重。

可以看出，建筑工业化的普及发展仍然面临重重阻碍，而行业也渴求有一条通往建筑工业化的最佳路径。

鉴于此，我们认为建筑工业化应以管理精益化为导向，以数字化应用和开放云平台为支撑，深耕设计标准化、生产预制化、建造减人化、管理一体化四大领域，在行业层面达成共识，推进产业链协同（见图5-2）。

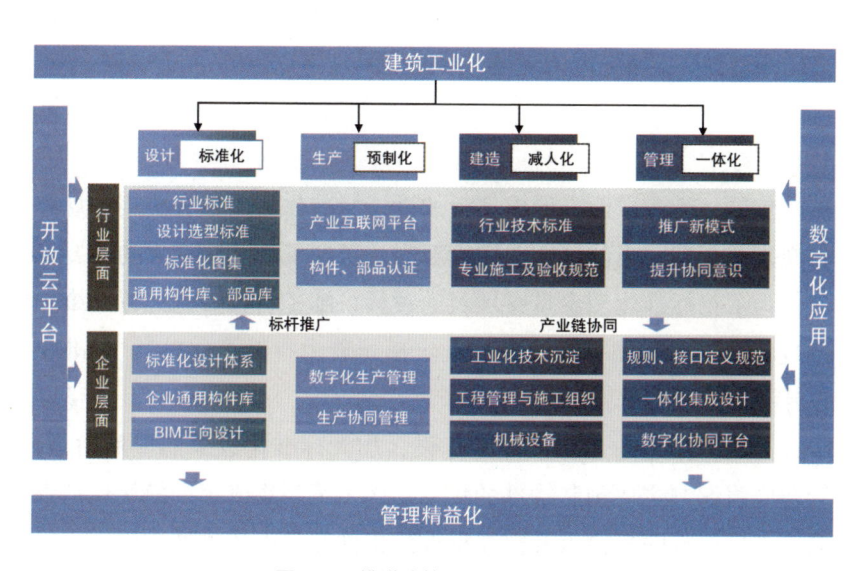

图 5-2　推进建筑工业化的路线图

一、设计标准化：建共识、重研发，持续完善构件部品库

当前制约建筑工业化的关键障碍之一是标准化程度不高，从而导致成本、施工等问题突出。

如果从整体角度看建筑产品，那么建筑产品的特点决定了设计标准化是建筑工业化的前提和基础。没有标准化的设计，构件生产的工厂化、批量化就无从谈起，建筑的装配式施工更是无的放矢，房企精益化管理水平的提高也会深受制约。

基于此，住房和城乡建设部等九个部门联合发布的《关于加快新型建筑工业化发展的若干意见》明确提出，"加强系统化集成设计"和"推进标准化设计"。由此可见，在建筑工业化的过程中，设计标准化占据了重要位置。

设计标准化并不是一个简单的、孤立的设计动作，而是基于全产业链和多专业的协同工作所进行的系统化集成设计。推进设计标准化的落地，必须在行业和企业两个层面共同发力、上下协同。

1. 建共识、定标准，从行业层面推进设计标准化的落地

首先，行业层面应形成广泛的设计标准化共识，加快相关规范和规则的制定。当前，行业主管部门认识到了设计标准化的重要意义，为了将标准化理念贯穿项目的设计、施工、装修、运营、维护全过程，住房和城乡建设部标准定额司着力打造了"1+3"标准化设计和生产体系。

其次，推进通用标准库的建设，加大标准化成果的应用力度。行业应将编制主要预制构件的尺寸指南，编制集成化、模块化的部品、部件标准图集，以及建立标准化构件部品库作为推进设计标准化的重点事项清单。这些工作的开展，将大大提升行业的建筑工业化水平，推进行业的健康发展。

再次，在设计选型阶段统筹应用标准化体系。第一，从设计方法论的视角加大对部品、部件及其接口的比较、选择、优化和确定；第二，深入对"结构系统"、"外围护系统"、"设备与管线系统"和"内装修系统"四大系统层级的部品、部件选型研究；第三，基于客户需求、生产过程和施工工艺三个层级的不同诉求，持续进行产品研发。

最后，通过推广标准化成果，在产业链形成标准化共识。不仅

要打通装配式建筑在设计、生产和施工环节的技术与管理要求，构筑标准化设计体系，还要明确通用部品、部件的具体尺寸、规格和参数要求，逐步将定制化、小规模的生产方式向标准化、通用化转变，从而全面提升建筑工业化的效率。

2. 加大企业层面的研发力度，建立工业化产品体系

房企应以建筑工业化理念为核心，向着集成、通用、高效的目标，着力构建产品体系，搭建工业化的技术框架，以户型标准化为基准，不断完善构件库、部品库，不断推进产品功能模块化、集成化。

在全社会大力推动建筑工业化的背景下，房企应站在时代高度，绘制工业化战略蓝图，规划相关技术路线。而房企首先要做的就是进行装配式建筑的产品标准化设计研究（见图 5-3）。

以住宅产品为例，产品标准化设计在模数研究的基础上，可以通过模块化方式进行组合设计，按照功能划分的不同，可分为 4~6 等级。比如某房企将其分为构件部品模块、功能单元模块、空间模块、基本模块、组合模块、楼栋模块六个等级。

户型是产品标准化设计的核心，模数协调是重要原则。模数协调可以实现部品、部件接口的标准化，可以有机达成建筑、构件、部品之间的统一。从模数协调到模块组合，建筑的通用性和个性化得到统一，从而使建筑工业化得以落地。

3. 应用 BIM 技术，完善企业级构件部品库

BIM 模型库是工业化项目的基础工程，不管是产品设计还是供应链之间的数据交换，都是以 BIM 模型库为中心展开的。

但是目前国内房企对于 BIM 模型库的建立缺乏应有的概念和规划，很少建立企业级的 BIM 模型库。已建的 BIM 模型库大都缺

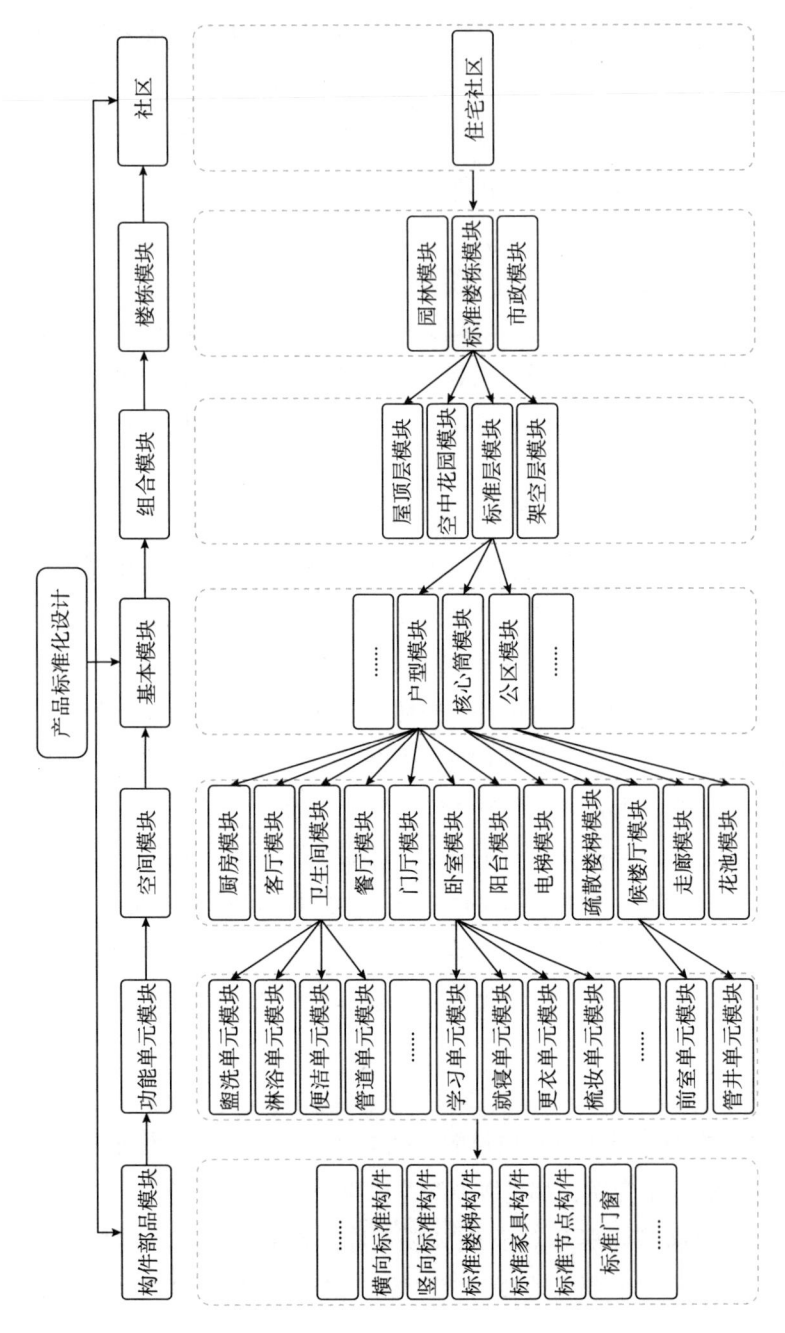

图 5-3 某房企产品标准化设计模块组成示意图

少统一标准，模型库的通用性及参数的完整性往往不能满足使用需求，无法在工业化项目中发挥应有的作用。

行业主管部门同样非常重视企业级 BIM 模型库的构建工作。住房和城乡建设部发布的《关于推进建筑信息模型应用的指导意见》提到，有关单位和企业要根据实际需求制定 BIM 应用发展规划、分阶段目标和实施方案，构建企业级各专业族库，逐步建立覆盖 BIM 创建、修改、交换、应用和交付全过程的企业 BIM 应用标准流程。

通过构建企业级 BIM 模型库，房企可有效保障设计标准化的有序进行。

深圳某房企在推进保障房产品的设计标准化之初，就运用 BIM 技术建立了 11 大类、29 小类的产业化部品部件库，从而使得每种部品都附带编号、名称、型号规格、成本等信息。同时，该房企对住宅产品的各个空间模块进行了精细化设计，将各种部品、部件模型置入各个功能单元模块，通过多样化组合形成符合使用者实际需求的户型、楼栋乃至社区。此外，该房企还融入了工业化设计与绿色节能设计等先进技术理念，最终实现了从设计、建造到管理和维护的全过程标准化体系的建立。

4. 推进 BIM 正向设计，减少设计中的"错、漏、碰、缺"

标准化设计为工业化项目提供了一个标准模板，但是在具体的项目设计过程中，工业化项目仍然要解决图纸错误多以及生产和施工严重割裂两大难题。房企要想解决这两大难题，必须借助 BIM 技术，以 BIM 正向设计为驱动，实现"设计—生产—施工"一体化的集成设计。

房企在设计工业化项目时，首先需要通过查看设计导则、通则，在标准化构件库中进行设计选型和技术策划，再根据技术策划开展方案设计、深化设计、施工图设计等，设计过程中的各专业需要紧密配合。

相较于基于2D（二维）图纸进行BIM翻模的传统设计，BIM正向设计是从方案阶段起，在初步设计、结构设计、施工图设计、深化设计等一整套设计阶段，都以BIM模型为指导的一种全新的设计方式，能更好地发挥工业化项目的价值与优势。

BIM技术本身的可视化特点可以直观反映设计成果，设计人员可以清晰直观地表达设计意图，也可以全面、准确、实时地展现项目各部位、各阶段的所有构件信息与空间关系，从而让各专业的交流更加直观。

因此，BIM正向设计能够支持各个专业间的大量复杂信息交流，其三维可视化的特点使各个专业间的协调沟通更顺利，从而保证信息的准确性和完整性。BIM正向设计将所有设计信息和设计元素集成在一个统一的BIM模型内，通过参数化构件实现数据统一。BIM正向设计极大简化了设计交付阶段的烦琐环节，这有利于后期施工方随时剖切模型，并进行施工指导。

工业化项目基于成熟产品库进行创建，是设计标准化的衍生品，房企对项目各方面的考虑已相对细致，通过BIM正向设计能够进一步提升产品品质，大大减少设计中的"错、漏、碰、缺"，提高各专业的沟通效率，控制建造成本。

在具体项目中，房企可以搭建企业级BIM正向设计云平台。比如某房企的BIM正向设计云平台包括数据层、功能层与应用层三层架构（见图5-4）。其中，数据层包括通用构件库、标准部品库、标准工艺库、标准组件库等，通过整合信息以及检测模型组件的完备性、相关性和合规性，实现平台内的资源共享和数据传输。功能层则是满足不同专业正向设计和管理需求的子系统架构，包括模型创建、方案细化、三维模型等模块，是生成项目模型的关键层级。应用层以用户终端的使用为核心,提供设计规范查询、方案评选、生产跟踪等功能,满足用户对模型的应用和管理需求。

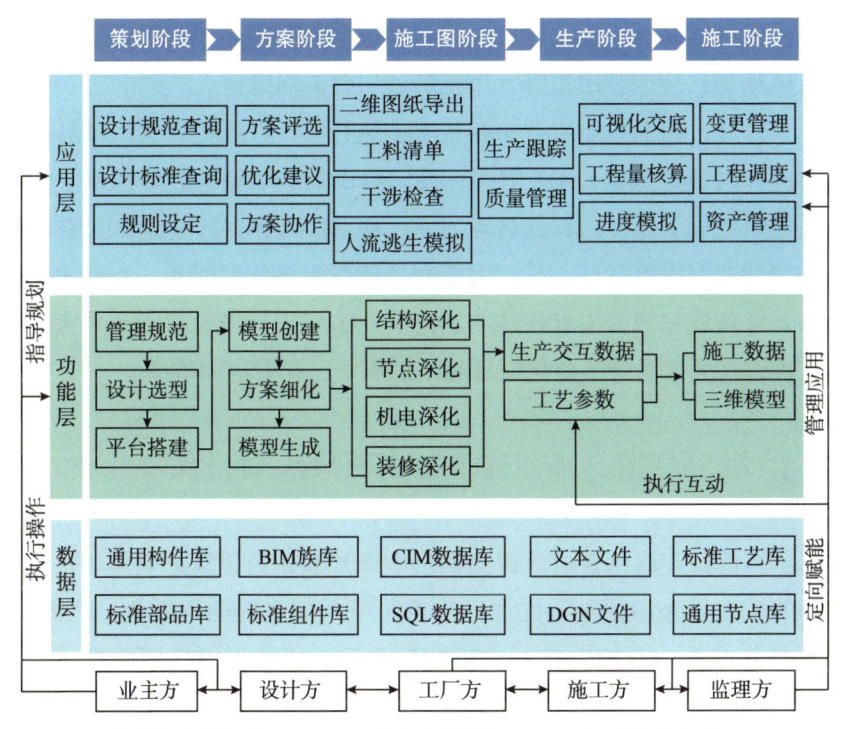

图 5-4　BIM 正向设计云平台示意图

BIM 正向设计虽然美好,但目前在各类项目中的应用较少,其原因是多方面的。最关键的一点是,在当前阶段,不管是蓝图还是各级报批报建,2D 图纸仍然是主要成果。因此,势必存在 3D(三维)的 BIM 正向设计和 2D 的 CAD(制图软件)两条并行的任务线,这不仅增加了房企的工作量,也降低了 BIM 正向设计的价值。

值得高兴的是,政府主管部门和有关企业都看到了这个问题,并推出了有意义的举措。住房和城乡建设部发布的《"十四五"建筑业发展规划》提出开展 BIM 报建审批试点；深圳市要求自 2023 年 1 月 1 日起，全市所有新建项目全面实施 BIM 技术应用，房企在办理规划许可、施工许可、竣工验收等审批报建业务时需要提交 BIM 模型；厦门、山东等省市也陆续出台类似措施。

另外，相关企业也开始在技术上进行尝试：通过开发出图转换插件和内置成熟的 CAD 出图标准，将图层、线型、合并图纸、数字化归档等工作交由软件自动完成，使 BIM 正向设计导出的 2D 图纸达到蓝图出图标准，从而大幅降低图纸转换的工作量。在越来越多政策落地和相关工具软件的加持下，BIM 正向设计将得到更大的认可，并大大提升工业化项目的图纸质量，提升出图效率。

二、生产预制化：加强智能化改造升级，促进高效生产

当前，业内已普遍认识到推进生产预制化是建筑工业化的重要环节，大量采用预制构件也已成为装配式项目的通用做法。然而，大部分相关企业的生产方式还较为落后，标准化的通用件难觅踪影，生产企业与设计方、施工方的协同有限，工艺、产能和运输等都大为受限。这些问题的存在，严重制约了生产预制化进程，这也是建筑工业化发展过程中亟待解决的问题。

1. 发挥产业互联网平台的作用与价值，建立通用构件大市场

要想增强建筑工业化生产阶段的能力，房地产业首先应加大产业互联网平台的建设力度，建立标准化、通用化的选型市场，让行业上下游的数据得以高效流通，从而真正发挥建筑工业化的成本优势和规模效应。

研究发现，制约建筑工业化的原因除了标准化设计水平较低，

从而导致"多规格、少组合"这种违反工业化理念的情况大量存在，还有通用构件市场薄弱，这导致各个厂商在规格、尺寸、接口、组装方式等方面的差异较大。

丹麦作为欧洲装配式建筑标准化实施力度最大的国家，通过政府干预将模数法制化，发布了标准化产品目录，企业生产以产品目录为标准，行业内形成了通用构件市场，其通用构件的使用率达到了 80%。

但是需要注意的是，丹麦的国土面积较小，因此可以采用"一刀切"的方式推进生产预制化。反观我国，由于国土面积辽阔、各地环境条件不一，因此不能照搬这种模式。不过，建设基于 BIM 技术的通用构件选型互联网平台，整合行业资源，打通数据壁垒，确实是大势所趋，也是行业最终要达成的目标。只有这样，才能够有效提升产业上下游的协同能力，最大程度地提高资源配置效率。

住房和城乡建设部发布的《"十四五"建筑业发展规划》明确提出培育一批行业级、企业级、项目级平台和政府监管平台，围绕部品部件生产、采购、配送等领域，提高供应链协同水平，加强物联网、大数据、云计算、人工智能、区块链等新一代信息技术在建筑领域的融合应用。

2. 加强生产阶段的智能化改造升级，提升产品质量和管理效率

与建造过程相似，构件的生产过程同样存在智能升级诉求。不管是单线用工人数的变化、生产效率的提升，还是产品品质的提升、综合成本的降低，这都说明生产阶段的智能化改造升级是大势所趋。

当前，对于大多数构配件生产企业来说，要想建立数字化生产管理系统，企业需要结合现有的 ERP（企业资源计划）、MES（制造执行系统）、WMS（仓库管理系统）等，同时结合 RFID（射频

识别技术)、无线互联网等信息技术,实现对预制构件在物料采购、模具加工、存储查询等方面的信息化管理。

在这方面,欧洲先进建筑产业的发展路径可供我们借鉴(见图5-5)。Consus 公司作为德国最大的开发商之一,通过资源整合和数字化运营建立了完整的工业化生产链条。在生产阶段,Consus 公司通过与预制构件厂商 EMC 达成战略合作,从就近设厂、运输线路培育、工业化生产三个方面入手,在合理成本范围内实现了建筑工业化。

图 5-5　Consus 公司对预制构件的数字化管理

EMC 与所在城市的主要货运代理公司合作开发了两条专门的预制构件运输线路，并使用专用车辆，这可额外运输 20% 的货物，每年减少约 880 车次。同时基于工业 4.0 理念，EMC 采用数字化、机械化方式进行生产，工厂拥有全自动循环生产线，机器人参与组装。在机械化的基础上，其构件制作效能可提升 60% 以上。

3. 生产企业应主动参与前期设计和后期施工

在前期，生产企业应主动参与设计选型、施工图审查等关键环节，进行反向赋能。生产企业可以根据构配件的特点和结构选型需要，提出专业意见，也可以根据工厂加工的具体要求，对设计深化提出要求。比如，构件厂商可以做到预制部分既参与受力，又兼做模板，从而大大减少现场关于钢筋、模板的工作量以及现场人工用量。

在后期，生产企业也可以通过科技成果对施工阶段进行反向赋能。比如在施工前期，通过数字化技术实现设计、生产、施工"一件一码"的全链条管理，每一个构件都能根据计划进行排产、运输和施工；在施工现场，用扫码方式实现"一件一码"的数字孪生，在建造实体建筑的同时，通过扫码就可以看到这栋楼的楼板、构件的生产制造过程，未生产是灰色的，生产完成后是蓝色的，现场安装后是绿色的。这样生产企业就能通过数字孪生的方式对后期施工反向赋能，从而大大降低现场施工的复杂度和技术难度，提升施工效率。

三、建造减人化：活用穿插提效，推广装配化、机械化应用

单纯靠人力堆产值的建筑生产模式早已难以为继，工业化项目迫切需要向减人化发展，而装配化、机械化无疑是行业的重点发展

方向。

工业化项目在人力消耗、机械设备使用等方面具有天然的优势，但是现实情况并不如想象中那么美好。工业化项目虽然有很多优点，但也有一些问题导致目前现场施工仍面临重重困难和障碍，比如构件体积大、外形复杂，运输和安装都需要专门的技术工人，在装配中与现浇部件有较复杂的配合关系，交底和导入期较长，施工过程管理也有具体的专业要求。凡此种种，都制约了工业化项目的普及，导致建造减人化并不能有效推进。

1. 制定行业级工业化技术标准和规范，沉淀企业级标准化技术应用

要想提升现场施工的管理水平，首先应从制定行业级工业化技术标准和规范入手，让工业化项目的施工和验收有章可依，营造良好的技术环境。在行业和地方标准规范的基础上，房企也要加强对制度、指引和管理要点的积累与沉淀，以便更好地为后续项目服务。

部分地区在这方面做了深入、细致的工作，比如深圳、合肥、重庆等地，不仅编制了较全面的装配式评分办法、技术标准、验收规范等，还编写了一系列应用技术指导手册，内容包括结构体系特点介绍、施工组织与准备、施工工艺、安全与环境保护、施工注意事项、质量与验收标准等，以提高作业人员的操作技能，提升机械化作业水平，规范装配式建筑的施工过程，保证工程质量和施工安全，推动工业化项目的推广。

房企同样需要对既往项目及时进行总结，特别是有关装配化、机械化的部分：针对标杆项目，总结形成专业化、体系化的分享课程；针对一般项目，及时进行项目复盘，总结优秀做法，分析差距与不足。

2. 加强建设单位、施工单位的工程管理和施工组织能力

根据工业化项目的特点，只有提升工业化项目的整体管控水平，房企才能在施工中实现减人化的目标，尤其应加强工程策划、构件装配和穿插作业等方面的配合与管理。

首先，装配式项目需要进行详细的工程策划。工程策划是工业化项目施工的枢纽和蓝图，也是效率提升的保证

其次，提升预制构件的现场装配水平。好的装配施工组织可以减少过程消耗，提升效率，但这也是普遍的管理难点。

最后，活用穿插提效。穿插提效是工业化项目的精髓，不仅能有效缩短工期，减少人力，还能显著提升项目质量，是精益管理在工业化项目中的集中体现。

3. 大量使用机械化、智能化设备，降低劳动强度

随着工人老龄化严重以及人工成本逐年递增，加大对智能建造技术的研发并在施工中使用更多的机械化和智能化设备，是较可行的应对措施之一。

工业化建造的目的是实现高效益、高质量、低消耗、低排放，而这些需要以建筑工业化为载体，构建新建造技术体系和推进智能建造是实现这一目标的手段和方法。

某标杆房企在这方面做了不错的尝试。他们认为，技术体系要适用于智能建造，智能化手段要有灵活性，智能建造可以使用的技术越来越丰富，但简单高效才是选用和组合的原则，信息技术是驱动装备、机械、工具等载体实现智能建造的有效方式。

因此，该房企结合国家发展战略及企业的"五节两环保"需求，进一步完善了以机械化、减人化为重点的新建造技术体系（见图5-6）。

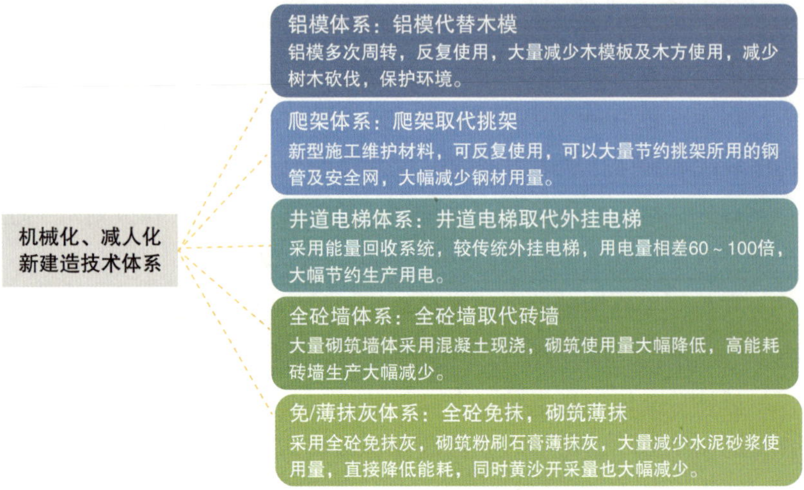

机械化、减人化新建造技术体系

- **铝模体系：铝模代替木模**
  铝模多次周转，反复使用，大量减少木模板及木方使用，减少树木砍伐，保护环境。

- **爬架体系：爬架取代挑架**
  新型施工维护材料，可反复使用，可以大量节约挑架所用的钢管及安全网，大幅减少钢材用量。

- **井道电梯体系：井道电梯取代外挂电梯**
  采用能量回收系统，较传统外挂电梯，用电量相差60～100倍，大幅节约生产用电。

- **全砼墙体系：全砼墙取代砖墙**
  大量砌筑墙体采用混凝土现浇，砌筑使用量大幅降低，高能耗砖墙生产大幅减少。

- **免/薄抹灰体系：全砼免抹，砌筑薄抹**
  采用全砼免抹灰，砌筑粉刷石膏薄抹灰，大量减少水泥砂浆使用量，直接降低能耗，同时黄沙开采量也大幅减少。

图 5-6　某房企机械化、减人化新建造技术体系

其新建造技术体系的内容主要有：地库建造先行化、地库应用仓储化、材料加工集中化、垂直运输安全化、楼层施工标准化、交通流线立体化、物资配送物流化、运输机械无人化、现场管理智慧化、建造过程透明化、工地现场花园化、工作环境人性化等。

各类机械设备在"危、繁、脏、重"施工环节的大量应用，提升了房企的自动化施工水平，降低了劳动强度，提升了产品质量。

四、管理一体化：推进管理创新，强化基于 BIM 的技术协同

在传统建造模式下，分段切割、各管一段的分段式管理导致设计各专业间割裂、设计与施工割裂、建造产业链之间割裂，而这些割裂造成了管理效率低下、浪费严重、安全事故频发等一系列行业弊病。

这种割裂不仅源于组织结构，还源于技术水平低下和思想意识落后，是一种管理缺陷。因此，要弥补这些割裂，不能靠简单的单点发力，而是需要依靠先进技术平台，推进组织创新，提升一体化交圈意识。

1. 积极推广工程总承包等新模式，推动一体化管理创新

工程总承包模式通过对项目各阶段、各专业的整体策划、全面安排、协调管理，将过去的分段式管理变为一体化管理，是一种以向业主交付最终产品和服务为目的的全新模式，更符合工业化项目的管理特点和要求。

通过畅通高效的工程总承包模式，房企可实现设计与施工的深度交叉、高效协同，有效降低工程造价。通过设计、采购、生产、施工全过程拉通的质量控制，房企可较大程度降低各种不确定质量风险，保证工程进度和质量。

鉴于此，住房和城乡建设部发布的《"十四五"建筑业发展规划》提出推广工程总承包模式，提高工程总承包单位的项目管理、资源配置、风险管控等综合服务能力。

2. 借助 BIM 平台，提升全链条一体化意识，推进一体化设计

机制创新可以弥补割裂的分段式管理的部分不足，但并不能解决全部问题。如前文所述，传统管理模式导致设计各专业间割裂严重，这给设计质量带来较大影响。因此，房企要借助 BIM 平台，提升全链条一体化意识，推进一体化设计。

一体化意识的提升首先是提升交圈和服务意识，即结构要为建筑考虑，建筑要为精装考虑，设计要为生产考虑，生产要为施工考虑。只有形成了彼此交圈和服务的意识，一体化管理才能真正落地（见图 5-7）。其次是规则意识，即建立规则、遵守规则的意识，通

过理顺各专业、各部门职责边界和任务划分，建立一套统一的技术标准、接口规则、处理原则、协调机制，通过规则来协调大家的步调一致性。

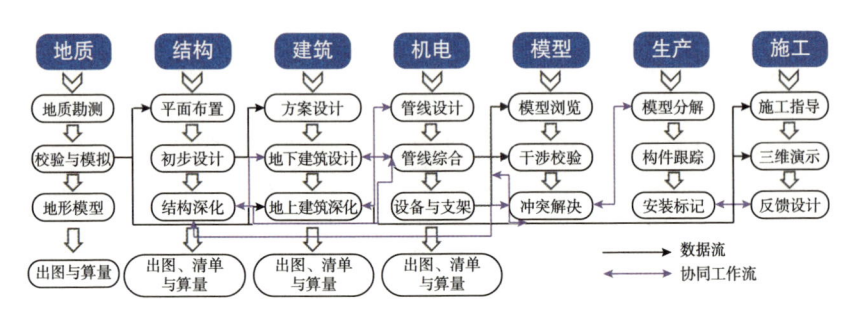

图 5-7　一体化设计各专业分工数据流与协同工作流示意图

在概念方案阶段，BIM 模型可以为各参建方提供介入与沟通平台。通过建立 3D 概念图，房企可在三维环境下直接进行方案设计；通过对工程周边环境、地形地貌的模拟与校验，房企可对项目策划方案进行分析评估，提前解决施工中可能出现的争议，从而控制投资造价，提高质量，缩短工期。

在设计阶段，各方应共同介入，提供不同视角的专业建议。比如利用 BIM 模型进行机电装修一体化设计，对装修设计方案进行优化，对施工组织、进度管理、机电管线碰撞检查等进行综合仿真模拟。施工中按照 BIM 模型对管线和底盒进行定位预埋，避免后期管线安装重新开凿，从而降低施工和管理难度，提升质量。同时，各方还可以利用 BIM 模型进行光照和能耗分析，动态模拟各种工况下的实施效果，赋能绿色设计。最后根据分析结果，对设计参数及模型进行修改，使设计方案在满足结构安全的基础上更具经济性和合理性。

在施工阶段，基于 BIM 施工管理协同平台，房企可对现场的道路、临建、龙门吊等施工场地进行合理布置，以提高现场的组织管理效率。根据施工进度，房企可利用BIM可视化优势，将BIM模型与时间和空间数据关联，对机电管线、构件装配等进行安装模拟，从而减少施工现场各专业的交叉作业，明确各项工作所需的资源以及供应计划，大幅减少施工工序及工期，实现精细化施工。

总体而言，"设计—生产—施工"的一体化拉通，是以建筑为最终产品，对关键环节进行统一管理，并根据实际情况变化进行实时调整的高度集成的多环节建造模式。在此过程中，标准化、信息化是基础，以此保证各专业设计的协调、不同专业相关部品的一体化以及安装、施工全过程的管理协同。

3. 建立数字化协同平台，推进各阶段项目管理一体化

工业化项目还包括大量数据流、资金流和物资流管理，房企在生产和施工现场也采用了越来越多的智能化设备、传感器等进行生产、检测与协调管理。管理的任务可能涉及投资、成本、工程、采购、运营等多个职能条线，此时，仅仅依靠BIM平台进行协调沟通是不够的。因此，要想在工业化项目中真正实现上下游资源一体化协调管理，房企需要先进的、集成开放的数字化协同平台。

在工业化项目中，数字化协同平台以提效率、提能力、控风险为核心，打通政府方、业主方、设计方、施工方、生产方、监理方、监管方等在平台端、产品端、管理端、用户端的业务和数据壁垒，最终实现四大价值（见图5-8）。一是通过集中管控，支持跨部门、跨组织的横向协同和纵向贯通；二是通过核心业务管控，强化过程风险防控动作和行为，有效减少各类风险事件的发生；三是通过数字化，支持目标分解落实，各层过程管理数据留痕，从而为管理动作提供有效依托；四是通过构建集团数字大脑，对各项数据进行整合分析，从而使管理行为更高效、更精准、更有价值。

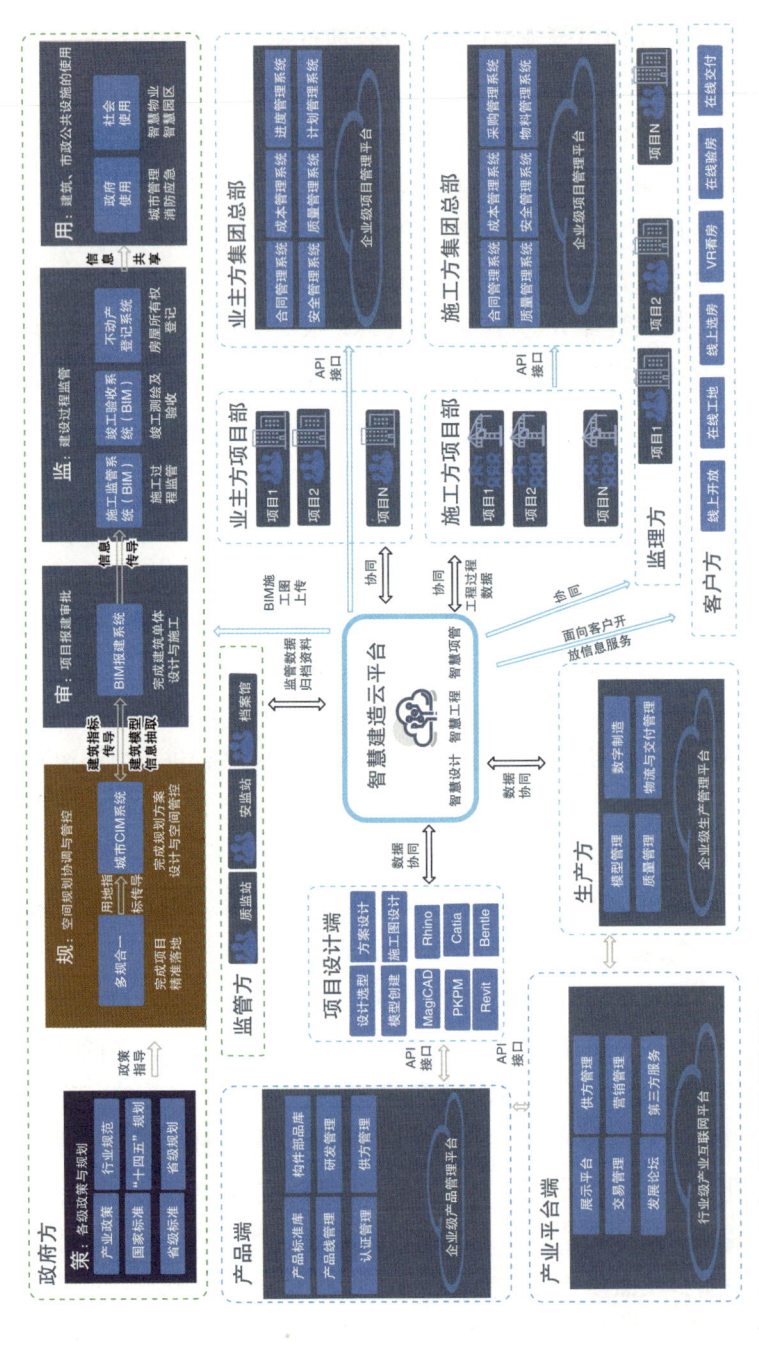

图 5-8 数字化协同平台系统架构示意图

注：API 是一种应用程序编程接口。

工业化项目的工程管理历来面临诸多困难，比如：计划落地差，缺乏有效的跟踪机制；断层式管理，横向交圈难，纵向协同差；成本易超标，供应商管理难；施工现场盲区多，安全风险难预控；等等。L企作为行业领军企业，在项目中积极应用数字化成果，有效规避了上述管理难题。

（1）搭建数字化项目管理体系，推动工程管理精细化

根据工业化项目的管理要求，基于项目管理现状，L企在明源云的帮助下，打造了以投资控制为龙头、计划为主线、合同为约束、成本控制为目标的数字化项目管理体系。L企通过这一新体系来全面提升工业化项目的管控能力，从而实现工业化项目的成功落地（见图5-9）。

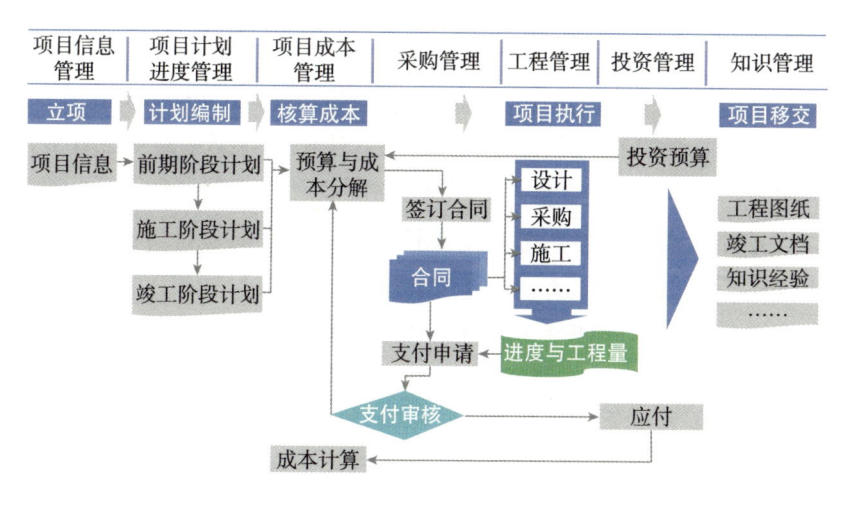

图5-9　L企数字化项目管理体系框架图

（2）做好在线计划管控与协同

在工业化项目中，做好计划管控至关重要。针对"计划往往

停留在纸上，没有落到行动上"的管理难题，L企决定通过智慧工程系统，将项目的主项计划、专项计划等细化分解成楼栋、标段施工计划和工序节点，并将工序节点与系统中的里程碑节点、一级节点、二级节点打通。

当项目现场的某个工序完成验收或移交，该工程节点将显示完成，计划节点也将同步显示完成，工程部管理人员随时能在后台查看。这样，计划管控更快、更及时、更精准。同时，实时施工数据加上现场实景监控，能够有效规避虚报、瞒报，确保进度真实性。通过以上措施，L企有效提升了协同效率，保证了项目进度。

（3）通过数字化消除设计、成本、工程部门间的壁垒

工业化项目涉及大量的图纸、技术以及多部门沟通和协同，保证专业协同的高效、准确、及时，是管理的难点。L企借助智慧工程系统中的专业工具来破解交圈难题，提升协同效率。

以图纸协同工具为例，设计并上传的图纸可以实时在线保存和更新，而且图纸格式在云端自动转换，使用普通浏览器就能查看，从而确保工程方、施工方随时随地看到的图纸都是最新的。

另外，智慧工程系统支持项目部、施工方与设计方在线沟通协同。项目部或施工方对设计意图、施工路径、施工工艺有任何疑问，可以直接在图纸上标注或批注，系统会通知对应的设计师处理。

（4）以合同全过程的在线化管理为抓手，高效协同供应链管理

工业化项目的一大显著特点是供应商众多、供应链管理复杂。L企通过成本信息化管理，实现了对合同签订、合同执行、合同变更、合同付款、合同结算的全过程管理，同时基于全流程业务数据，使前端数据为后端提供业务指导，从而有效规避了订单错误以

及合同超付、变更和结算扯皮等问题。

L企通过建立统一的成本科目和合约规划模板，有效推动了成本管控体系的升级，解决了过往预算与执行两层皮的问题。项目投资进展、动态成本、合同全过程执行信息等都可以被自动获取，从而确保及时发现项目中的问题。

（5）借助智能设备，有效监控施工现场的安全生产情况

工业化项目大量采用了机械设备，而大型机械设备对安全管理有更高要求。但是，人的管理半径是有限的，再严密的管理都会有漏洞。通过物联网平台与多种智能硬件进行现场监管，房企可以24小时不间断监测，还能对一些人力无法触及的地方进行风险预控。

L企利用智慧工程系统联动各类传感器、影像识别等技术，代替人工对工地进行全天候、全方位监控和预警，对塔吊、升降机、深基坑、高大模板等进行多项风险监测。AI智能影像还能识别不规范行为，比如识别未佩戴安全头盔的工人等。

通过有效应用数字化平台，L企大大提升了复杂技术条件下的项目管理能力，有效调动了各方资源，推动项目从立项、设计、生产到建造全流程的一体化管理。数字化平台帮助L企从容应对工业化项目的艰巨挑战，实现了工业化项目的成功落地。

五、他山之石：万科的建筑工业化实践之路

建筑工业化在效率、质量、绿色发展等方面具有突出优势，是行业未来的发展方向。一批优秀的房企敢为人先，走出了一条曲折、艰辛而又硕果累累的创新探索之路。万科就是这些房企中的佼佼者，它的探索经验对后来者来说无疑是一笔宝贵的财富。

经过 20 多年的发展，万科形成并完善了第四代工业化技术体系。自这套体系大规模推广以来，万科新建项目的工业化率保持在 60% 以上，新建项目的工期较传统项目提效约 20%。工业化项目大幅降低了能耗、水耗以及木模板等资源消耗，效益显著。

万科的建筑工业化布局始于 1999 年。那一年，万科积极响应国家"72 号文"号召，成立了万科建筑研究中心，开启了对建筑工业化的超前布局，经历了研发、完善、成熟三个发展阶段。

1. 理想主义的 1.0 研发探索时代

1999 年至 2008 年是万科工业化 1.0 时代，万科的工作重点是进行工业化研究与研发。在此期间，万科主要进行了三个方面的探索与尝试：一是内浇外挂体系、工业化内装探索；二是 PCF（预制外挂墙板）体系、预制叠合楼板探索；三是预制剪力墙体系、双向叠合板探索。

在 1.0 时代，万科进行了大量开拓性创新，取得了一些优秀成果，其中部分成果至今仍被业界广泛采用。但是万科在此过程中也遇到了一些问题，比如：工业化理念过于理想，追求所有构件尽可能实现预制加现场组装，而当时的技术产业环境难以支撑这一点；由于技术成熟度、成本、工人素质等问题，一线公司未找到可行的落地方式，对装配式建筑推广不积极，从而导致总部推广与一线应用存在一些冲突。

另外，由于预制构件的特殊性，墙体无法钉钉子和墙体裂缝等问题导致部分客户对装配式建筑的质量产生质疑。早期政府也缺乏强有力的经济补贴和配套政策，房企无法弥补工业化项目所增加的成本。

由于上述问题，万科虽有大规模推行建筑工业化的雄心，但实际情况却不容乐观，率先进行工业化试点的上海、北京、深圳等地的分公司未找到可行的落地方式。

在此背景下，万科开始反思是否只有"预制"才能提升效率，是否工业化就要追求高预制率，并且针对上述问题寻找解决路径。

两大关键技术的突破和一个关键思路的打开，为解决这些问题找到了突破口，于是万科的建筑工业化来到了 2.0 时代。

2. 独具特色的 2.0 完善优化时代

2008 年至 2018 年是万科工业化不断完善与优化的 2.0 时代。在此阶段，万科不断验证技术、总结理论成果，形成了独具特色的万科工业化体系。

在总结前期大量经验的基础上，2011 年万科提出因地制宜、泛工业化发展、适度预制，开始探索经济可行的工业化发展路径。这些理论成果的提出首先应归功于两大技术突破。

一个是铝模技术的成功应用，在突破"工业化就是预制"概念瓶颈的同时，也促进了铝模板行业在国内的发展；另一项关键技术成果是内墙新技术，为了进一步解决墙体裂缝问题，万科在内墙施工时满挂玻纤网格布，从而解决了内墙墙体大范围开裂的问题，实现了预制内墙的推广应用。之后，万科逐渐找到了经济合理、技术可行的建筑工业化方式。

2014 年，万科提出"5+2"建造体系，初步形成了工业化产品，包括 4 个标准楼型、4 个标准户型和 1 个标准电梯厅，装修和部品也实现了模数化设计。

2018 年，万科总结出了"5+2+X"建造体系，以"两提两减"（提高效率、提高质量、减少人工、减少污染）为核心目标，开始形成独具特色、适合国情的建筑工业化理念（见图 5-10）。

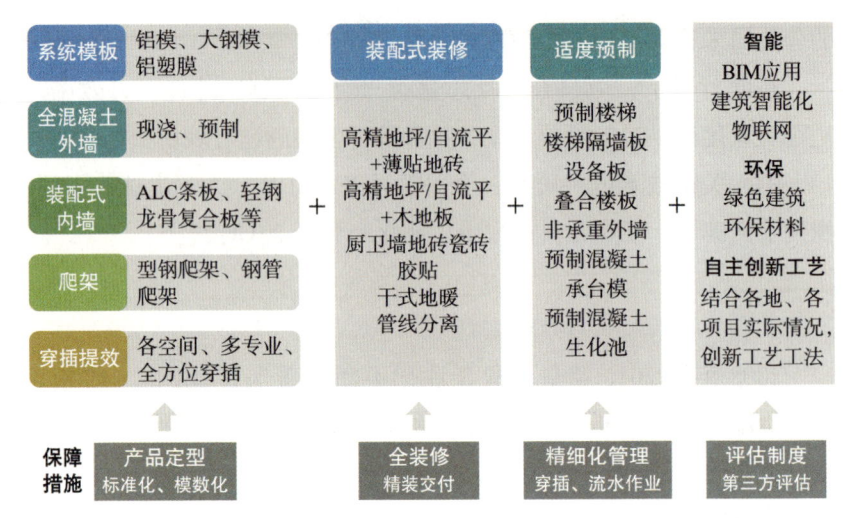

系统模板	铝模、大钢模、铝塑膜		装配式装修		适度预制		智能	BIM应用 建筑智能化 物联网
全混凝土外墙	现浇、预制		高精地坪/自流平+薄贴地砖		预制楼梯 楼梯隔墙板 设备板		环保	绿色建筑 环保材料
装配式内墙	ALC条板、轻钢龙骨复合板等	＋	高精地坪/自流平+木地板 厨卫墙地砖瓷砖胶贴	＋	叠合楼板 非承重外墙 预制混凝土承台模	＋	自主创新工艺	结合各地、各项目实际情况，创新工艺工法
爬架	型钢爬架、钢管爬架		干式地暖 管线分离		预制混凝土生化池			
穿插提效	各空间、多专业、全方位穿插							

| 保障措施 | 产品定型 标准化、模数化 | 全装修 精装交付 | 精细化管理 穿插、流水作业 | 评估制度 第三方评估 |

注：ALC 是指蒸压轻质混凝土。

图 5-10　万科"5+2+X"建造体系示意图

3. 理念创新的 3.0 成熟发展时代

从 2018 年至今，万科的建筑工业化开始迈向成熟发展的 3.0 时代。在这一阶段，万科深入实践工业化 2.0 理念，不断提高项目的工业化应用水平，各项技术也不断成熟，从而丰富了工业化理念的内涵，建立了更加完善的产品、构件和部品标准化体系。

在现有工业化的基础上，万科对建筑工业化建造系统的未来进行了思考，包括建筑绿色化、智能化在建造体系中的匹配，以及适配于建筑工业化的管理机制的迭代等。万科还提出建筑工业化需要系统考虑建筑对健康的影响和对环保的贡献，以及在建造中匹配最优的设备、合适的新技术等。

万科的建筑工业化探索，为行业积累了丰富的理论和实践经验。具体来说，有四个方面尤为重要，堪称万科工业化的理念核心，分别是：模数原则化、设计装配化、部品集成化、施工机械化（见图 5-11）。

图 5-11　万科工业化理念示意图

万科认为，住宅工业化应以住宅为最终产品，以模数协调为原则，通过设计标准化、装配化，部品的集成化、模块化、通用化，施工的机械化、装配化，以及项目管理的专业化、精细化、规范化来进行产品制造。

经过多年探索与反复实践，万科有效平衡了成本与效益、产能与需求之间的矛盾，建立了从设计到施工的全周期工业化、精细化管理体系，同时不断完善与落实模数原则化、设计装配化、部品集成化、施工机械化理念，论证了建筑工业化的可行性，是建筑工业化的实践先驱。

第六章 碳中和时代房地产业的绿色化升级

建筑领域是我国能源消费和碳排放的三大领域之一，具有巨大的碳减排潜力和市场发展潜力。全面深入推进绿色建筑，促进建筑领域快速向低碳、绿色的方向转型，是房地产业高质量发展的必由之路。

第一节
三方驱动下，房地产业绿色化升级成为必答题

在我国明确提出 2030 年碳达峰与 2060 年碳中和目标后，高污染、高排放的建筑领域成为绿色减排的重点领域，面临重大挑战。同时，在政策、需求与资本的三重推动下，房地产业因绿色发展要求迎来重大机遇。

一、建筑领域是我国的"碳排放大户"

温室气体的过量排放导致温室效应不断增强，这对全球气候产生了不良影响。二氧化碳作为温室气体最主要的成分，减少其排放量被视为解决气候问题最主要的途径。中国作为全球第二大经济体，积极承担了解决气候变化问题的大国责任。

在双碳目标下，建筑领域的高污染、高排放问题格外突出，成为需要首先解决的难题。中国建筑节能协会发布的《中国建筑能耗与碳排放研究报告（2021）》显示，2019 年全国建筑全过程碳排放

总量为 49.97 亿吨二氧化碳，约占全国碳排放总量的 51%，是推动减碳的重点领域。

近年来，随着我国城镇化的推进，大量建筑垃圾产生。根据有关行业协会的测算，我国城市建筑垃圾的年产生量超过 20 亿吨，是生活垃圾产生量的 10 倍左右，约占城市固体废物总量的 40%。目前，我国的建筑垃圾主要采取外运、填埋和露天堆放等方式处理，这不但占用了大量土地资源，还产生了有害成分，从而造成地下水、土壤和空气污染，危害生态环境和人民健康。

二、有利条件齐聚，绿色建筑迎来发展机遇

双碳目标对建筑领域而言，不仅是一次重大挑战，还是一次重大机遇。在政策、需求和资本的三重刺激下，绿色建筑将蓬勃发展。

1. 政策驱动：为实现双碳目标，利好政策不断推出

在双碳目标确定之后，绿色建筑政策得以进一步深化和落实。2021 年相继推出《绿色建筑标识管理办法》《建筑节能与可再生能源利用通用规范》《关于推动城乡建设绿色发展的意见》等。2022 年 3 月《"十四五"建筑节能与绿色建筑发展规划》发布，2022 年 4 月 1 日《建筑节能与可再生能源利用通用规范》强制执行。相关政策举措不断出台且要求日趋明确和严格，表明了我国在建筑领域推进碳达峰和碳中和的决心。《"十四五"建筑节能与绿色建筑发展规划》明确提出，到 2025 年，城镇新建建筑全面执行绿色建筑标准。

为了提高建设绿色建筑的积极性，各地出台了一系列绿色建筑激励政策，包括财政补贴、优先评奖、信贷金融支持、减免城市配套费用等。目前我国已有 31 个省（市、区）发布了相关绿色建筑补贴政策。例如，《北京市装配式建筑、绿色建筑、绿色生态示范

区项目市级奖励资金管理暂行办法》规定，二星级标识项目 50 元 / 平方米、三星级标识项目 80 元 / 平方米，单个项目最高奖励为 800 万元。

2. 需求驱动：人们对美好居住环境的需求越来越高

随着国家整体经济的高速发展，以及近年来城镇化率的提升，我国居民的居住环境和生活质量得到了明显提升，且住房改善需求仍然相对旺盛。

同时，受新冠肺炎疫情的影响，符合绿色、健康要求的住宅产品更易吸引购房群体。居民需求的升级促使房企加大对绿色、健康住宅产品的开发和投入，进而加速了绿色房地产市场的发展。

具体来看，新风系统和合理的户型布局能增强空气对流，带来新鲜的氧气和活力；合理的楼栋排布、适宜的空间尺度能优化采光，提高住宅的绿色生态设计和景观质量；而将绿色人居、健康生活理念延伸至居住环境和社区服务，通过与物管结合、在社区植入健康服务元素等，可以满足全年龄段的社交需求。

3. 资本驱动：打造绿色建筑有利于获得绿色金融支持，拓宽融资渠道

为了实现双碳目标，政府加快了构建绿色金融体系的步伐，鼓励金融机构通过绿色信贷、绿色债券、绿色 ABS（资产支持型证券）、绿色私募基金和绿色信托等金融工具，将社会资本引入节能环保、清洁生产、清洁能源、生态环境、基础设施绿色升级、绿色服务等产业，以此加快经济结构的绿色转型。

在此背景下，房企绿色债券的发行规模迅速扩大，绿色融资将成为房企融资的重要组成部分。从绿色债券及票据的发行情况来看，我国房企的首单绿色债券发行于 2017 年，当时龙湖集团的子公司共发行了 40.4 亿元绿色债券，试水意味较为浓厚。2018 年，

由于境外资本市场的绿色债券发展得更快，部分房企开始尝试发行境外绿色票据。而从 2020 年开始，随着国内双碳目标的明确，房企加大了在境外发行绿色票据和债券的力度，2020 年和 2021 年的发行规模分别达到了 131 亿元和 521 亿元。

此外，随着整体融资环境的收紧，尤其在"三道红线"监管下，房企融资难、融资贵的问题格外突出。与此同时，绿色金融得到了政府的大力支持，绿色转型成为当前房企顺利发债融资、缓解资金链风险的关键砝码。

第二节
绿色建筑的核心：人与自然和谐共生

建筑技术发展的必然趋势是将可持续发展理念融入建筑全生命周期，即发展绿色建筑。相对于国外，我国绿色建筑发展得较晚，且受制于成本、需求、技术等因素，相对落后。当前阶段，我国绿色建筑更强调高质量特性，强调人与自然和谐共生。

一、绿色建筑是最大限度实现人与自然和谐共生的高质量建筑

因为实现节能减排和提供更加宜居环境的方式有很多，所以绿色建筑其实有很多不同的细分类型。但不论具体存在形式如何，人与自然和谐共生始终是其核心。

绿色建筑不是一般意义上的建筑绿化，而是指人类为了应对快速发展的经济给环境带来的巨大压力，希望在居住得更加健康、舒适和安全的同时高效节约资源、能源、土地、水、材料，从而降低对环境的影响。根据我国《绿色建筑评价标准》（GB/T 50378-

2019）给出的定义，绿色建筑是指在全寿命周期内，节约资源、保护环境、减少污染，为人们提供健康、适用、高效的使用空间，最大限度地实现人与自然和谐共生的高质量建筑。

该定义以人为本，强调人与自然和谐共生，评价指标从"四节一环保"调整为"安全耐久、健康舒适、生活便利、资源节约、环境宜居"五大指标。对于居住者，绿色建筑提供健康、舒适、智慧、便捷、人文、宜居的生活环境；对于自然环境，绿色建筑可以节能、节水、节地、节材、低碳、环保，从而助力建筑碳中和的实现（见图6-1）。

图6-1　绿色建筑的内涵

"绿色建筑"这一概念是名词而非动词，即绿色建筑特指具体的建筑形式，而不是建造房屋的过程。绿色建筑其实有很多不同的细分类型，包括节能建筑、被动式建筑、健康建筑等。

节能建筑是指遵循气候设计和节能的基本方法，在对建筑规划分区、群体和单体、建筑朝向、间距、太阳辐射、风向以及外部空间环境进行研究后，设计出的低能耗建筑。

被动式建筑也称被动式太阳能建筑，是指通过特定设计，使建筑在冬季充分利用太阳辐射取暖，尽量减少因维护结构及通风渗透而造成热损失；夏季尽量减少因太阳辐射及室内人员、设备散热而造成的热量，以不使用机械设备为前提，完全依靠加强建筑物的遮挡功能，达到室内环境舒适目的的环保型建筑。

夏天不用开空调，冬天不用开暖气，是很多南方人、北方人居家过日子的梦想。而简单理解的话，被动式建筑就是用来实现这一目的的。被动式建筑能一年四季保持室内恒温（20℃~26℃）、恒湿（空气湿度为35%~65%）、恒氧（二氧化碳浓度≤1 000ppm）、恒静（夜间噪声≤30dB）、恒洁（PM2.5≤35μg/m³）的舒适环境，建筑节能率达92%以上，能耗仅为普通住宅的1/10左右（见图6-2）。

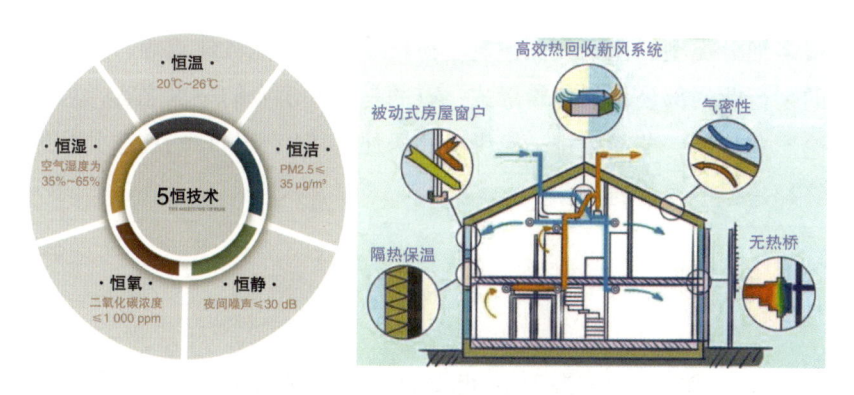

图6-2　被动式建筑的功能和结构

被动式建筑在设计中更多地运用了被动式技术手段，即建筑物的采暖和制冷并没有耗用石油、天然气、煤炭等传统化石能源，而是巧妙利用了太阳能、室内家用电器运转产生的热能、人体产生的热能等被动式能源，并尽可能地采用自然照明、自然通风等。其核心原理也非常简单：就像保温瓶通过保温内胆隔温一样，被动式建筑通过保温材料来避免热量散失。被动式建筑主要通过地面、墙体、外窗的保温隔热性能、高效热回收新风系统以及无热桥等，显著降低建筑的采暖和制冷需求。

那么被动式建筑的关键技术包括哪些呢？简单来说，有以下五点：科学合理的节能设计，保温隔热性能更好的非透明围护结构，隔热性能和气密性能更好的门窗及遮阳系统，建筑整体的高气密性，高效热回收新风系统。

健康建筑的定义是：在满足建筑功能的基础上，为建筑使用者提供更加健康的环境、设施和服务，促进建筑使用者身心健康，实现健康性能提升的建筑。

其实，除了节能建筑、被动式建筑、健康建筑，绿色建筑还有很多细分类型，比如环保建筑、科技建筑、低能耗建筑等。这些有的是行业内部公认的建筑形式，有的是某些房企的一家之言，但无论形式如何，节能减排、提供更好居住环境以及与自然和谐共生始终都是绿色建筑的核心。

二、我国绿色建筑发展得较晚，且相对落后

绿色建筑最早起源于 20 世纪 60 年代，在国外已经发展得相对成熟了。我国绿色建筑发展得较晚，虽然近些年呈井喷式增长，但受制于多种因素，高星级比例不高，市场还不完善。

1. 我国绿色建筑的发展包括四个阶段，现在处于转型提升期

我国的绿色建筑起源于 20 世纪 80 年代，那时候推广的是建

筑节能概念，到 2005 年左右，绿色建筑概念在我国广泛传播。我国绿色建筑的具体发展过程分为四个阶段：观念引导期、试点示范期、快速发展期、转型提升期。

第一阶段是 1986 年到 2005 年的观念引导期。原城乡建设环境保护部在 1986 年出台了《民用建筑节能设计标准（采暖居住建筑部分）》，并在 1996 年对其进行修订。新版是在各地编制的实施细则的基础上修订的，对不同地区采暖居住建筑的能耗指标和围护结构保温要求均做出比较具体、明确的规定，达到了指导设计的深度。

第二阶段是 2006 年到 2008 年的试点示范期。2006 年，第一版《绿色建筑评价标准》正式颁布，在 2008 年首次正式评审认证时，6 个项目获得中国绿色建筑评价标识。

第三阶段是 2009 年到 2017 年的快速发展期。从国务院发布《关于积极应对气候变化的决议》到住房和城乡建设部发布《关于进一步规范绿色建筑评价管理工作的通知》，绿色建筑评价工作开始属地化管理。

第四阶段是 2019 年至今的转型提升期。住房和城乡建设部等部门印发《绿色建筑创建行动方案》，提出到 2022 年，当年城镇新建建筑中绿色建筑面积占比达到 70%。住房和城乡建设部发布的《绿色建筑标识管理办法》提出，将绿色建筑的评价权收回到各级政府手中。

2. 近年来我国绿色建筑数量迅速增加，高星级绿色建筑比重略低

尽管初期发展较为缓慢，但近年来，随着各地绿色建筑评价工作陆续展开，获得绿色建筑标识的项目迅速增加。特别是 2013 年《绿色建筑行动方案》发布以来，各级政府不断出台相关激励政策，全国范围内的绿色建筑数量呈井喷式增长（见图 6-3）。

项目数量（个）

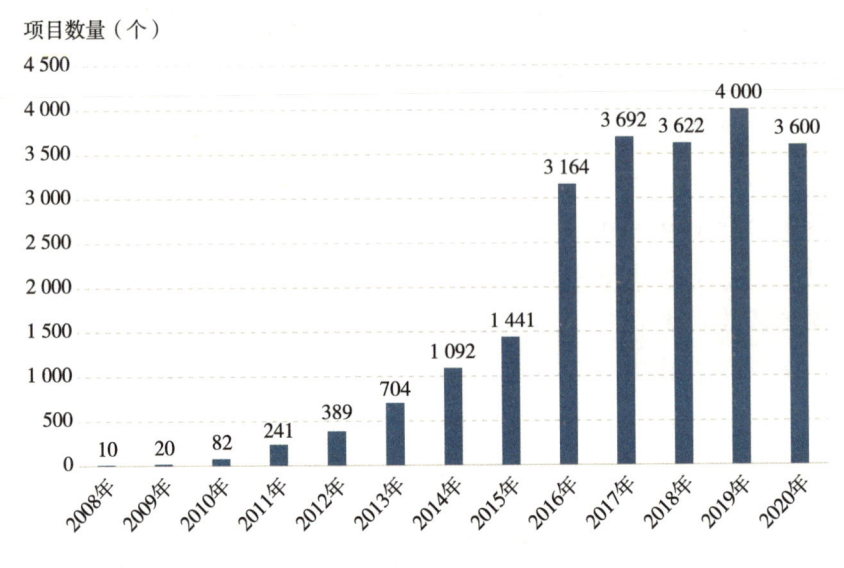

2008年	10
2009年	20
2010年	82
2011年	241
2012年	389
2013年	704
2014年	1 092
2015年	1 441
2016年	3 164
2017年	3 692
2018年	3 622
2019年	4 000
2020年	3 600

图 6-3　2008—2020 年全国绿色建筑的发展情况

数据显示，全国新建绿色建筑面积从 2012 年的 400 万平方米增加到 2021 年的 20 多亿平方米。2021 年，城镇新建绿色建筑面积占比达 84%，获得绿色建筑标识的项目累计达 2.5 万个。

从星级来看，虽然获得一、二星级绿色建筑标识的项目总体上呈快速增长趋势，但三星级项目的数量却呈现下降趋势（见图 6-4）。

从图 6-4 可以看出，一星级项目占比自 2010 年开始呈上涨趋势，二星级项目占比整体较稳定，而三星级项目占比自 2009 年开始呈下降趋势。截止到 2018 年年底，一星级项目累计 6 412 个、二星级项目 6 269 个，分别约占绿色建筑总数的 45% 和 44%，而三星级项目占比相较 2015 年下降了 8%。

图 6-4　2008—2018 年绿色建筑星级变化趋势

3. 受制于成本、需求、融资等因素，我国绿色建筑还未发展成熟

虽然当前我国在绿色建筑方面推出了很多奖励政策，但是受成本、需求、融资等因素的制约，绿色建筑还未形成较为广阔的市场。

首先，绿色建筑的前期投入高于传统建筑，开发商或者投资方往往不愿意增加成本投入。在融资过程中，融资主体需要承担第三方专业评价机构对项目进行绿色认证以及后续的跟踪维护等费用，这增加了融资成本。研究显示，绿色建筑要达到美国绿色建筑委员会的 LEED（能源与环境设计认证）标准，通常要比常规建筑多投入 1.84% 的成本，若要达到 LEED 金级认证，成本则要高出 2%～5%。

其次，绿色建筑目前的发展主要依靠行政力量和财政资金，市场化机制尚未形成。虽然政府强调综合运用价格、财税、金融等经济手段，发挥市场配置资源的基础性作用，营造有利于绿色建筑发展的市场环境，但是绿色建筑的市场需求侧尚未发展成熟，绿色建筑理念宣传不够，消费者和投资者缺乏对绿色建筑的深入了解和认识，以需求为主的绿色建筑市场尚未形成。

最后，与境外发达市场相比，我国绿色金融起步较晚，支持绿色建筑的时间较为滞后。近年来，在政策的驱动下，各金融机构开始探索相关金融工具以支持绿色建筑。目前，市场主流的金融工具主要为绿色信贷、绿色债券、绿色基金、绿色保险四大类。绿色信贷是最基础的金融产品，人民银行的统计数据显示，截至 2020 年三季度末，本外币绿色信贷余额为 11.55 万亿元，而绿色建筑贷款由于占比极低而未被披露具体金额。绿色债券作为直融产品，在我国最多的用途是发展绿色交通以及清洁能源，2019 年投向绿色建筑的比例仅为 6%，多为农村改造、北方供暖等领域。此外，我国绿色基金、绿色保险投向绿色建筑的比例更是微乎其微。

在上述诸多因素中，绿色金融的支持力度对我国绿色建筑的发展起着尤为重要的作用。推动我国建筑领域绿色化的工作需要与绿色金融相结合，从而在绿色建筑全生命周期形成评估、财税、金融等一系列综合支持。

三、绿色建筑评价体系较多，我国强调高质量特性

绿色建筑评价是绿色建筑健康发展的重要保证，世界许多国家和地区都积极研究、探索和实践着国际绿色建筑评价体系。

1. 国内外绿色建筑评价体系较多，LEED 是国际公认最完善的体系

自 20 世纪 60 年代以来，绿色建筑理念和实践逐步在世界各国得到了广泛的发展。许多国家先后形成了完整的、适合当地的绿色建筑建造体系，进而开发了相应的绿色建筑评价体系。

虽然各国绿色建筑评价体系的最终目的是相同的，但由于不同

国家对可持续发展的关注点不同，各个国家绿色建筑评价体系往往有不同的综合评价参数。

据统计，全球有 50 多个绿色建筑评价体系，当前主流的有美国的 LEED、英国的 BREEM（建筑研究所环境评估法）、德国的 DGNB（可持续建筑评价标准）以及中国的绿标。

其中，LEED 是由美国绿色建筑委员会于 1998 年发布实施的，至今已发展成为国际上运作最成功的绿色建筑评价体系之一，是当下国际公认最完善的体系。截止到 2020 年年底，LEED 在 167 个国家和地区拥有超过 96 000 个认证项目。

近年来，随着绿色建筑在各国的不断发展，评估工具已由早期的定性评估转向定量评估，从早期单一的性能指针评定转向综合了环境、经济和技术性能的指针评定。评价体系的制定及推广应用对各个国家在城市建设中倡导绿色概念，引导建造者注重绿色和可持续发展起到了重要作用。

2. 我国绿色建筑评价体系不断完善，强调高质量特性

作为规范和引领我国绿色建筑发展的根本性技术标准，《绿色建筑评价标准》自 2006 年发布以来，历经"三版两修"，2019 版标准是经广泛调查研究，认真总结实践经验，参考有关国家标准，并在广泛征求意见的基础上修订的（见表 6-1）。

2019 版标准修订的主要内容包括：重新构建了绿色建筑评价指标体系，调整了绿色建筑的评价时间节点，增加了绿色建筑等级，拓展了绿色建筑内涵，提高了绿色建筑性能要求。其中，在绿色建筑评价指标体系方面，形成了安全耐用、健康舒适、生活便利、资源节约、环境宜居、提高与创新六大指标，评价等级在一星级之前增加了基础级，形成了四个级别的评价等级。

表 6-1 三版《绿色建筑评价标准》对比

对比项		2006 版标准	2014 版标准	2019 版标准
评价类型		公共建筑和住宅建筑	各类民用建筑	各类民用建筑
评价阶段		设计评价：施工图设计文件审查通过后 运行评价：竣工验收并投入使用一年后	设计评价：施工图设计文件审查通过后 运行评价：竣工验收并投入使用一年后	预评价：施工图设计完成后 评价：竣工验收后
评价指标	指标体系	节地与室外环境 节能与能源利用 节水与水资源利用 节材与材料资源利用 室内环境质量 质量运营管理	节地与室外环境 节能与能源利用 节水与水资源利用 节材与材料资源利用 室内环境质量 施工管理 运营管理 提高与创新	安全耐久 健康舒适 生活便利 资源节约 环境宜居 提高与创新
	指标性质	控制项、一般项和优选项	控制项、评分项和加分项	控制项、评分项和加分项
	指标权重	无	控制项：无 评分项：有，权重值均小于1 加分项：有，权重值为1	控制项：无 评分项：有，权重值均小于1 加分项：有，权重值为1
	评定结果	控制项：满足或不满足 一般项：满足或不满足 优选项：满足或不满足	控制项：满足或不满足 评分项：分值 加分项：分值	控制项：达标或不达标 评分项：分值 加分项：分值
评价等级		一星级 二星级 三星级	一星级 二星级 三星级	基本级 一星级 二星级 三星级

（续表）

对比项	2006版标准	2014版标准	2019版标准
评价等级确定方法	满足所有控制项的要求，按满足一般项和优选项的数量确定星级	满足所有控制项的要求，按满足评分项和加分项的数量确定星级	满足控制项的要求即为基本级，满足所有控制项的要求，且每类指标的评分 ≥ 40 分，按总得分确定星级
评价等级的前置条件	无	无	全装修 围护结构热工性能 节水器具等级 住宅建筑隔声性能 室内主要空气污染物浓度降低比例

2019 版标准修订改变了以往"重技术轻感受，重设计轻运营"的模式，形成了高质量绿色建筑评价体系，并与强制性工程建设规范有效衔接，房企在建造绿色建筑时，可重点考虑这六大指标。

第三节
全周期绿色化：设计、供应链、建造、运营、改造

对于势在必行的绿建升级，如何真正实践成为众多房企当前面临的一大难题。

绿色建筑将可持续发展理念融入了建筑的全寿命周期，因此房企必然要对传统的建筑业务模式进行全周期升级，包括设计、供应链、建造、运营、改造（见图 6-5）。

图 6-5　绿建全周期升级路径

一、绿色设计：建立绿色建筑标准，应用绿色技术

设计是开启绿色建筑的第一步。前期建立好绿色标准，研究好绿色技术，绿色设计的完美落地才有坚实的基础。

1. 将绿色理念转化为绿色要求

绿色建筑、建筑工业化属于建筑领域的前沿趋势，房企在开展工作时，往往需要"政策先行"。房企要想将绿色建筑从单纯理念、单个项目转化为普遍能力，就必须制定适配企业的绿色建筑标准，形成清晰指引。

例如，招商蛇口就在双碳目标的指引下，编制了《能效管理工作指引》《招商蛇口住宅绿色技术应用指引》《招商蛇口住宅绿色健康技术指引 2.0》，以指导低能耗建筑、超低能耗建筑、零能耗建筑的建设。

旭辉在对绿色健康智慧产品体系进行更新升级时，编制了《旭辉集团 HUMAN 智慧健康生活 3.0 设计指引》，该指引包含《绿色建筑操作表单》和《健康建筑操作表单》，绿色建筑部分在国家标准的基础上叠加了 36 项二氧化碳减排措施，对绿色建筑的设计提出了更高的要求。

此外，房企在探索和研究绿色技术的同时，应积极组织并参与行业交流与标准制定，发挥绿色影响力，从而促进行业实现可持续发展。

2. 重视绿色技术的研发

房企应高度重视绿色技术的研发及创新，持续开展创新人才培养，围绕工业化建造体系、绿色建筑、智慧运维、生态环境、可再生能源、废弃物处理等方面开展深入研究，以创新理念和创新成果促进人居、生活、环境的可持续发展。

为了响应国家号召，金地在 2021 年结合客户调研，开展了以客户需求为导向的绿色健康住宅体系研究。结合《绿色建筑评价标准》、LEED 认证等应用广泛的国内外先进认证体系，金地制定了《Gemdale WISE 绿色健康设计导则》，解决了客户最关注的绿色健康需求，为项目设计提供了直观、科学、有效、经济的绿色指导，提升了项目品质。

此外，房企应努力依托自身业务，打造开放的研发、转化、落地平台，与优质研发企业共同推进技术创新与落地。

二、绿色供应链：建立绿色建材供应链，推动绿色采购

为了实现可持续发展，建筑材料的选取必然要遵循高性能、多功能、低能耗。房企应将绿色理念融入采购与供应链管理，借助绿色采购，带动供应链绿色转型，包括构建绿色供应链名单、加强重点材料的合规追踪等。

1. 优先采购和使用环境友好型原材料、产品和服务

绿色建材是指在全生命周期内可减少对天然资源的消耗和减轻对生态环境影响，具有节能、减排、安全、便利和可循环特征的建材产品（见图6-6）。因此，房企需要积极推动供应链绿色转型，将环境保护、资源节约、安全健康等因素充分融入招采过程，完善绿色采购管理制度。

七类产品：砌体材料、保温材料、预拌混凝土、预拌砂浆、节能玻璃、陶瓷砖、卫生陶瓷

绿色建材评价体系

- 控制项：主要包括大气污染物、污水、噪声、工作场所环境、安全生产和管理体系等方面。
- 评分项：从节能、减排、安全、便利和可循环五个方面对建材产品全生命周期进行评价。
- 加分项：重点考虑建材生产工艺和设备的先进性、环境影响水平、技术创新和性能等。

- 节能：包括单位产品能耗、原材料运输能耗、管理体系等要求。
- 减排：包括生产厂区污染物排放、产品认证或环境产品声明（EPD）、碳足迹等要求。
- 安全：包括安全生产标准化水平、抗冻性、抗压强度等要求。
- 便利：包括易施工性、尺寸精度、适用性、经济性等要求。
- 可循环：包括生产、使用过程中废弃物回收和再利用的性能指标。

图6-6　绿色建材评价体系

例如，金茂装饰就根据自身情况制定了《金茂装饰绿色建造管理体系》，要求供应商必须使用新型、环保的绿色低碳材料，摒弃高污染、低环保、高能耗的材料和设备。

2. 构建绿色供应链名单

在选择符合双碳要求的建材品类和供应商时，房企需要明确供应商审核标准和绿色建材认证标准，以标准为入围卡尺，构建绿色

供应链名单，并对其进行动态管理，以保证供应商合法、守信、绿色。

比如，朗诗自 2016 年起就对供应链上游企业进行环境合规检查，将环境合规要求纳入招标文件，要求投标企业在第三方独立环境中心所开发的蔚蓝地图中提供环境监管信息依据。

中海则通过梳理全系统内集中采购的类别以及制定建筑材料采购指导规范，对建造过程中的瓷砖地板、厨房卫浴、门窗五金、机电设备、电气配套、水暖配套等产品进行把关，并实时更新合格供应商名单，剔除不合格供应商。

除自身建立标准之外，房企还可以与第三方环保机构合作，由第三方环保机构进行供应商管理，比如多家房企与阿拉善 SEE 环保机构合作开展房地产业绿链行动。第三方环保机构提供技术支持和技术整改方案，推选环境表现良好的供应商进入推荐采购名单，从而形成供应商白名单、绿名单以及黑名单。

3. 加强重点材料的合规追踪

目标的设置是基础，更为重要的是建立一套监督体系，让房企在落实双碳目标以及实现可持续的道路中提升效率，完成自检。一些房企建立了材料溯源机制，为绿色供应链提供了关于绿色、环保审查的支持。

比如，自 2015 年开始，万科在全集团实施"天网行动"，制定并持续迭代《万科天网检测实施管理办法》《万科集团工程天网检测实施方案》《万科集团集采产品天网检测标准》，对建筑材料进行合规检查，以杜绝假冒伪劣材料进入万科的项目工地。

三、绿色建造：应用建造产业化新技术，降低建造环节碳排放

建造现场容易污染土壤，同时产生噪声、扬尘、建筑垃圾等，

这是房企达成双碳目标需要攻克的重点和难点。

1. 做好绿色施工管理，避免资源浪费和环境污染

建造现场常见的问题可分为两类，即资源浪费和环境污染。因此，绿色建造的第一步就是做好施工现场的绿色管理，在保证质量、安全的前提下，最大限度地节约资源以及减少对环境的影响，实现"四节一环保"。

例如，针对噪声和扬尘问题，许多房企都会在项目现场安装当前较为先进的扬尘噪声检测系统，通过在线监测系统、数据显示分析系统、预警控制系统、喷淋系统（雾炮）、无线传输系统、后台数据处理系统等，实现对扬尘、噪声、温度、湿度、风速、风向、大气压、降雨量等数据的实时监测。

除了引进更先进的绿色环保技术，房企还要对原有的静态管理理念进行全面优化，通过构建全过程动态管理体系，对各个环节进行全方位监督和管理，并将绿色施工管理理念落实到工程建设的各个环节，以确保所有人员都能严格按照要求进行施工。

2. 积极研发与应用绿色建筑体系，升级施工工艺

近几年，各大房企都在推动以"两提两减"为导向的建造技术升级。例如，保利的新建造 2.0 体系、万科的"5+2+X"建造体系、碧桂园的 SSGF 建造体系、龙湖的"33321"建造体系、越秀的 SSCS2.0 建造体系、旭辉的透明建造体系、东原的精工建造体系等（见表 6-2）。

不难发现，虽然各家房企建造体系的叫法不同，但核心工艺其实相差无几，主要包括铝合金模板、全现浇外墙、智能爬架、高精砌块、免/薄抹灰以及穿插施工。上述新技术基本都是头部房企已经在广泛应用的，且其提质增效效果明显，其他房企在进行绿建技

术创新时，可以直接采用或参考。

表6-2　标杆房企新建造体系中的核心新技术、新工艺

房企	建造体系名称	核心新技术、新工艺
保利	新建造2.0体系	铝模系统、全钢爬架、全现浇外墙、高精砌块＋薄抹灰、装配式隔墙板＋免抹灰、楼层截水及成品保护方案、装配式PC（混凝土预制件）
万科	"5+2+X"建造体系	系统模板、全混凝土外墙、装配式内隔墙、爬架、穿插提效、适度预制、装配式装修
碧桂园	SSGF建造体系	附着式爬架、铝合金模板、全现浇外墙、高精度地面、楼层截水系统、预制墙板、整体卫浴、PVC（聚氯乙烯）墙纸、全穿插施工
龙湖	"33321"建造体系	铝模、爬架、高精砌块、抹灰石膏、全砼外墙、墙面涂装板、整体卫浴、集成吊顶、干式地暖
越秀	SSCS2.0建造体系	全现浇外墙、高精砌块、免/薄抹灰、铝模、爬架
旭辉	透明建造体系	铝合金模板、外墙爬架、井道式电梯、全砼墙体、免/薄抹灰
东原	精工建造体系	铝模、装配式PC、楼层截水系统、全现浇外墙、薄抹灰、高精砌块

近几年，行业新技术如雨后春笋般出现，如何选择成为房企面临的一大难题。在引进新技术之前，房企应对该技术的使用情况进行全面分析和调查，了解该技术在使用中的优缺点及其他信息，做到既有充分的思想准备，又可参照他人的经验进行完善。但是部分房企在引进新技术的时候经常会犯一些错误：要么不做调研，要么过于极端，只选最新的、最先进的技术。

房企在对新技术进行分析和调查时，要着重注意三点：先进性、成熟性、实用性。先进性解决的是技术落地之后，未来能不能长期为房企所用的问题；成熟性解决的是应用新技术时面临的一些未知风险；实用性解决的是技术落地之后能不能真正为企业所用的问题。

四、绿色运营：降低运营阶段能耗，打造绿色社区

产品交付并不意味着双碳工作的结束。据统计，建筑运营阶段的能耗及温室气体排放约占建筑全生命周期的 70% 以上。因此，房企不仅要在建筑开发和施工过程中落实节能、减排、降污等可持续发展理念，还要在物业管理、酒店运营、文旅项目运营等各项业务中全面推行绿色低碳运营措施，从而在助力国家实现双碳目标的同时，让客户切实体会到绿色舒适的服务。

1. 暖通空调是减少建筑运行能耗的关键

暖通空调是建筑领域节能减排的关键。据统计，我国社会总能耗约有 50% 源于建筑，而建筑能耗的 60% 又源于暖通空调及相关系统。

资料显示，近年来我国冬季取暖从火炉直接取暖发展到暖气片取暖，再发展到"毛细管网辐射采暖与制冷""太阳能""恒温系统""新风系统""安保系统与智能化控制"，通过多年技术进化，节能效果显著。以济南为例，即使单纯采用"毛细管网地板采暖系统"，在现有热源不增加热力负荷的情况下，现在的供热能力可由 52.8% 提高到 71.6% 以上，年节约标准煤 40 余万吨，可减少二氧化碳排放 100 余万吨。

2. 大力推广清洁能源和可再生能源，从源头进行高效的能源管理

我国建筑运行的能源供给和消费结构离清洁低碳要求还相差甚远。2019年，在建筑运行终端能源消费中，煤炭、天然气、LPG（液化石油气）等化石能源的占比达46.6%。此外，随着生活水平的不断提高，人们对生活环境舒适度的要求也在不断提升，采暖、空调、生活热水、家用电器等终端需求持续增长。因此，房企要想降低建筑运行阶段的碳排放量，需要优化能源结构，大力推广清洁能源和可再生能源。

保利坚持以节能提效为目的的能源管理思路，在商业项目应用方面制定了《能源管理办法》《分体式空调管理指引》《公共照明管理规程》等内部指引，关注各类生产运营中的能源消耗数据，定期监测公司持有和运营项目的电耗、油耗情况，同时大力推进清洁能源和可再生能源在日常运营中的使用，从源头进行高效的能源管理，将太阳能光电技术作为项目公区照明电力补充，使用浅层地源热泵、空气源热泵技术替代热水、空调系统。

此外，房企可以在农村地区加快推广利用可再生能源的被动房技术，优先做好农宅外墙、门窗、屋顶保温改造，从根本上解决北方农村房屋热损失大、不节能的问题。

3. 引入智能运维等数字化技术，充分挖掘节能潜力

在建筑运维阶段，数字化管理节能控制技术具有较高应用价值。数字化运维系统能够全面检测室内的各类设备，获取工况、功能等具体数据和参数，深层次评估各类设备的运行状态并修正缺陷，从而提高整个建筑能源能效管理和控制的精细化、信息化水平，保证各类设备安全稳定运行，控制人力成本和能源损耗。

龙湖在 U 城天街项目里，从管理和技术层面实现了节能减排。

首先，在技术层面引入数字化系统。2017 年 9 月 U 城天街 B 馆开业后，上线了能源管理平台，通过系统读取用电数据，更加精准地实现供电系统总支平衡（平衡度误差小于 2%）。随后，楼宇设备智能化运行管理系统上线，将线下运行时间表植入系统，通过平台的智能管控，全面提升设备管控精度。

其次，在管理层面，龙湖不断升级节能减排技术，完善节能管理体系。例如，龙湖实时跟进客流密度及运营活动需求，精准调整设备（调节照明、开关电梯等）。在水耗管控方面，每月监控卫生间用水量与客流数据，针对洁具冲水量较大的情形，适时调节相应角阀开度以达到合理使用的目的。

通过一系列节能技改举措和上线智能平台，龙湖 U 城天街的总能耗呈明显下降趋势，节能减排效果显著。

五、存量改造：对现有的高耗能建筑进行存量改造

目前，既有建筑量大面广，但其中绿色建筑的占比很小，因此，既有建筑的绿色改造将是绿色发展的必由之路。

1. 与新建建筑相比，既有建筑绿色改造的碳减排潜力更大

住房和城乡建设部将"绿色改造"定义为：以保障建筑安全、节约能源资源、改善人居环境、提升使用功能等为目标，对既有建筑进行维护、更新、加固等活动。

面对城市化的快速发展、资源储量有限的现状，"大拆大建、用后即弃"的粗放型建设方式和"拉链式"缝缝补补的改造方式已不能适应新时代高质量、绿色发展的战略要求。"存量优化和新建提升并举"的新型建设方式，是建筑领域落实绿色发展的重要途

径。而当前，我国既有建筑存在存量大、能耗高、寿命短、问题多等诸多弊端（见图6-7）。

存量大
我国既有建筑面积已突破600亿平方米，每年的新增量约为20亿平方米。

能耗高
我国城镇既有建筑中仍有约60%的不节能建筑，能源利用效率低。

寿命短
因规划不合理、建设标准低等问题，我国建筑的平均寿命约为30年，与美国的74年、英国的132年相比，可谓是"短命"建筑。

问题多
包括结构安全失效，功能退化严重，管网老化，停车、电信等基础设施缺乏，绿地率不达标，绿化管理差，以及室内环境质量差等突出问题。

图6-7 既有建筑存在的问题

2. 既要考虑节约资源，又要突出以人为本

房企在进行绿色建筑改造时，为了实现社会效益和经济效益的双赢，必然要参考住房和城乡建设部发布的《既有建筑绿色改造评价标准》。

2020年，为贯彻落实绿色发展理念，引导既有建筑绿色改造高质量发展，满足人民日益增长的美好生活需要，《既有建筑绿色改造评价标准》的修订工作启动。此次修订优化了指标体系，在考虑资源节约的同时，突出以人为本，增设了健康舒适、生活便利、环境宜居等可感知指标，以提升群众对建筑绿色性能的主观感受（见图6-8）。

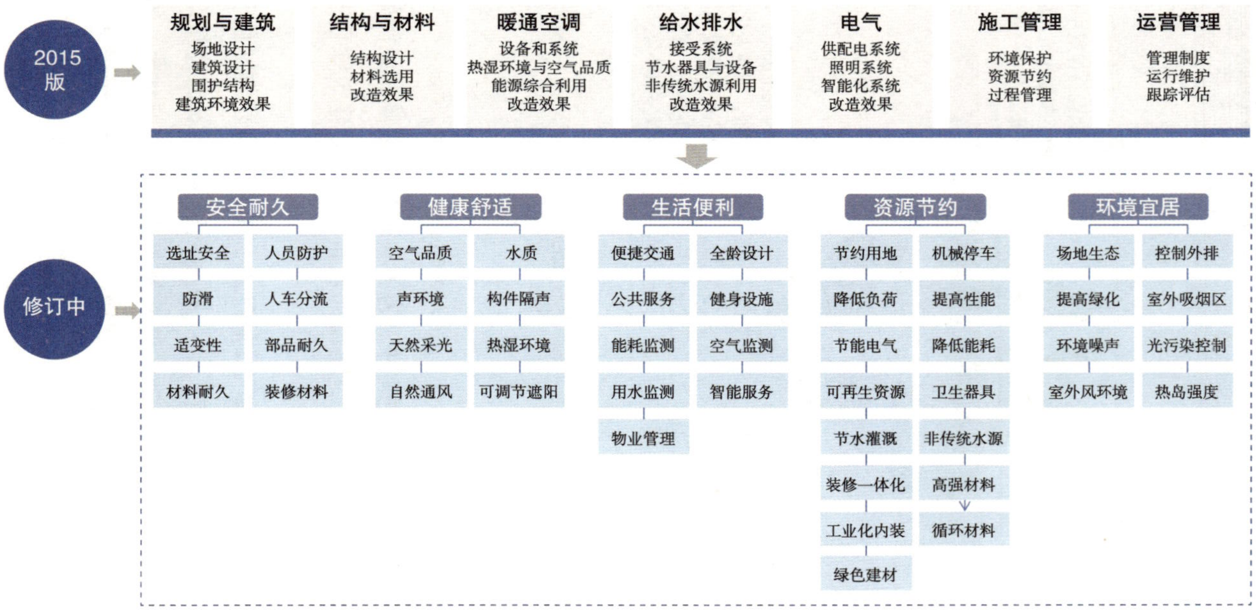

图6-8 《既有建筑绿色改造评价标准》修订对比

3. 降低建筑运行能耗是建筑绿色改造工作的关键

如何做好既有建筑的绿色改造？一般来说，既有建筑的绿色化可以从以下七个维度展开：既有建筑围护结构绿色化改造，照明系统绿色化改造，采暖空调、热水系统节能，其他机电系统节能，节水系统技术，可再生能源利用，运营管理（见图6-9）。

既有建筑围护结构绿色化改造
墙体、屋面、门窗、外遮阳等

照明系统绿色化改造
自然采光、高效照明灯具、智能照明控制系统等

采暖空调、热水系统节能
高效空调系统、变频技术、冷热电三联供等

其他机电系统节能
能源管理系统、电梯智能控制系统、灶具节能等

节水系统技术
管网改造、节水器具、非传统水源利用等

可再生能源利用
太阳能热水、太阳能发电、地源热泵等

运营管理
能耗监管平台、运营策略等

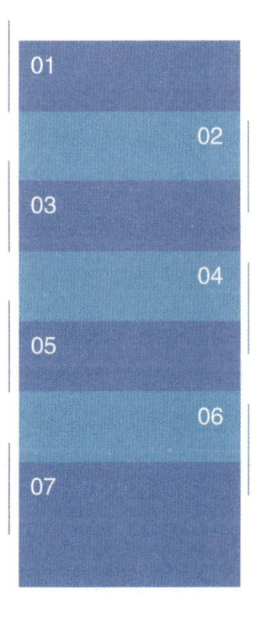

图6-9 既有建筑的绿色改造

昆山市公民道德馆原建筑建造于2004年，在绿色改造前处于空置状态，建筑面积为680平方米。2018—2019年，该建筑进行了绿色改造。

在改造过程中，该项目强调从建筑全生命周期进行科学部署、环环把控，以最大限度地节约资源、保护环境、减少污染，实现改造全过程绿色管理，成为健康、适用、高效的使用空间。

其绿色改造主要包括三点。

一是结构加固，提升建筑安全性。先诊断、后判定，改造需要改造的部位。由于功能发生很大变化，此次改造需要保留原框架，以便进行立面造型和空间布局。改造前相关单位对原结构安全性、抗震性及耐久性进行了鉴定和评估，采用"粘贴钢板及粘贴碳纤维"加固。

二是节能降碳，提升技术应用性。以节约资源为前提，按需改造暖通系统、照明系统与智能化应用系统，建成后的公民道德馆的总体建筑节能率达到了 65% 以上，取得既有建筑绿色改造三星级设计标识，绿色技术和理念得到了集中体现和展示。

三是因地制宜，提升功能实用性。引入海绵城市理念，室外场地采用透水铺装，进行雨污分流改造，利用人工湿地和生物滞留器处理和利用雨水。同时，保留了原建筑中的一棵多年生含笑树，增设屋顶休憩场所，把自然空间还给大众。

第四节
中海的绿色建筑实践之路

随着双碳目标的推进，以人为本、强调性能、提高质量的绿色建筑发展模式成为行业导向，而诸多头部房企也率先启动了绿色发展战略。我们选取 2022 年中国绿色低碳地产指数第一名的中海作为案例，剖析其绿色建筑实践之路。

中海近年来一直致力于推进绿色建筑研究，并积极探索双碳发展策略以及实施路径，相继制定了《中海发展绿色低碳技术体系》《中海发展绿色健康助战标准（低碳升级版）》等，这为其可持续发展奠定了坚实的基础。2022 年，中海正式启动了双碳战略，力求走出一条低碳与发展并重的道路。

本节对中海的战略和其近几年在绿色低碳方面的动作进行了梳理，总结出了中海的可持续绿色发展战略（见图6-10）。中海将绿色低碳理念全面融入建筑全生命周期，从设计、供应链、建造和运营四个维度持续进行绿色发展，并以专项小组为组织保障，为绿色发展提供专业支持。此外，中海还大力推进绿色金融，用绿色债券为可持续发展提供资金保障。

图6-10 中海可持续绿色发展战略

相对于传统建筑而言，绿色建筑不是某一环节单一的绿色化，而是全生命周期的绿色化。因此，我们在剖析中海的绿色实践时，重点对其在设计、供应链、建造以及运营层面的绿色化做法进行剖析。

一、坚持绿色的可持续建筑设计，打造以人为本的生活空间

在设计层面，中海建立了一套科学、合理、可操作的标准体系，力争为客户提供系统化、专属化的健康守护。研发团队参照30多项国内外以及行业和地方标准，结合自研技术和产品特色，最终经过客研筛选，确定了131项健康技术，形成了《中海绿色健康住宅企业标准》（见图6-11）。

居家	出行	社交	健身	康养	服务	应急
洁净空气 健康用水 健康材料 健康光环境 宁静声环境 舒适热环境 悦享空间	绿色健康 出行环境 安全出行 无触控进出 流线组织 便利采购	室外交往空间 室内交往空间	多样运动空间 鼓励运动	幸福养老	设备设施维护 检测与展示 无毒害消杀 物业救助 健康意识培养	进出管理 健康单元 无接触配送 住区应急安全防护

中海绿色健康住宅企业标准：7大场景、26个板块

图6-11 《中海绿色健康住宅企业标准》的主要内容

该标准坚持以人为本的理念，从时间和空间维度考虑客户行为，构建了居家、出行、社交、健身、康养、服务、应急七大场景，获得了国内外健康建筑标准制定机构的认可。以水系统为例，一般房企只关注水质，而中海还关注饮用水的口感问题，对可能影响水质观感、甜度、涩度以及可能产生气味的九类污染物制定了详细量化标准，并对相关技术和设备进行达标论证。

例如，位于广州的中海观澜府是中海竭力打造的项目之一，该项目全方位落实了高质量的健康体系，家居配套全面满足成人及儿童的需求。在温度方面，中央空调系统可以保持目标温度恒定，从

而让住户长期处于舒适状态；在空气方面，HEPA（高效空气过滤器）滤网可以确保室内空气清新；在水健康方面，中海从社区饮水的源头着手，配置了中央直饮水机房，配备循环杀菌功能；在噪声防范方面，同层排水、中空LOW-E（低辐射）玻璃、楼板隔音垫等可以隔离喧嚣。

二、构建绿色供应链，推进绿色物料采购标准化

在供应链层面，中海要求开发团队选择对环境影响低、可供人类安全无害使用的材料，并对供应链的环境影响进行监测和管理。中海参照国家《绿色建筑评价标准》，制定了《中海绿建技术手册》，规定各项目需要遵循不同的绿建星级要求。

建立符合行业发展走向的、明确可量化的绿色采购标准是中海打造绿色供应链的关键。中海的绿色采购目标是，2021年年底前完成绿色采购品类标准的制定，2023年前实现绿色建材、绿色产品的采购数量不低于60%。基于此，中海制定了绿色标准，产品层面覆盖绿色产品、绿色建材、碳足迹评价、十环认证等，企业层面则覆盖绿色工厂、绿色企业、ISO5001能源管理体系认证等。此外，为了推动供应商开展绿色产品认证，中海主动发出倡议书，鼓励现有供应商收集和提供绿色产品认证。

材料检查对于绿色供应链至关重要。为此，中海开展了"天网行动"，严格把控材料检查，杜绝不良材料。同时，在打造绿色供应链的时候，与供应商的持续沟通也非常重要。中海会定期就内部需求和最新行业标准与供应商开展交流，通过供应商大会、技术交流会等活动，明确双方的目标和发展方向，共建互利互惠的可持续供应链。

三、减少建造阶段的环境污染与资源浪费

对于建造阶段而言,最主要的问题就是环境污染与资源浪费。

针对环境污染,中海开发了环境数据监控平台,实时监测施工现场的空气污染、噪声污染、温度、风速等环境数据,确保及时发现超标情况。一旦发现潜在的环境问题,工程部门的工作人员将使用移动应用程序进行实时汇报,以保障环境污染问题能够快速解决(见表 6-3)。

表 6-3 中海工地环境监测项目

问题	解决措施
空气污染	施工现场尽量做硬化地面处理,对易扬尘的材料用篷布或防护棚覆盖;此外,一些项目还会进行临时绿化工作,以避免和减少水土流失产生的扬尘
水污染	严格遵守国家和地区的污水排放标准,设置排水沟,将污水排入沉淀池,达标后排放至指定地点,并委托第三方公司定期对污水质量进行检测;实施雨污分流,在施工现场设置独立的雨污管网系统
有害废弃物污染	将化学品储存在受隔水层和不透水混凝土保护的位置;全数建筑工地至少设置三个垃圾池,用于存放各类有害废物、可回收物料和其他废物;建筑工地的有害废物必须独立存放在指定的密封容器中,并由合格的专业处理公司转运
噪声污染	在施工现场设置临时声屏障,严格限制作业时间,对噪声较大的机械设备采取防噪、降噪措施,以降低噪声对现场工人及周边居民的影响

针对资源浪费,中海积极对施工人员及承包商进行关于节水节能、废物回收利用的培训和教育,鼓励承包商回收废弃的建筑材料(见表 6-4)。

表6-4　中海的资源节约措施

管理项	管理措施
建筑材料管理	限额领料：每个月由项目物资部对材料消耗和节约率进行计算，限制每次领取的建筑材料数量，以避免浪费或过度使用建筑材料。 建筑材料循环使用：对废瓷砖和石材等建筑材料进行再利用，收集电缆线、钢筋、铁丝、铁钉等金属报废材料，分类储存后出售给第三方公司。 节约水资源：部分建筑工地建有雨水收集系统，可将雨水用于道路清洁、绿化、防火、防尘等
现场设施管理	临建房屋：在工程完结后拆卸并转运至下一个施工现场，重复使用装配式盒子房。 办公室：敞开式格局的现场办公室采用自然光、自然通风，并安装节能灯管。 仪表监督：在施工现场安装仪表，每月填写"能源计量网络图"台账，以监督工地能源消耗

四、构建智慧运营模式，打造绿色健康的生活

早在 2017 年年底，中海就建立了能源管理平台，通过大数据优化能源利用。中海自建的写字楼项目能耗信息平台的覆盖率达 100%，可实时检查建筑情况。同时，中海所有运营中的商业项目几乎都进行了节能改造，包括将高能灯具替换为节能灯具，改造空调与采暖系统的冷热源及管网节能工程，通过系统变频改造及加装智能控制器来降低能耗，等等。通过落实上述措施，中海商业项目和办公场所的能耗共降低了 3.2%。

此外，在住宅项目上，中海还从居住细节上大力推广清洁能源，减少资源浪费。例如，很多业主对即时热水有强烈需求，但现

有热水系统在无人时段的能源浪费以及带来的高成本，给业主造成困扰。对此，中海采用了随用即热系统，通过自定义智能热水巡航模式来满足业主需求。另外，在公共区域，中海通过智能化技术联动门禁系统、梯控系统、灯光系统等，在无人时段降低能耗，从而达成绿色环保与生活品质的统一。

随着我国城镇化步伐的加快，城镇房屋数量将进一步增长，建筑耗能和碳排放量将进一步增加，建筑降耗减排迫在眉睫。绿色建筑不但能够在全生命周期内实现节能、节地、节水、节材，与自然和谐共生，而且在已有的可再生能源技术的支撑下，绿色建筑及由绿色建筑组成的城市社区可由单纯的能源消耗者转变为可再生能源的提供者，从而在碳中和路径中扮演不可或缺的重要角色。房企应积极投身绿色建筑领域，从设计、供应链、建造、运营以及存量改造五个方面发力，力争成为绿色发展的实践者与领路人。

第七章 数字化助力房地产业腾飞

数字化浪潮正在将我们推向一个全新的时代——数字化时代，数字化使经济社会的运行规律发生了根本改变。随着云计算、物联网、人工智能、5G等技术的成熟，数字化对人类社会的影响逐渐深入各个角落，几乎所有的生活场景和商业场景都在被数字化重构，所有的规则和体系也正在被数字化优化。

如今，数字化正在快速颠覆房地产业的游戏规则，快速拥抱数字化的房企才能灵活应变、先人一步。在行业下行的背景下，一些在早期就进行数字化转型的房企，不仅保持了稳健发展，还通过数字化焕发了新的生机。

那么，到底什么是数字化转型？概括来讲，就是企业将数字技术运用于运营、组织建设、产品生产、营销以及客户服务等环节，在提供企业经营解决方案和与客户的互动中推动业务创新。数字化就是建设一个企业级数字生态系统，在这个系统中，员工、客户、合作伙伴、供应商和外部资源方和谐运转，从而产生大量的数据资产，为企业带来巨大价值。

数字化为房企带来的红利显而易见：其一，打造经营闭环，实现核心业务的增质提效；其二，突破传统物理架构调整的瓶颈，实现组织能效的飞跃；其三，沉淀数据资产，以便进行商业模式创新。

数字化让精益思想在房地产项目管理和企业管理中变得更加具象，使精益思想更加清晰地呈现在人们的脑海中。

接下来，本章选取目前房企普遍关注的几个核心业务环节——投资、成本管控、供应链管理、营销、物业服务，全面论述房企在这些环节存在的痛点，深度分析数字化如何全面重构房企业务模式，推动业务的精益升级。

第一节
数字化助力投运一体，保障经营目标全达成

行业盈利空间大幅收窄，保利润成为房企经营的第一要务。在商品房限价政策下，单项目的投资成本基本决定了其未来的利润空间，投资环节作为房企利润空间最大的一环，其重要性不言而喻。同时，房地产业从过去每个城市、每个项目都盈利，到现在大量项目不赚钱甚至亏损，行业容错率已经极低，投资精准与否不仅决定着项目是否盈利，甚至决定着房企的生死。

显然，当下的市场环境对房企的投资精度要求大大提高，拿地稍有不慎就会满盘皆输。以精益思想指导投资拿地，推动投资的精益升级，已是迫在眉睫。投资的精益升级主要体现在两个方面：一是要实现精益的投前管理，包括精确且高效的投资测算、投资过程管理；二是要实现精益的投后管理。房企应基于项目全周期视角，实现投前、投后一体化拉通，真正做到"拿地即承诺、承诺即目标"，以确保项目经营目标的最终兑现。

要想将精益思想真正融入和应用于房企的投资决策，离不开落地工具，这个关键利器便是数字化。未来，房企必须借助数字化手段来提升投拓能力，实现投资的精益化。

一、房企投资管理的痛点及核心挑战

如今，城市分化、地块分化的特征越来越明显，热门地块依然被房企争抢，竞争激烈。能否拿地取决于房企的出价能力，而出价能力又取决于两个方面：一是投前测算的精度，二是投后的操盘能力。从投前和投后两方面看，目前房企在投资管理环节有四大痛点。

第一，缺少外部数据，从而影响投前测算的准确性。为了比较准确地预测每个拟投项目的利润率，在投前测算阶段，房企需要引入大量的数据进行分析，包括土地成本、前期费用等，其中最大的不确定性是未来售价和流速的变化。如果房企能够引入城市房价、竞品价格等外部数据并进行全面测算，那么这将极大地提升投前预测的准确性。然而，如何准确、及时、完整、全面地获取外部数据，一直是众多房企的困扰。

第二，缺乏内部经验数据沉淀，无法支撑投资测算自动化。过去，房企往往通过线下手段管理项目信息，加上项目周期长、人员流失等因素，过往的经营数据，比如土地信息、测算规则和测算结果等无法有效沉淀，大量数据资产流失。此外，各部门缺乏交圈协同，大量资料分散，项目经验信息不全面等问题，不仅无法支撑项目自动测算，更不利于提高测算的准确性。

第三，供地"两集中"进一步加剧了房企的投拓难度。"两集中"政策对房企的投资能力提出了更高的要求：首先，上会项目数据更多，要求投资测算更快，测算结果更准；其次，各地集中供地规则不尽相同，复杂的土地出让规则要求房企规范投资决策权责，优化投资决策流程，强化内部协同机制，提升土地拓展决策质量；最后，目前房企资金承压，拓展多元化拿地方式成为必选项，比如合作开发、收并购、产业勾地等，这对房企投前管理的灵活性又提出了更高要求。

第四，投前和投后割裂，投资承诺无法在运营过程中有效兑现。过去，房价不断上涨，"拿地即挣钱"思维导致长期以来房企都重点关注如何拿到更多的地并布局更多的城市，对拿地后的运营管理普遍不重视。现在，限价红线高悬，地价也相对平稳，售价、土地成本、建安成本基本可预见，项目毛利率基本确定。所以，后期的运营操盘能力成为房企能否提高项目净利润的核心。此外，不少房企仍延续过去的粗放式运营管理模式，各个业务环节仍存在诸多问题，从而严重吞噬项目利润。同时房企缺乏有效的管理工具，无法对区域公司进行考核，等项目结束后才发现投资拿地时测算的净利润率远远没有兑现。

基于以上痛点，房企迫切需要引入外部数据、沉淀数据资产、复用内部经验数据，从而实现投资测算的自动化和投资管理的在线化。在拿地后，房企需要通过数字化手段动态监控项目利润，精准考核一线，以保障经营目标真正兑现。

二、投前管理：复用经验数据，提升投前测算效率

投前管理一般包括两个核心维度：一是投资过程管理，即对项目的立项、初判、可研、决策与获地等全部过程进行管理，掌握拿地进度；二是投资测算管理，比如测算一个地块的利润水平是否符合投资标准，通过敏感性分析选出最优方案，通过模拟试算测算相关因子调整后的项目利润率，等等。

房企在投前环节如何进行有效的投资过程管理和精准的投资测算？答案是依托数字化手段，实现投资过程管理的在线化和投资测算的自动化。明源云通过多年的行业实践，描绘了投前管理数字化总蓝图，通过引入外部数据和复用内部经验数据，在数字化系统中设置静态测算模型、动态测算模型并进行敏感性分析，从而使投资过程管理在线化，实现投前快速测算、高效拿地、精准决策（见图7-1）。

投前过程一般分为立项、初判、可研、决策与获地五个节点，下面我们基于房企投前环节的核心业务场景，围绕数字化总蓝图来详细阐述数字化系统如何助力房企投前管理精益升级。

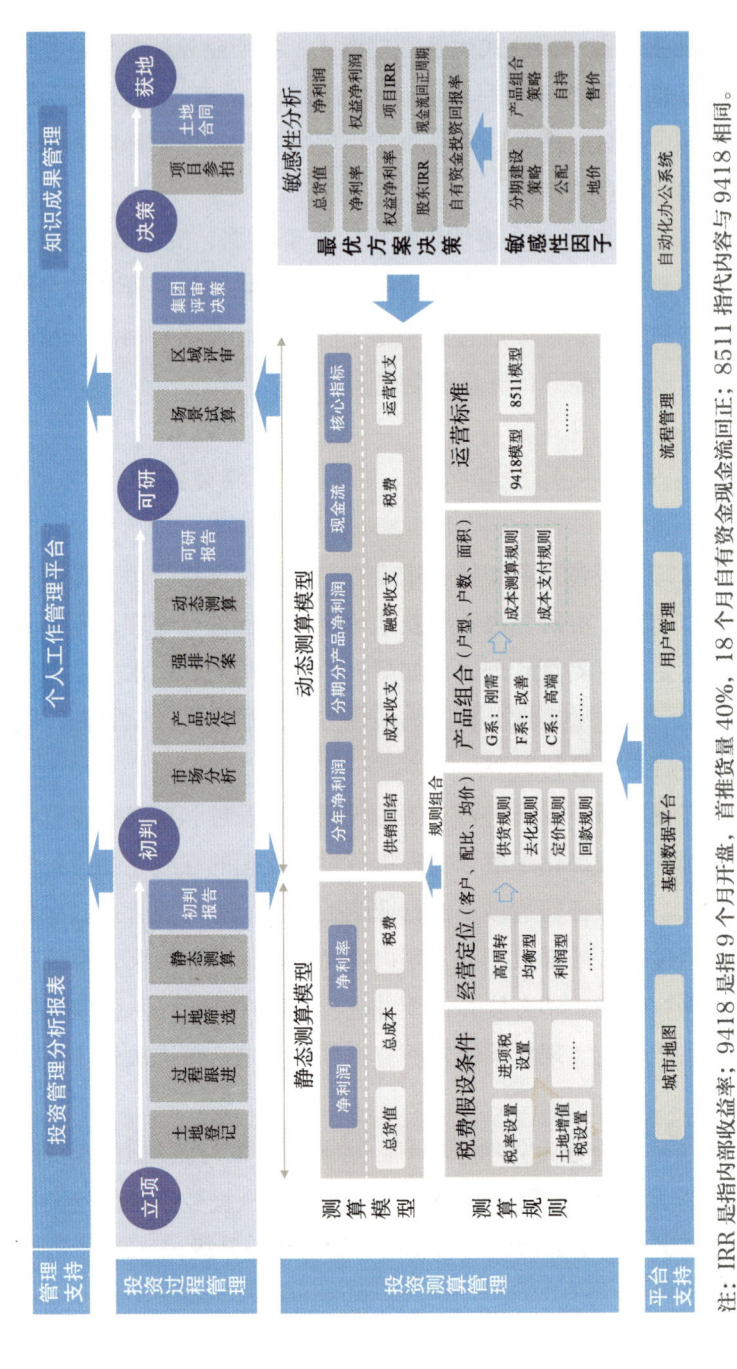

图 7-1 明源云投前管理数字化总蓝图

注：IRR 是指内部收益率；9418 是指 9 个月开盘，首推货量 40%，18 个月自有资金现金流回正；8511 指代内容与 9418 相同。

1. 自动采集内外部数据，形成土地数据库

精准筛选最有投资价值的地块离不开精准的投资测算。房企的投资测算主要依赖三类数据：第一类是外部数据，包括行业、城市运营、竞品分析维度的数据；第二类是待测算项目的基本信息；第三类是过往的历史数据。要想实现对三类数据的全面、及时采集，房企应最大幅度利用数字化手段。

投前测算系统能够自动采集城市最新政策变化信息、城市市场情况和竞品的基础数据，例如楼面价、市场售价、项目流速等，并自动形成相应的分析结论，从而辅助房企做出投资决策。该系统还能自动获取项目信息，包括详细的土地数据、规划条件、区位条件等，并将这些信息自动引入测算模型，随后生成对该地块的价值和风险分析。此外，投前测算系统将经验数据分为强控指标和预警指标，通过比对最新的市场数据，支撑房企投资测算（见图 7-2）。

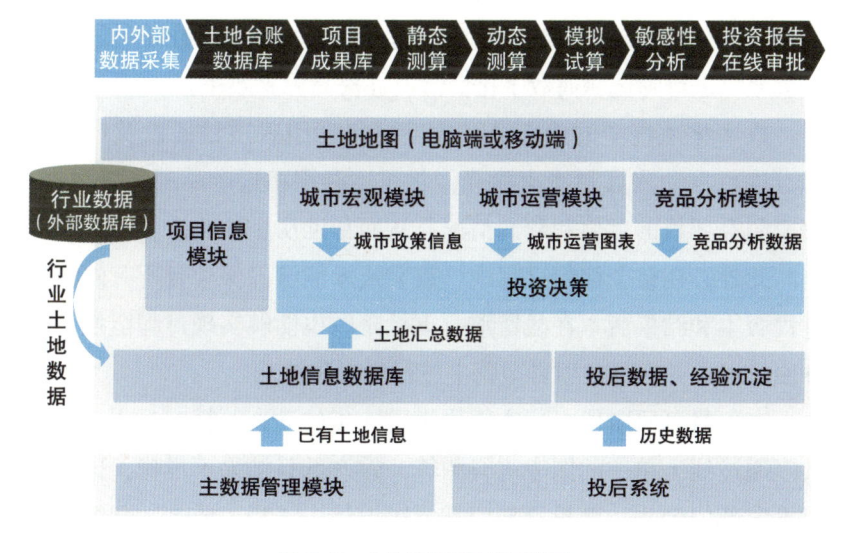

图 7-2 内外部数据采集示意图

在内外部数据采集完成后，房企可以在线构建土地台账数据库和项目成果库，自动引入地块信息，形成完整的土地信息数据库。这可以很好地解决过往土地信息零散以及项目进度跟进不及时的问题：一方面，确保房企将所有土地线索集中入库，及时跟踪土地资源，同时结合所投项目的地理位置信息，在嵌入系统的卫星地图软件上查看地块信息；另一方面，规范拿地过程，确保从土地线索通报到后续立项、预审、决策等环节的管控合规和数据留痕，按阶段高效推动项目进程，并保障所有地块跟踪进度的透明化、在线化、可视化。

当系统沉淀了项目成果之后，业务人员可对项目过程中的相关成果进行集中管控、统一查询和下载，从而避免成果数据遗失。

2. 投资测算线上化，提高测算效率和准确率

在项目初判阶段，房企通常需要快速测算拟投地块的净利润率是否符合公司要求。在集中供地的背景下，房企需要在短时间内对大量地块进行筛选，而数字化恰恰能够提高测算效率。

数字化系统中的静态测算模型可自动引入项目假设及经验数据，进行自动测算和快速筛选，并通过调用相近产品的经验数据，快速测算项目的货值和利润情况，从而帮助房企快速进行初判和筛选。此外，在整个初判过程中，数字技术能够确保项目所有的测算过程版本和结果版本在线留痕，审批阶段也能够实现过程留痕，这方便后续业务人员在项目运营中进行复查和追踪。

在项目可研阶段，房企需要做进一步的动态测算。过去，房企大多通过线下单一的图表进行测算，效率低且结果不准确，这通常由投资部门牵头，而投资部门需要等设计、工程、成本、营销等部门的数据全部给出，才能进行最终的汇总和测算。由于各部门之间的沟通时间长、沟通成本高、配合难度大，工作人员需要投入大量

的时间和精力来解决测算以外的问题。而现在，运用数字化手段，推动多部门在线协同作战，是房企的必然选择。

在可研阶段的投资测算上，数字化系统可通过自动引入费率假设、定价规则等经验数据，快速输出一些核心经营结果指标，比如净利率、项目 IRR、现金流回正周期、股东 IRR、自有资金投资回报率等。

在可研阶段的部门交圈上，基于地块信息，营销与设计部门确定产品定位，运营部门制订运营计划，所有的业务交圈环节都实现在线管理。

如此一来，这不仅极大地提高了测算效率和精确度，还解决了部门之间的沟通效率和成本问题，减少了投资部门的无效工作。

3. 投资决策线上化，提高决策和审批效率

首先，在投资决策阶段，房企会面临不同的细节场景需求和难点，例如：业务人员需要在线下测算很多版本，之后从中挑选一个版本传递给其他部门或者提交给直属领导；在项目评审会或投决会上，领导要求现场调整一些基础数据，同时要实时查看测算结果；业务人员在评审会后需要按照领导的要求，重新测算所有的基础假设。面对复杂多变的决策场景，房企如何才能快速测算、高效决策呢？这仍然离不开数字化。

在数字化技术的支持下，类似的场景需求都可以通过模拟试算中的多版本管理和沙箱管理兑现（见图 7-3）。一方面，数字化系统支持随时创建个人版本的模拟试算，业务人员如果测算了多个版本，想抽取其中之一上报给其他部门，就可以将试算版本的数据一键复制到正式版本中。另一方面，多业务领域的多因子（比如规划指标、节点、价格、去化、回款、成本、费用、融资、结转等）都可在沙箱中灵活配置和调整，从而最大程度地将可变数据纳入试算

模型，使业务人员更高效地完成试算任务。

其次，在项目评审会结束后，业务人员需要通过敏感性分析来选择最优方案。这是因为一个地块的利润水平会受各种敏感性因子的影响，比如土地成本、售价和进度的变化以及地块竞自持的比例要求。反向亦然，项目既要达成利润目标，也要倒推地价和售价的合理范围。

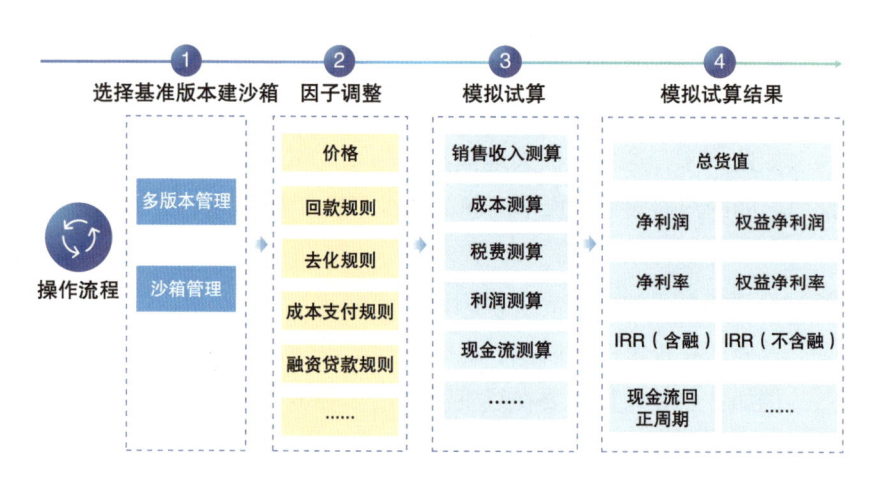

图 7-3　模拟试算流程

敏感性分析可以区分单因子和多因子。比如，通过分析土地成本这个单一因子对利润率的影响，房企可以得出在不同的土地成本下，销售净利率及 IRR 等利润指标的数值变化，并根据利润目标倒推自己可以承受的最高地价水平。

敏感性分析还可以分析多因子的变化对利润率的影响。比如，地价和售价是一个项目可操作空间的上下两块夹板，通过分析地价、售价双因子对利润率的影响，房企一方面可以有效得出在两块夹板的作用下利润率的变化趋势，并从中找出不同售价和地价组合下的最优利润，另一方面可以分析项目利润率对地价和售价的敏感度，从而为项目获取环节的地价预测和运营环节的售价制定提供测算依据。

高效的敏感性分析仍然离不开数字化手段。房企可以通过数字技术对项目进行敏感性分析，并对多个敏感因子进行组合调整，从而生成多种分析结果，业务人员只用从中选取最优方案即可（见图7-4）。

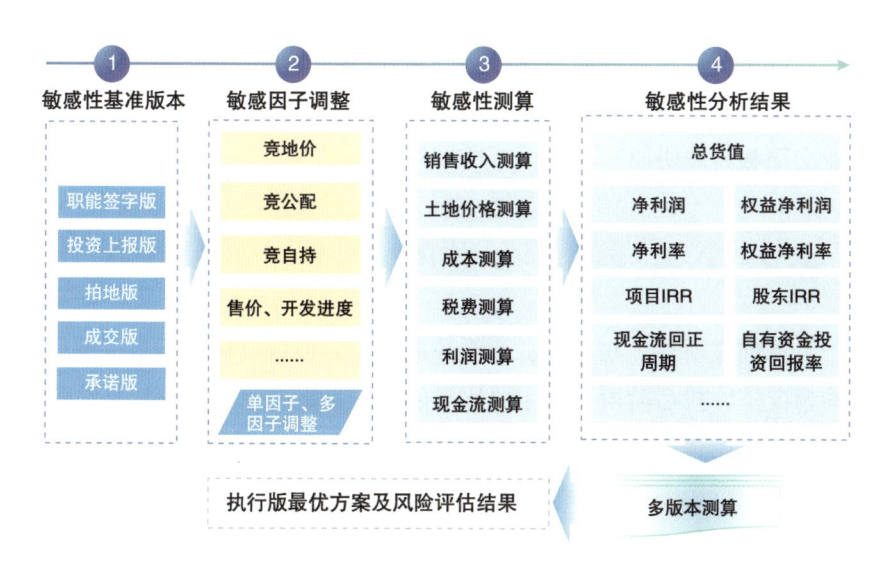

图7-4 敏感性分析流程

这一场景在房企投前环节十分常见，比如集中供地政策涉及竞地价、竞自持等，敏感性分析能够实现与土拍新规高度一致的设定，进而快速分析新数值对项目运营指标的影响。通过对比多个版本，业务人员可以很直观地分辨出哪个组合方案是最好的。

最后，在项目审批环节，结合此前场景下生成的数据结果，数字化系统可快速生成投资报告并支持在线审批。过去，业务人员在完成前面的一系列测算后，还需要花费大量时间加工投资报告，这一过程中还可能遇到人员变动或项目管理疏漏，从而导致项目成果难以有效留存和沉淀。现在，在数字技术的加持下，业务人员提交审批就可以得到投资报告，不仅能从测算模型中调取数据，比如地块信息、合作方信息、项目经营结果等，还可以在审批某些结果指标时，追溯这个指标的测算过程和明细套表，从而大大提高审批效率。此外，线上审批的结果留痕使所有测算的过程数据以及最终的结果数据都能够在线沉淀为数据资产，并复用到下一个项目的投资测算中。

综上，在投前的初判、可研、决策等环节，数字化工具都将全面颠覆传统手工作业，大幅提升各环节的效率和准确性，并强化专业交圈和高效协同。

三、投后管理：推动投运一体化，确保投资承诺可兑现

如前文所述，在房价、地价基本稳定，项目毛利率基本可预见的情况下，投后阶段房企主要比拼的是操盘能力，也就是从拿地到把房子卖出去。这中间的所有环节，比如产品定位、工期管理、税务筹划、营销去化等，都会影响整个项目能不能赚钱。

然而，从项目全周期管理视角看，投前和投后割裂以及项目实际利润率无法兑现，是房企普遍面临的痛点，原因何在？

从前端来看，原因是拿地时的投资测算过于理想或脱离房企的运营能力，目标规划不合理。那么，为什么会出现这种情况？各区域公司为了生存，都有争资源的冲动，投资测算会偏乐观，比如把预期售价想得高一点，把成本管控能力也想得更强一点。等真正拿到地并进一步深化测算后，它们才发现前期对售价的预期过于乐观，对某些成本项的测算不够充分。

从后端来看，有两点主要原因。其一，总部无法动态监控一线项目，等到发现问题时往往太晚了。房企普遍缺乏对项目过程的动

态回顾机制，对于项目做到什么程度、有没有风险都不清楚。开发一个项目的周期是三年，等项目完工了总部才发现利润目标没有兑现，而城市总、项目总可能都已经换人了，考核追责为时已晚。此外，在项目推进过程中，决策层在审批时同样缺少过程动态数据，往往不知道该如何决策，比如定价、目标成本调整该不该审批。其二，考核指标在投后环节存在断档，没有从投前贯穿到投后管理。在投后阶段，房企更多考核的是年度签约、回款、利润的达成，而缺乏对项目 IRR、全盘净利率、现金流回正周期等指标的考核。

随着房地产业步入精益管理时代，房企一定要树立项目全周期管理思维，从过去的分段管理转变为投运一体化、投前投后拉通。所以，要想保障投资承诺的最终兑现和项目经营目标的最终达成，投后管理至关重要。

投后管理考虑了时间驱动以及事件驱动的所有应用场景，比如定价会、启动会、月度运营会、定调价等，围绕投资承诺目标，实现投前投后拉通。具体而言，投后管理可分为定目标、管动态、优动作三个核心环节（见图 7-5）。

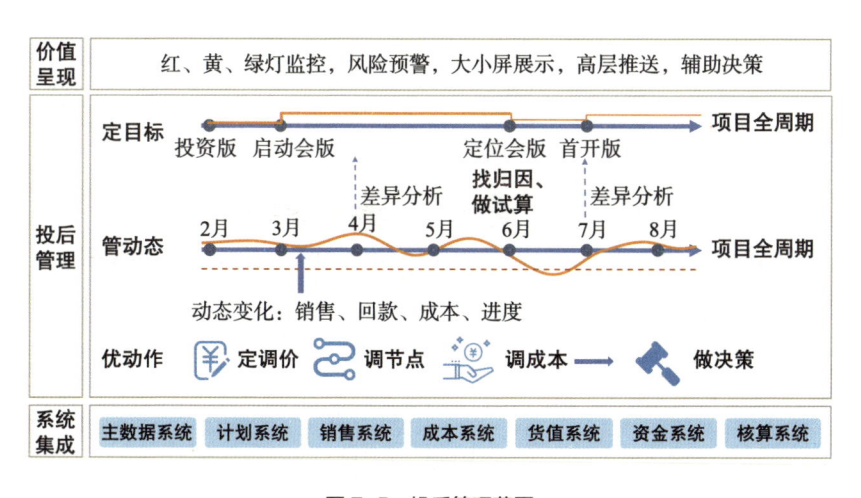

图 7-5 投后管理蓝图

1. 定目标：明确成功标尺，确保项目团队力出一孔

要想实现投前投后拉通，房企首先需要把项目的经营目标从投前承接到投后的操盘过程中。一般而言，项目经营目标随着项目的推进，可分为四个版本，包括投资版、启动会版、定位会版和首开版。房企要以投资承诺为基准，明确成功标尺，并将项目的成功标尺分解为各个业务部门的成功标尺，从而保证项目团队力出一孔。

龙湖作为行业精细化管理的标杆，其项目启动会机制多年来都受到同行的竞相学习。龙湖的项目启动会是在短时间、高强度、高效率、群策群力下完成的，对项目做出第一次也是最重要的一次决策，在启动前把项目全过程推演一遍，实现项目的前置管控。

启动会的核心任务有四个：其一，拿地后就明确成功标尺；其二，梳理项目风险点，提前把风险暴露出来，并提出针对性预案；其三，对项目进行沙盘推演，判断哪些指标的变动会影响收益，设定项目的价值点、决策点和控制点，比如把容易出问题的节点设置为质量停止检查点；其四，出具一系列成果规划，全员对项目目标、业务标准、执行要求、评价标准等达成共识（见图7-6）。

图7-6 龙湖项目启动会机制

2. 管动态：动态跟踪项目数据偏差，精准归因

在项目经营过程中，随着实际业务的发生，项目动态经营结果与最初的投资承诺目标往往会产生偏差。房企需要承接投资承诺目标，推动投运一体化，动态跟踪由实际数据与预测数据组成的项目全周期动态经营结果，找出偏差值，通过归因分析找到原因并进行动态纠偏，同时需要以考核为牵引，确保全员力出一孔（见图7-7）。

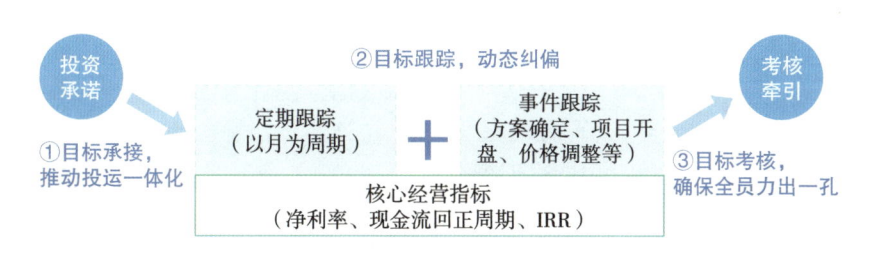

图 7-7　项目动态跟踪流程

投后阶段的项目动态跟踪方式一般有定期跟踪和事件跟踪两种。定期跟踪一般以月为周期，即每个月跟踪项目数据偏差；事件跟踪以项目操盘过程中的重大事项为触发点，比如项目启动、方案确定、项目开盘、价格调整等，伴随这些关键事项对项目数据进行审查。

其中的关键在于精准输出项目动态数据、找出差异，并做出准确归因，这同样需要以数字化为核心抓手。明源云的投后管理系统通过版本管理功能，可区分项目阶段性版本、月度动态版本、预算版本、敏感性分析版本，承接定期跟踪与事件跟踪的业务场景，确保线上的每一个数据都有应用场景以及核心指标均与考核体系挂钩。

当项目的动态指标与投资承诺指标出现偏差时，房企也可通过系统预置的归因分析功能，将核心经营指标层层分解为末级的业

务指标，精准定位根因，比如，销售净利率比预测值低，房企通过层层追踪，发现是销售均价偏低、营销费偏高等因素导致的（见图7-8）。系统还可以进一步追溯到具体是哪一个城市公司、哪一个项目、哪些部门出了问题，将偏差原因主动推送至相关责任人或部门，触发经营分析和纠偏会议，并为会议召开提供数据支撑。

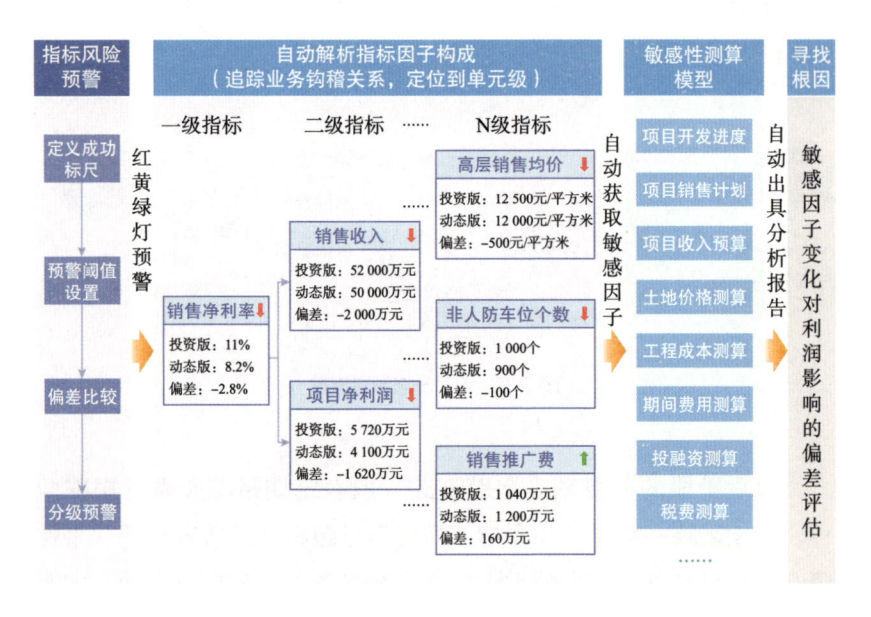

图 7-8　投后管理系统归因分析示意图

此外，以经营为导向的考核牵引是投后管理的重要抓手，通过多口径的指标计算与报表输出，房企可动态查看考核目标的实现情况。基于数字化系统的动态考核，不仅能让总部有效抵御项目风险，还能弱化业务部门的本位意识，提升全员经营意识和财务思维，驱动一线团队共同围绕项目经营目标开展一系列业务动作。

一方面，对总部来说，有了数字化这个抓手，从区域拿地的那一刻开始，总部就可以针对项目指标数据进行动态追踪和监控，包括成本的变更、设计的变更、售价的变化、货值的变化等,从而大大降低项目风险和不确定性。如此一来,总部对区域的考核评价也更加及时、动态和精准,从而倒逼一线团队以经营目标为导向,力出一孔。

另一方面,动态考核还能反向促进前端的精准拿地,让总部把资源投向更有效率的优秀区域。以招商蛇口为例,其内部有一个"五好"投资原则,即"城市好、市场好、团队好、项目好、存销比好",其中,"团队好"的关键是成本利润率、IRR兑现好。投后管理的数字化建设,虽然没有直接用于前端的拿地环节,但实际上促进了一线精准拿地。

3. 优动作:精准优化业务动作,确保一次性把事情做对

在找到经营指标出现偏差的原因后,房企要及时对业务动作进行纠偏,比如:销售均价偏低,要不要调整售价?销售费用偏高,要不要降低佣金比例?这涉及定调价、成本追加、节点调整等具体业务动作,需要通过数字化系统的模拟试算功能,在事前找出最优解。

基于模拟推演功能,房企可提前在数字化系统中进行沙盘推演,将量化后的经营结果进行对比展示,提前预知业务动作调整对经营结果的影响,从而科学决策,确定最优的业务动作调整策略(见图7-9)。不仅如此,通过投后管理系统,房企还可以动态跟踪会议决策事项的执行情况,形成"风险识别—风险预警—动作调试—经营决策"的管理闭环。

最后,在价值呈现上,针对各个指标的数据偏差、业务动作调整等,房企可以在数字化系统中通过红、黄、绿灯的形式来进行风险预警。此外,数据偏差、归因分析、模拟推演等,均可通过大、中、小屏向高层推送,从而辅助高层精准决策。

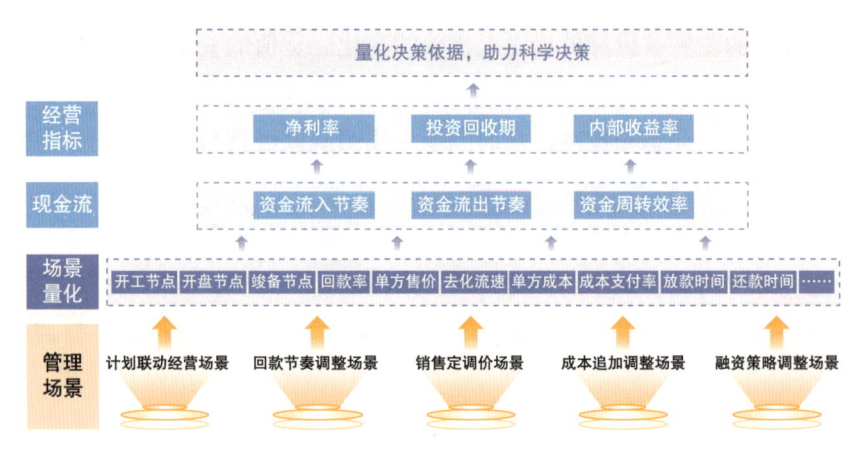

图 7-9　业务动作调整对经营结果的影响

行业下行，拿地决定生死。投资拿地的精益升级已是房企的必选项，这要求房企做到两大核心动作：一是精益的投前管理，从项目立项、初判、可研到决策、获地，推动全过程管理的在线化、投资测算的自动化，强化专业交圈，实现精准投资、高效决策；二是精益的投后管理，实现投运一体化，提升后端操盘能力，保障投资承诺兑现和经营目标达成。而这两大维度的精益升级，都离不开数字化技术的有力支撑。

第二节
数字化赋能成本管控，踏上降本增效新征程

过去，房地产业高歌猛进、多干快上，有了规模就有了利润，房企普遍持有"重开源（营销）、轻节流（成本）"的短视观念，对成本管理的重视程度普遍较低，成本管控模式总体比较粗放。

如今，土地红利、金融红利、周转红利消失殆尽，房地产业的

利润空间已经微乎其微，回归经营本质、向制造业靠拢已是行业共识。从经营的角度而言，通过成本管控的精益升级，细化成本管控颗粒度，以实现企业经营利润的最大化，并确保投资承诺的兑现和经营目标的达成，是必然趋势。此外，行业快速下行、风险加剧，房企要稳现金流，防范现金流危机，确保活下去，精益的成本管控就更是迫在眉睫。

精益的成本管控同样要以数字化转型为底层支撑，比如提升成本测算的精准度，有效监控跟踪动态成本的变化，高效管控合同变更和付款计划，构建精细化的成本数据库，等等。成本管控全周期的精益升级如果没有数字化，就是"镜中花、水中月"，只有所有业务动作都实现在线化，精细化的成本管控才有可能实现。

那么，在地产新周期下，房企的成本管控还存在哪些典型痛点？成本管控升级应该往哪些方向转变？数字化在其中又如何发挥作用？

一、房企成本管控六大常见痛点

房企的成本管控手段尽管在实践中不断优化，但仍存在不少管理痛点。根据多年行业观察与实践，我们总结了房企成本管控常见的六大核心痛点。

第一，业务链条割裂，前置管控失效。过去，房企在设定目标成本后，一般围绕目标成本变动率这一考核指标，要求不能超过正负3%~5%的偏差率，以此来考核一线。然而，这种模式存在不少管理问题：一方面，目标成本编制存在水分，这是趋利避害的人性弱点使然，为提高目标的达成率，一线在设定目标时就会给自己留有余地；另一方面，前后割裂导致目标成本偏差大，拍地时，设计部门说了算，拿地后，成本部门说了算，这导致项目从前期就开始出现目标成本的偏差。

第二，变更管理失控，暗藏成本黑洞。签证变更管理是房企成本管理中比较难控制但至关重要的环节，如果这个环节管理不到位，就会形成成本黑洞，严重侵蚀项目利润。比如，签证单涉及多个部门盖章，还包括很多手写的签字和意见，不仅经常出现字迹潦草无法辨认的情况，还会出现上报不及时、瞒报漏报、资料遗漏等问题，甚至会在结算阶段突然冒出大量现场人员不清楚的变更单据，造成成本增加，影响决策和项目利润，拖慢结算工作的进度，进而影响项目的整体交付和企业的商誉。

第三，资金供需矛盾，资金利用率亟须提升。如前文所述，区域公司为了有米下锅，都会有争夺资源的冲动，但集团的资金是有限的，尤其是在行业下行期，无论是融资还是销售回款都难上加难，集团现金流本身就不充裕，如何把资金投给更加有效率的区域、更加优秀的团队，如何制订更加合理的资金支付计划、提升资金利用效率，是每家企业都亟须解决的难题。

第四，动态数据滞后，难以支撑决策。成本管控不是静态的，而是动态的，动态成本管控不仅要对已发生成本（包括合同、补充协议、已确认的变更）进行数据归集，还应有效预测合约规划，并对正在发生或可能发生的变更进行成本预估。但企业在这方面往往预估不足，导致动态成本数据获取滞后。

第五，缺乏经验数据沉淀，成本合理性评估难。由于成本管控体系不完善或者人员流动，房企过去的项目开发经验数据没有得到有效沉淀，造成知识的流失；抑或很粗糙的原始数据没有经过分析提炼，不利于项目复用，成为无效数据。一些企业开发项目很多年，但每当开发新项目，所有工作都要从头做起，效率低下，成本部门进行成本测算时缺乏经验数据借鉴，管理层在评估成本指标的合理性时也缺乏必要依据，难以做出准确决策。

第六，管理视角局限，缺乏全成本意识。从成本科目来看，有些企业对成本的理解仍然十分狭隘，认为其主要就是工程造价、建安成本，其实不然，土地成本、采购成本、税金、三项费用（销售、管理、财务）等，都应该被涵盖在内，成本科目应该尽可能全面和细化。从管理职能来看，不少房企仍然将成本管控当作成本部门的事，但成本核算其实只是成本管理的职能之一，而且只是初级职能，未来，全成本管控一定是需要多部门协同交圈的工作。

二、全周期成本、全过程协同、全数据驱动，推进成本管控精益升级

伴随房地产业步入精益管理时代，房企的成本管控也亟须精益化，从而彻底解决成本痛点。如何才能消除成本管控中的顽疾？结合行业实践和业务洞察，我们认为，房企成本管控的精益升级需要做到三大核心转变。

一要搭建起全生命周期的成本管控体系，强调成本的全过程管理，实现全场景的精细化覆盖；二要推动企业内部各部门交圈以及企业内外互联，并树立全员成本意识，强调人人都要对成本负责；三要持续沉淀数据资产，以数据驱动决策。基于这三大转变逻辑，我们绘制了成本管控精益升级的整体业务蓝图（见图7-10）。

1. 全周期成本：数字化驱动全周期成本管控体系升级

从成本的全周期管控来看，房企首先要进行前端的目标成本测算，在确定项目目标成本后，将目标成本分配给具体的责任部门和责任人，并提前分解成预计要签订的合同，即合约规划，以合约规划来指导业务的开展。其次，基于合同条款、形象进度或工程量审定结果，编制付款计划，形成月度资金计划并有序付款。最后，通

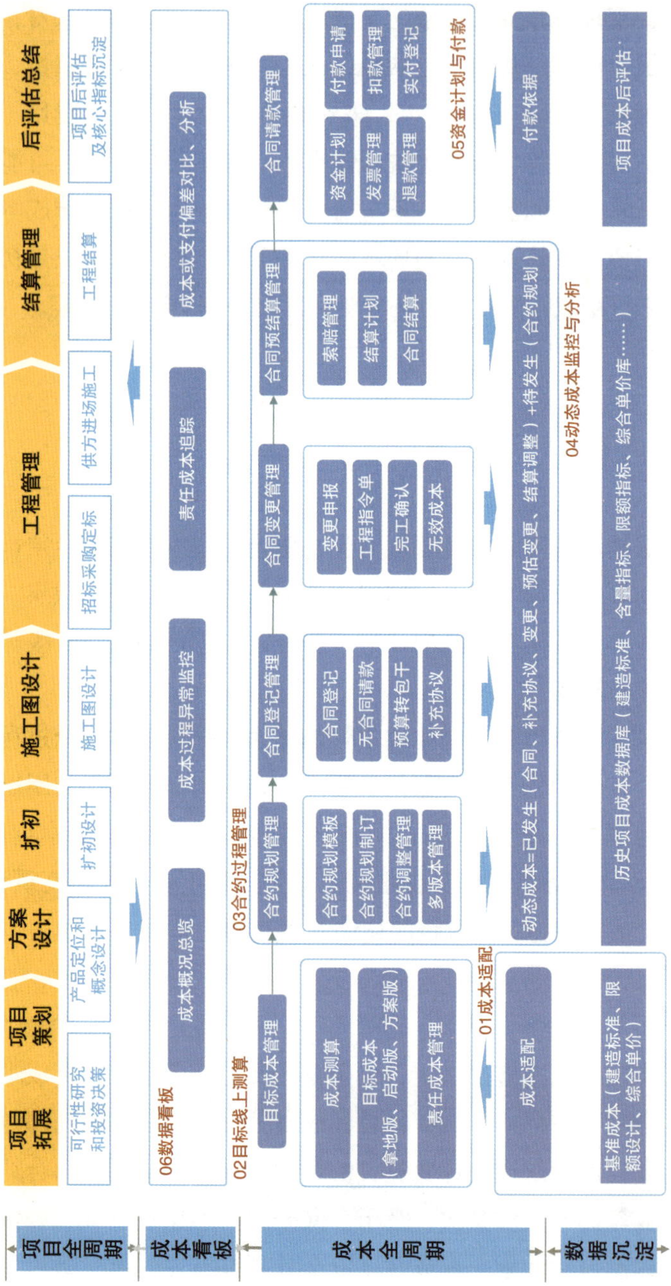

图 7-10 成本管控精益升级业务蓝图

过动态成本进行预警与控制，实现以目标成本为基础的动态过程控制。这个流程总体可以概括为四个步骤：控目标成本、控合同、控付款、控动态成本。

（1）控目标成本：精准测算目标成本，做到成本前控、标准适配

如前所述，以目标成本变动率为指标进行考核，这种控制手段存在明显的弊端。如今，成本管控的发力点不同了，关键不在于如何控动态成本，而在于怎么降目标成本。

如何让目标成本制定得更加合理，并且控得住？这需要企业搭建标准成本库。企业在不同城市做了大量项目，积累了大量的成本数据，企业不能将这些数据丢在一旁，而要充分沉淀和分析利用，让数据"活起来"。通过沉淀并提炼企业标准成本库，支撑新项目成本的快速精准测算，基于精准测算，达到尽可能降低目标成本的目的（见图7-11）。

第一步，根据最优成本，匹配产品、地域特点，搭建城市标准成本库。由营销部、设计部、成本部等多部门协同进行基础搭建和测算建模，以历史项目沉淀的最优成本为基础，参照行业外部对标数据，匹配产品、地域特点，建立各区域、各城市、多版本的标准成本库，沉淀不同产品线和业态的模拟规划指标、建造标准、含量指标、价格指标库和城市规费库。

搭建精益的标准成本库，离不开数字化。基于数字化手段，建立成本标准卡尺，优化成本测算模型和管控标准，从而实现自动化成本测算。整个过程的所有业务动作都能实现在线化操作和管理，这大大提高了业务效率。

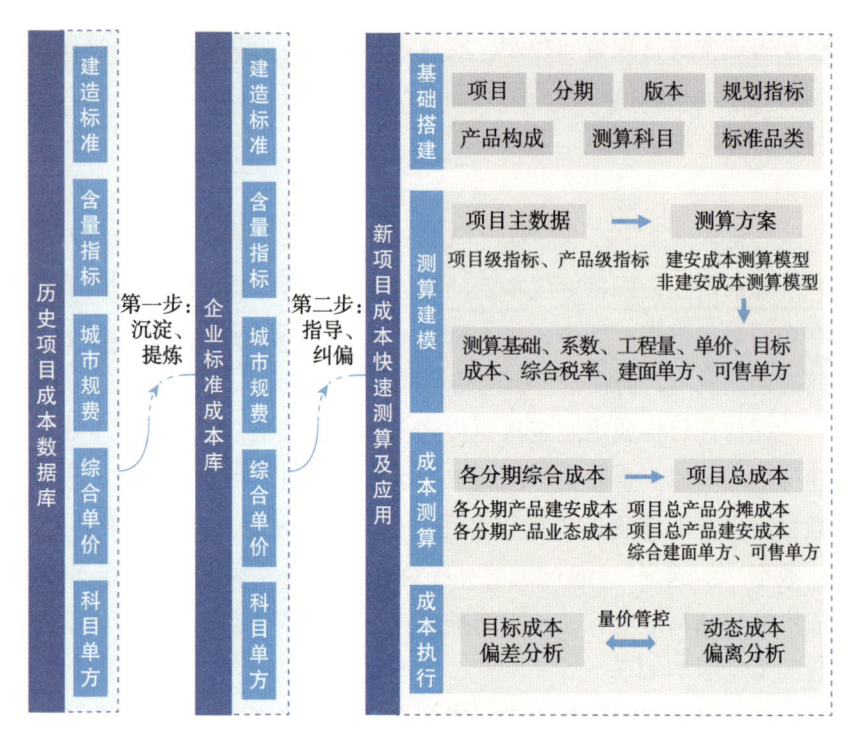

图7-11 成本测算模型

第二步，指导拿地目标成本测算和启动会版目标成本编制。搭建完标准成本库后，企业就可以进入实操阶段，将其应用于新项目的拿地、项目启动会等不同阶段的目标成本测算。目标成本测算不是成本部一个部门的事情，而是涉及多个部门的协同，比如设计部门在前期也需参与进来，提供对应的规划设计指标及相应的限额指标，这样企业才能编制准确的目标成本。

以前，各部门都是线下协同，不仅效率低下，而且信息断层。现在，有了数字化系统、在线应用就很简单了，只要明确项目定位、产品配置、成本限额的要求，在已建立的成本适配体系的基础上，一键引入沉淀好的标准成本，便可做到一键适配、快速测算，快速生成项目成本测算数据，同时，还可将多版本的目标成本测算数据进行对比，以支撑决策。

当然，在执行过程中，如果外部环境发生变化，房企就需要反向对成本指标进行动态修正和微调，比如由于国家政策的变化、制造工艺的变化，确实要改标准、调价格，那么企业在过程中就要根据实际动态反向修正这个标尺。这个过程也涉及部门协同，并且一系列动作都是在线化的，各部门根据各自分工，线上完成协作。发生调整必须说明缘由，为偏差负责，这恰恰体现了责任成本的管理逻辑。

（2）控合同：合约规划是连接成本与合同的纽带

合同管理全周期可以概括为三大阶段，即合同签订—合同执行—合同结算，也可以进一步细化为"合同规划—合同申请—合同订立—合同执行—合同结算"五个环节。比如合同订立环节，是指在采购招投标、工程施工招标后，进行定标签约，签订相应的总包或专业分包合同、甲指分包合同、预算转包干、补充合同等；再比如合同执行环节，会涉及变更、签证业务等（见图7-12）。

那么，每个环节具体存在哪些业务痛点？数字化又是如何解决这些问题，推动各环节业务的精益化升级的？以下我们选取几个关键环节进行阐述。

在合同模板管理方面，传统线下纸质合同不仅容易丢失、字迹潦草看不清，而且无统一模板，业务人员的管理难度很大。通过数字化手段，房企可以高效实现合同的标准化管理，极大地降低合同管理风险，提升业务人员的工作效率。比如在数字化系统中，房企可以将合同模板进行分类沉淀，统一标准并进行模板化编制，分类管理附件文档。

图7-12 合同管理全周期

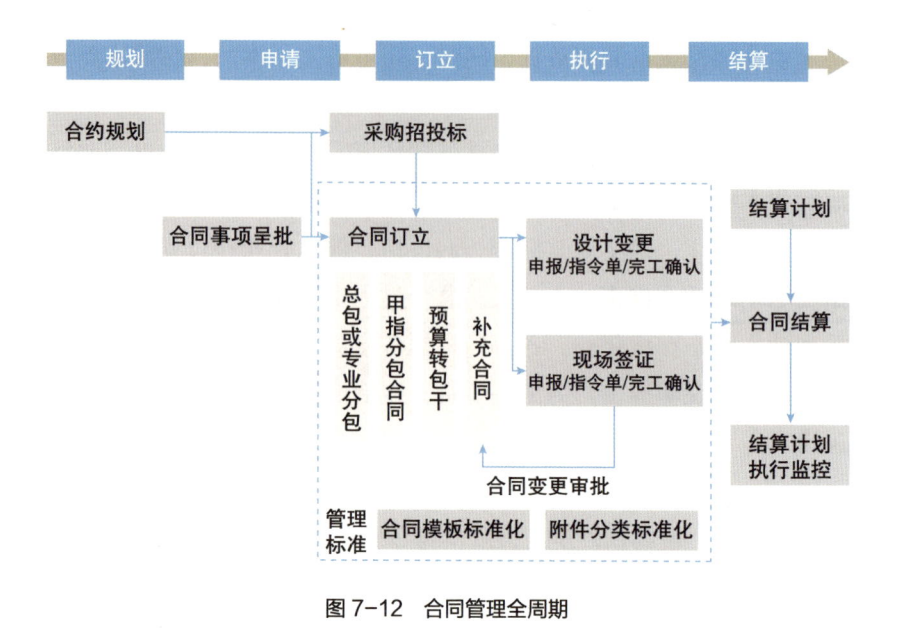

在合同结算管理方面，过去的线下管理模式缺少统筹，办理进度不清晰，这不仅影响动态成本的准确性，导致无法准确进行项目后评估指标的沉淀，还影响供应商合作关系，不利于后续合作的有序推进。现在，一方面，房企可以通过数字化系统实现结算计划自动生成，即基于合同分类，建立标准工期，以合同竣工验收为起始点，自动生成结算计划，落实到具体人员，通过责任落位反向促进前端业务；另一方面，房企通过建立结算计划监控台账，绘制结算办理过程"地铁图"，实现执行过程实时可视化监控。

在变更签证管理方面，当项目在合同执行环节进行变更申报时，房企需要确定该变更（签证）该不该做，变更的预计金额是否合理？变更完成后，房企还需要分析变更产生的原因，以及哪些是有效成本，哪些是无效成本。如前所述，在实际的项目施工过程中，房企往往会由于变更签证次数多、金额大，造成大量成本黑洞，也由此导致诸多无效成本的发生。

现在，通过数字化系统，这些痛点都可以得到有效解决。例如，在合同变更签证过程中，系统可以动态准确地记录无效成本的发生原因及金额，并提供图形化的无效成本分析，从而为后续的设计、施工改进提供充分支撑，赋能精准决策，真正实现降本提效。显然，在行业利润已经极其微薄的背景下，强化无效成本管理，减少浪费，就是最大的节约。

（3）控付款：月度资金计划是资金支付控制的关键

在行业下行期，房企现金流压力普遍骤增，通过资金的合理分配，减少资金占用，提高资金使用效率，这一诉求比以往任何时候都更为强烈。同时，通过年度或半年度资金计划来保障相对长期的现金流安全，已经无法满足企业的管控需求，房企应将其进一步细化到月度资金计划，包括进行现金流压力测试，严控现金流风险。

然而，资金供需矛盾、利用效率低，仍是房企面临的一大痛点。进行严格的付款管理以及制订清晰的月度资金计划是房企工作的重中之重。月度资金计划是成本实际支付的控制前提，只有基于经过审定的付款计划形成月度资金计划，再基于计划对资金进行合理分配，房企才能实际支付。

在这个过程中，房企需要明确四个核心问题。其一，有多少钱可以给，即蛋糕有多大？集团的资金是有限的，不可能要多少给多少。其二，有多少钱要给？针对业务部门的虚报现象，集团必须把水分挤掉，精准核实真实的资金需求。其三，给谁最有必要，即如何安排优先级？集团要合理有序地进行资金的优先级分配。其四，集团管到什么颗粒度，如何分级授权？

以资金支付的优先级为例，结合行业标杆实践，房企通常会参考三类因素判定资金支付优先级：款项类别、款项性质、乙方单位。通过数字化手段，房企可以有序进行优先级因子的管理，直观呈现应付账龄、关键节点影响、供应商评价等信息，高效判断资金支付优先级，并做出预警监控，比如结合系统中的供应商评估及履约数据，了解供应商欠款全貌，精准判断供方支付策略（见图7-13）。

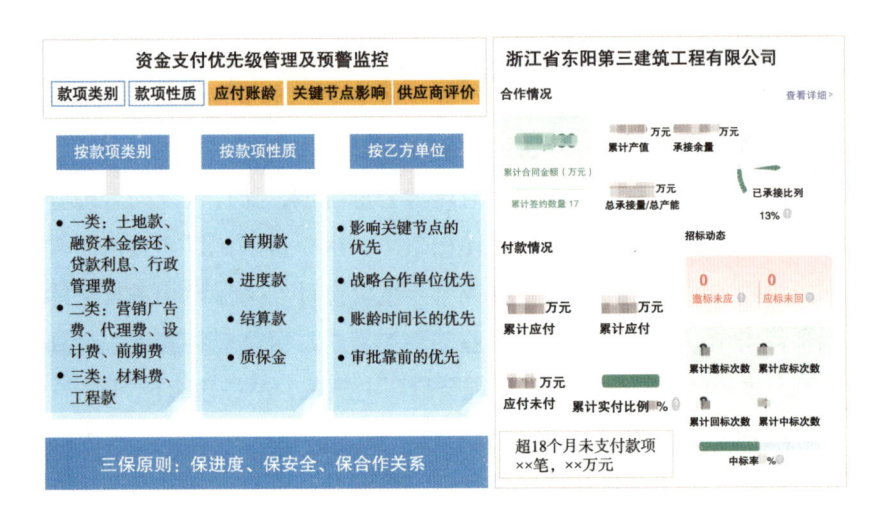

图 7-13　资金支付优先级管理及预警监控

（4）控动态成本：预警和强控，让动态成本真正动起来

在制定了目标成本后，在项目实际推进过程中，房企往往需要对动态成本与目标成本的差异进行实时监控并干预。在业务实操中，动态成本数据滞后、难以支持决策是一大痛点，房企通常从总量上对动态成本与目标成本基准值进行比对，在目标成本各控制级别上，设定预警指标和强控指标。基于实时预警和强控，各项成本管控指标就有了一道"高压线"，谁碰线，谁就要接受集团的审查和整顿。

预警和强控手段，都需要实时比对动态成本与目标成本，手工线下操作显然行不通,通过数字化手段进行自动实时监控是必然之举。通过业务的在线化,房企可以实现:第一,基准成本有参考,当出现偏差时,通过系统就能看到偏差多少,还可进一步穿透偏差背后的根因,基于基准标尺对比来做决策;第二,有了数字化沉淀,在进行复盘、对比分析的时候就有了抓手,哪个环节成本发生了变化、为什么变化,都一目了然,还可以实现跨项目、跨数据源比对,实现成本全过程的闭环监控,"基准""目标""动态"三个单方数据相互咬合,即基准单方指导目标单方,目标单方控制动态单方,动态单方反哺基准单方,最终实现成本的不断优化,保证目标成本的合理精准、动态成本的精准监控。

2. 全过程协同:七大业务协同交圈,推动业务全覆盖、场景全协同

成本管控不是成本部门一个部门的事情,房企要明确成本管控的横向分工,从全成本管理的角度明确项目负责人、成本经理、营销经理、财务经理等各自的权责分工和相互协作。从内外拉通来看,未来,成本管控一定要从企业内部成本条线的管控,转变为内外协同、业务互联。

结合行业标杆实践,围绕成本管理,我们梳理了七大业务协同交圈,以推动业务全覆盖、场景全协同(见图7-14)。通过业务协同交圈,房企可以解决协同断点多的痛点,破除部门壁垒,实现数据流、信息流、业务流的全面打通。

要想推动业务交圈、专业拉通,真正实现业务通、业财通,没有数字化都是空谈。这就需要房企充分整合各个业务子系统,比如将设计系统、采招系统、计划系统、营销系统、资金系统、费用系统等与成本系统打通,全面覆盖跨系统场景,真正实现业务交圈。同时,通过系统的拉通,房企可以自动出具多维度的分析报表,减少大量手工报表,节约大量人力成本,全面提升业务执行效率。下

文以计划协同和工程协同为例展开阐述。

图 7-14　成本管理的七大业务协同交圈

（1）计划协同：与主项计划联动，通过计划节点驱动专业协同

基于数字化系统，围绕成本管理，构建以项目全景计划为主线驱动大生产各业务条线执行的闭环机制，通过"事找人、事催人"，打通条线生产协同的业务断点，实现大生产全过程的统筹管理。

具体而言，房企要提供数据驱动引擎，打通计划系统与各专业系统，通过计划节点驱动专业协同。首先，基于计划节点，主动给责任人推送待办任务，实现"事找人"；其次，当计划执行超预期时，主动给责任人发送预警消息，实现"事催人"；最后，当节点任务完成之后，自动汇报给主项计划（见图 7-15）。

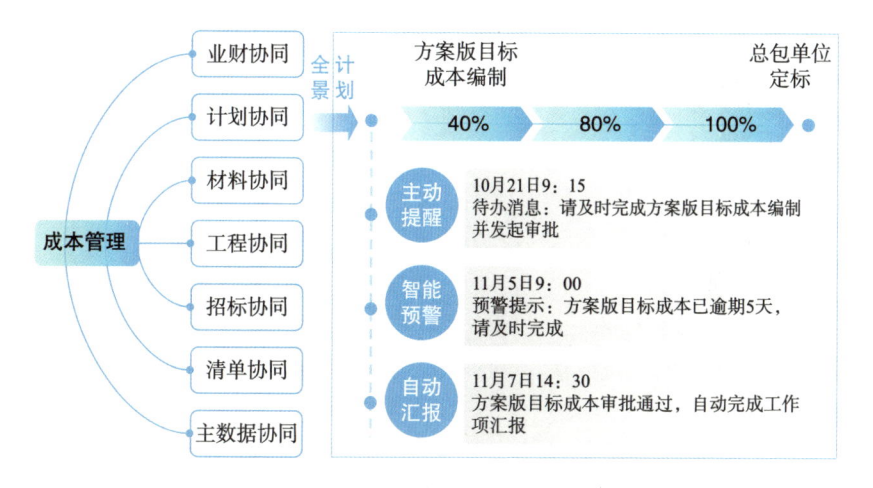

图 7-15　以全景计划为主线驱动大生产协同

总之，以项目全景计划为主线，与成本、招采、设计业务在线联动交圈，可以彻底打破部门间信息壁垒，通过"事找人，事催人"，保障数据流、信息流、业务流在生产各环节通畅流转。

（2）工程协同：推动企业与施工方、监理方的多方互联和高效协同

在合同履约过程中，通过产值、请款、结算等全场景在线，实现成本、工程、财务、咨询方、施工方、监理方、设计单位多方互联、高效协同（见图 7-16）。

全场景覆盖下的内外协同新模式作为成本管控的有力抓手，能够让动态成本更精准，让业务协同更高效。无论是房企决策层还是业务层，通过数字化手段均可实现内外协同互联，大幅提升决策或业务执行效率。

面向决策层，数字化的核心价值在于：第一，集团与项目现场进行互通，内外互联，加强了过程监控，变更数量、金额随时可知，动态成本更及时、更准确，很好地解决了变更黑洞问题；第

第七章　数字化助力房地产业腾飞　　263

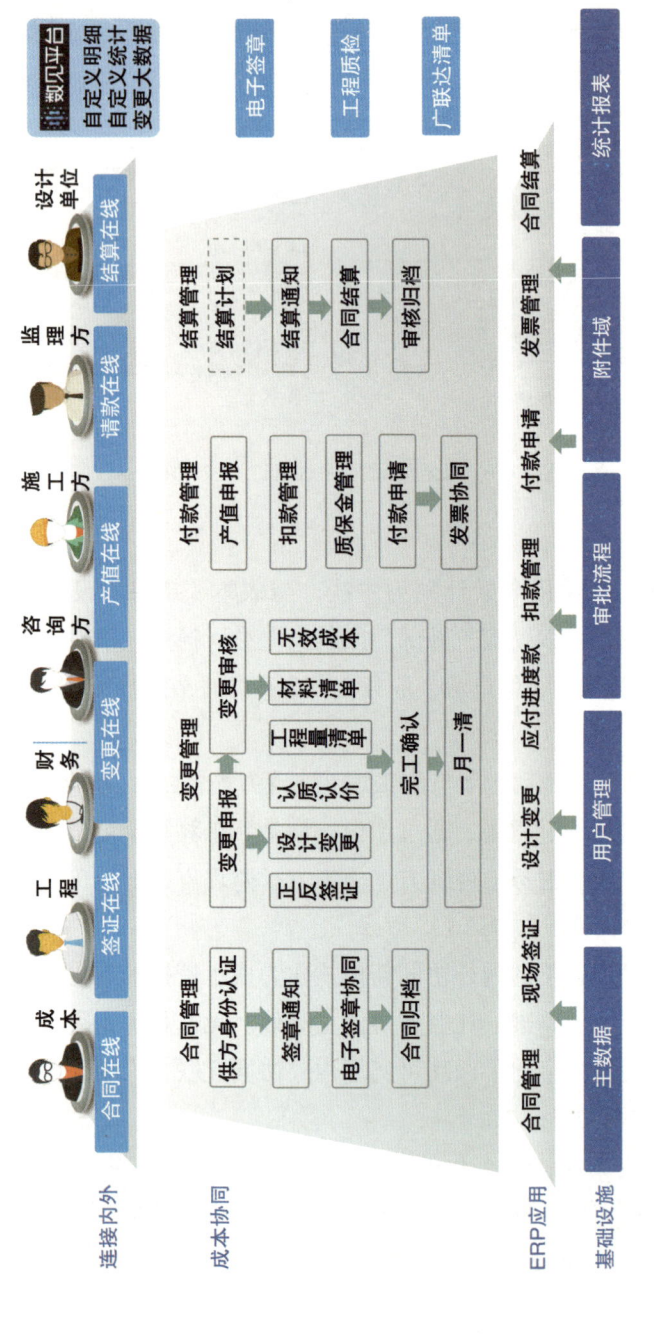

图 7-16 数字化助力工程协同

二，项目现场审批效率清晰可知，提升审批效率；第三，通过与工程系统的联动，了解项目真实产值情况，避免集团与项目脱节，及时了解项目真实的请款与付款情况，更合理地安排企业的资金计划。

面向业务层，数字化的价值同样显而易见：第一，供方在线发起变更签证，保证变更签证的及时性，有效避免了签证压单、漏单问题，降低人力、物力成本；第二，乙方在线填报业务信息，单据、文档线上管理，实现了信息的规范管理和可追溯，甲方业务人员通过 App（应用程序）可以随时随地查看和审批流程，这大大减少了以往整理资料、上传系统的工作量；第三，乙方在线申报，认质认价，审批过程透明，确保工程成本最优；第四，乙方线上申报，甲方审核，项目人员可以清楚地了解产值、付款、结算审批的进度及节点，有效解决传统的流程黑箱问题，无论是产值申报还是进度款申请，协作效率都能大幅提升。此外，结算全流程的线上化管理，推动了甲方、监理、第三方咨询、施工方的高效协同，大大提升了结算效率。

3. 全数据驱动：沉淀成本数据库，进行数据洞察、管理纠偏

如前文所述，由于管理体系不完善，项目成本数据大量流失，房企每做一个项目都要从零开始，做十个项目和做一个项目没有区别，新项目的目标成本测算仍靠拍脑袋决策。数字化时代，房企亟须从过去的经验决策转向数据决策，把企业的"死数据"变成"活数据"，发挥数据价值，让数据真正变成企业的资产。

（1）成本数据库在线化，赋能拿地决策、业务纠偏

企业在做完一定数量的项目后，要及时总结项目经验，对各项指标进行复盘，把做得好的部分沉淀下来。标准化程度高的企业，

还可以细分城市、业态、产品系列等，把做得好的部分分类固化沉淀下来，建立城市级的成本数据库。

当然，过去企业也并不是完全没有沉淀成本数据，但传统的成本数据库通常由线下手工搜集整理，数据不仅准确性不足，而且是滞后的、缺乏弹性的，无法动态适配外部市场环境的变化。特别是当市场出现频繁的大幅度波动时，刚性的成本数据库就完全失去了指导意义，容易导致成本数据出现大幅偏差，使拿地决策、成本对标、招标采购等工作出现失误，从而导致成本管控从源头上就出现纰漏。此外，传统的成本数据库需要定期投入较大的人力、物力和财力进行维护，这拉低了组织效能。

房企要想有效地解决上述问题，必须依靠数字化的力量，通过数字化技术搭建成本数据平台，建设更加弹性和适配的成本数据库。

通过成本数据库的在线化，首先，彻底改变传统手工作业模式，实现数据的自动化动态沉淀，大幅提升数据的准确性、及时性，减少人力投入，让员工投入更有价值的工作；其次，改变过去由成本部门单独完成数据库建设的方式，让开发过程中各个阶段的执行者参与进来，共同建设并定期维护和更新成本数据库。数字化的成本数据库还具备自动维护和更新数据的功能，可以根据不同的业务模型，主动从线上抓取实时数据进行对比分析，并根据比对结果自动刷新数据库，从而大大提高数据库的实时性和精确性。

这种动态的、在线化的数据库建设和维护模式，可以使成本数据根据外部环境的变化适时调整，为决策者提供更加准确的数据信息，从根本上消除传统数据库的弊病。

成本数据库的在线化构建不能一蹴而就，有些中小房企的项目经验不足，专业能力暂时还达不到，可以逐步推进，比如现阶段关注100个指标，先把已经沉淀的20个指标做到线上化，等再做两三个项目之后，又识别一些敏感性指标，继续沉淀到线上，从而逐步积累、迭代完善。

（2）打造成本作战指挥中心，以数据驱动决策

在全面精准地沉淀成本相关指标数据后，还需要把数据清晰地呈现出来，赋能业务执行和高层决策。所以，房企还需要进一步构建起企业的"成本作战指挥中心"，通过大、中、小屏动态精准呈现成本数据。

面向不同的角色，成本作战指挥中心有不同的呈现形式。

一是仪表盘大屏，构建企业数据驾驶舱，聚焦核心决策关注点，全面呈现高层关注的核心指标数据，比如目标成本、动态成本、合同变更率、按时结算完成率等，助力高层精准决策（见图7-17）。

二是移动报表，动态呈现对应的成本管控数据，实时呈现、穿透成本关键数据，实现把数据"装进口袋"，结合经营决策逻辑，随时随地掌握企业经营状况。

三是电脑端，通过电脑端工作台，分角色提供系统首页工作台及仪表盘，工作场景人性化，重点工作事项一触即达，并通过电脑端报表统一业务报表入口，实现数据统计汇总自动化，企业运营状况全量数据输出，全方位进行数据审视，支撑经营决策。

综上所述，在房地产业微利时代，行业向制造业看齐，推动成本管控的精益升级已是箭在弦上。本节我们全面分析了房企常见的成本管控痛点，指出房企成本管控应向全周期成本、全过程协同、全数据驱动三大方向转变。全周期成本强调以精益思想为指导，控目标成本、控合同、控付款、控动态成本；全过程协同强调成本与计划、工程等部门的交圈协同、内外互联；全数据驱动强调成本数据库的在线化，以数据驱动决策。每个转变的背后，都离不开数字化的支撑。未来，加速推进数字化转型，促进成本管控的精益升级，是房企在新周期下的必然选择。

图 7-17 成本仪表盘大屏示意图

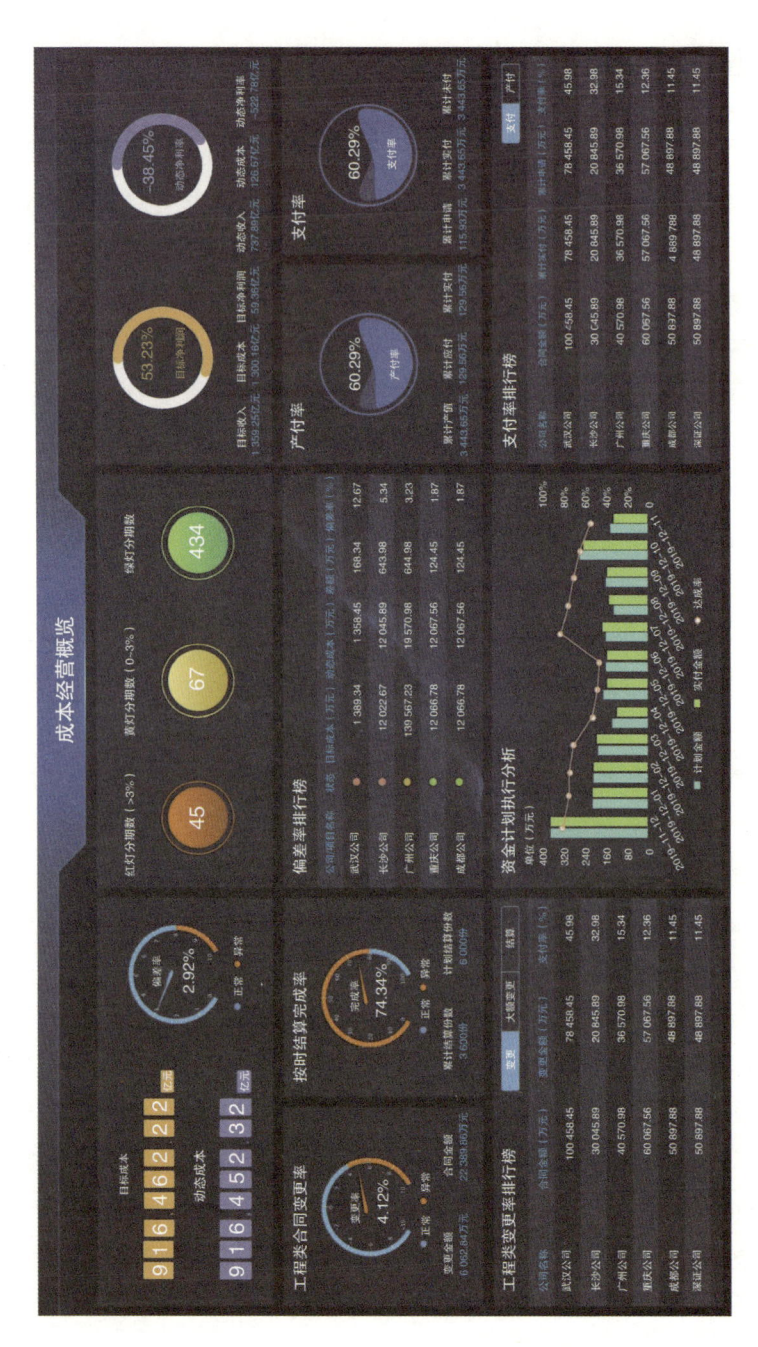

第三节
拥抱数字化浪潮，引领智慧供应链新变革

房地产业从金融属性回归居住属性，重视客户需求、产品打造重新成为房企核心战略。供应链管理连接着房企内外部，对内支撑着从产品规划、设计、建设到运营的全价值链业务的精益运作，对外则衔接着与房地产业相关的不同行业和不同产业。对于这样一项极具重要性的管理业务，运用数字化技术实现管理重塑是实现供应链精益化升级的最优方法。

一、房企供应链管理仍存在难点

相较于其他行业，供应链理念植入房企管理层与执行层心智的时间较晚。当前，由于房企处于不同发展阶段，有着不同管理成熟度，因此仅仅是头部房企有了精益供应链的雏形。而行业的精益化发展趋势要求房企普遍具备供应链能力，所以房企需要从采购思维向供应链思维转变，从全链路来看待问题。目前房企供应链管理仍存在三大核心问题。

首先，压价降本。在传统采购思维中，一提到降成本，大多数房企采购人员都会从压价这个角度出发，通过与供应商谈判，使供应商在价格上做出让步以实现成本的降低。这种做法从短期来看，确实是降低了采购的成本，但从行业长期持续发展来看，供应商做出成本让步是在自身有利润的基础上，而在外部原材料、人力成本不断上涨的情况下，再做价格让步显然是不可能的。因此，房企要突破压价的降本瓶颈，就必须关注全供应链的成本最优。

其次，协同低效。传统房地产供应链是一个链状供应链，房企与供应商之间、供应商与供应商之间的协作存在严格的先后顺序，

业务链条长。任何一家企业的业务环节发生问题，都会影响整个供应链。这给我们带来的启示是：要想对供应链进行管理，就要从根本上实现高效协同。回到现实，在实际业务操作中，房企内部或房企与供应商之间的协同存在种种问题，影响效率的提升。从房企内部协同来看，各专业部门在供应链协同工作中各管一段，采购部门聚焦于中端采购阶段，对于前端设计、后端建造履约知之甚少，而设计部门、工程部门在采购阶段介入不深，也导致供应商履约时出现种种问题。从外部供应商协同来看，由于分属不同企业，房企在与供应商合作时往往是"自我设限式合作"——当业务冲突时，不是合作解决问题，而是采取对立态度，在需要信息共享时过度考虑数据私密性，这些都导致了双方无法良好开展业务。

最后，信任度低。供需双方信任度不高是多维因素导致的。其一，房企的采购阶段对于供应商来说存在许多盲区，透明度不足，导致供应商对采购结果存疑。其二，在投标后的商务谈判阶段，一部分房企往往会额外开展商务谈判，有些房企甚至会开展多次商务谈判，通过多轮的谈判轰炸对中标供应商再进行压价。其三，在合作阶段，房企将供需双方的关系视为甲乙方关系，通过采购完成单次合作或多次合作后，结束商务关系，在这个过程中房企关注的重点是如何在短期合作中实现自身利益最大化，因此往往导致供应商利益受损感较为严重。

二、智慧供应链蓝图及价值兑现路径

如何解决房企供应链管理难点？结合多年行业实践，我们描绘了智慧供应链蓝图，包括采购全周期数字化、供应商管理数字化两大主线，概括而言，就是通过SOP（标准作业程序）管理、多方直连、一体协同、数据驱动，达到降本、提效、合规、共赢的目标

（见图 7-18）。

首先，SOP 管理。智慧供应链通过在线化、场景化，帮助房企构筑供应链线上 SOP 流水作业线，通过标准作业、动作记录、作业分析来提升供应链作业精益化程度。其次，多方直连。智慧供应链是一个开放的系统平台，通过统一端口，实现企业内部和企业之间的系统拉通，实现供应链全用户在线、全业务在线，消除专业部门壁垒以及企业壁垒。再次，一体协同。智慧供应链以标准管理、多方直连为基础，可以解决房企、施工供应商、材料供应商在共同作业时面临的地域阻隔和时间差问题，使得集成设计和一体化协同成为可能。最后，数据驱动。智慧供应链依托供应链数字化基础设施，实现数据沉淀、处理、调用分析和预测，从而发挥数据的最大效用，帮助企业进行全链路资源整合，优化管理模式。

为了更好地说明智慧供应链对供应链精益化升级的助力，我们分别从降本、提效、合规、共赢四个层面来详细阐述智慧供应链方案如何进行价值兑现。

1. 降本：内外链条打通，实现供应链降本

智慧供应链以在线化、场景化、自动化、数据化为驱动模式，实现供应链全链路的资源整合，使得供需双方可以直观地感受到成本的降低。下文从房企价值链和外部供应链的角度分别进行分析。

（1）房企价值链打通

房企要想实现供应链降本，首先需要整合内部价值链。智慧供应链用户在线、业务在线，在纵向上，可以使总部采购拉通区域、城市公司等不同层级，实现精准需求管理；在横向上，则可有效与设计、成本、工程等各部门实现交圈，前期协助设计实现档次适配和方案优化，中后期帮助管控目标成本，减少无效成本。

图7-18 智慧供应链蓝图

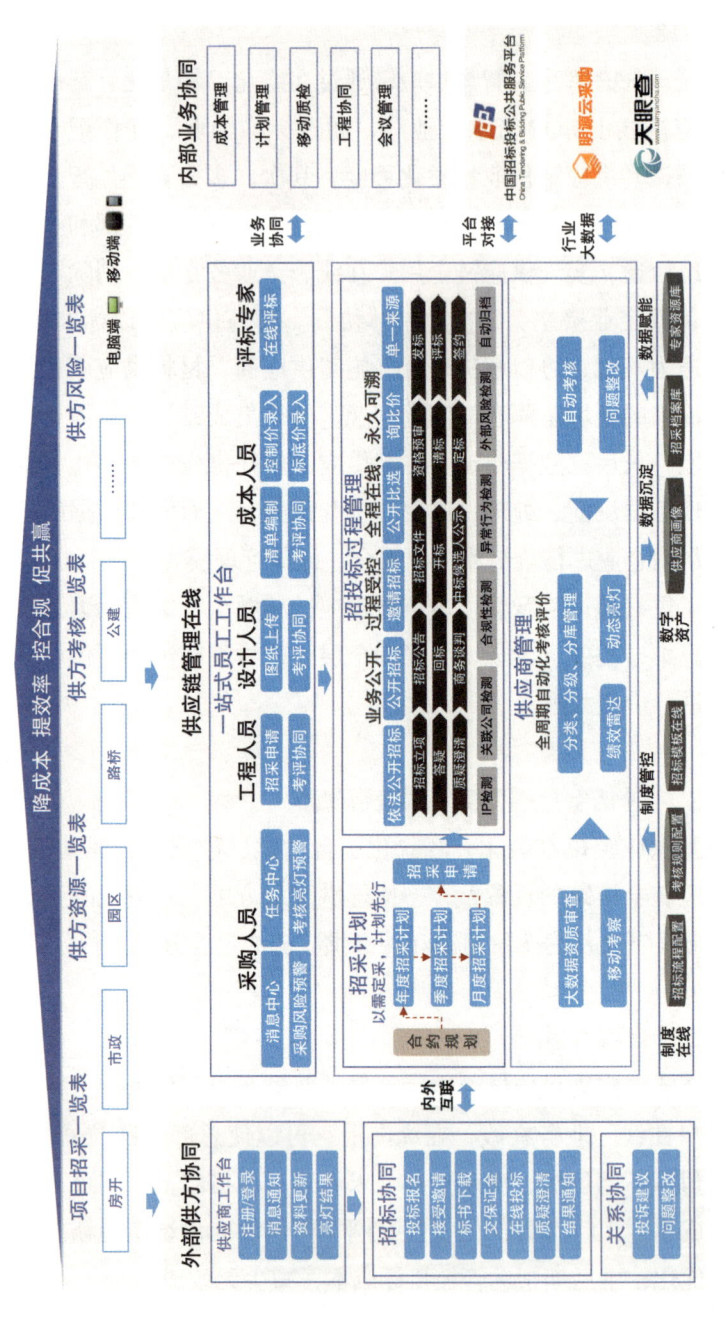

采购前：搭建采购计划线上 PDCA 闭环（一种质量管理方法），实现精准需求管理。采购计划指的是房企总部采购管理人员在了解市场供求情况、企业生产经营安排、项目开发的产品与服务需求的基础上所做的预见性的安排和部署，包括采购需求的提出、项目采购计划的制订与审批、特殊情况下对采购计划的调整。开展采购计划管理的目的是提高工程采购的计划性，实现工程进度、质量、成本平衡。

当前，随着精益思想对房企的影响逐渐深入，管理者普遍认可开展采购计划管理的必要性。然而，采购计划落在实际执行上却困难重重，包括：计划调整频繁导致计划指导严肃性不足；计划在各层级信息不同步，监控力度不足；采购执行过程中上下游部门协调不充分，无法及时提醒和有效预警，一旦延误则相互扯皮。诸如此类的问题，不仅出现在中小型房企，管理体系较为完善的大型房企也难以幸免。为使采购计划真正发挥作用，房企可通过智慧供应链平台搭建采购计划线上 PDCA 闭环，进行需求的管理与追踪（见图 7-19）。

在编制招采计划时，在智慧供应链与房企其他业务系统集成协同的基础上，成本采购部门基于年度经营计划和年度生产计划编制合约规划，并形成年度招采计划。在年度招采计划基础上，收集各季度和各月度工程、货物、服务需求，实现对招采计划的细化和动态调整。当项目提出一项采购需求时，采购人员可通过系统识别该项需求属于计划内还是计划外，如果属于计划外，则需通过计划外采购审批流程，以控制不合理临时采购造成的额外成本，实现以需定采和无计划不招标。

在招采计划执行后，智慧供应链基于采购行为数据，进行指标分析，评判计划达成率、采购节资率是否存在偏差，通过溯源偏差原因来调整招采计划以进行改进，确保前端的需求管理真正作用于成本降低。

第七章　数字化助力房地产业腾飞

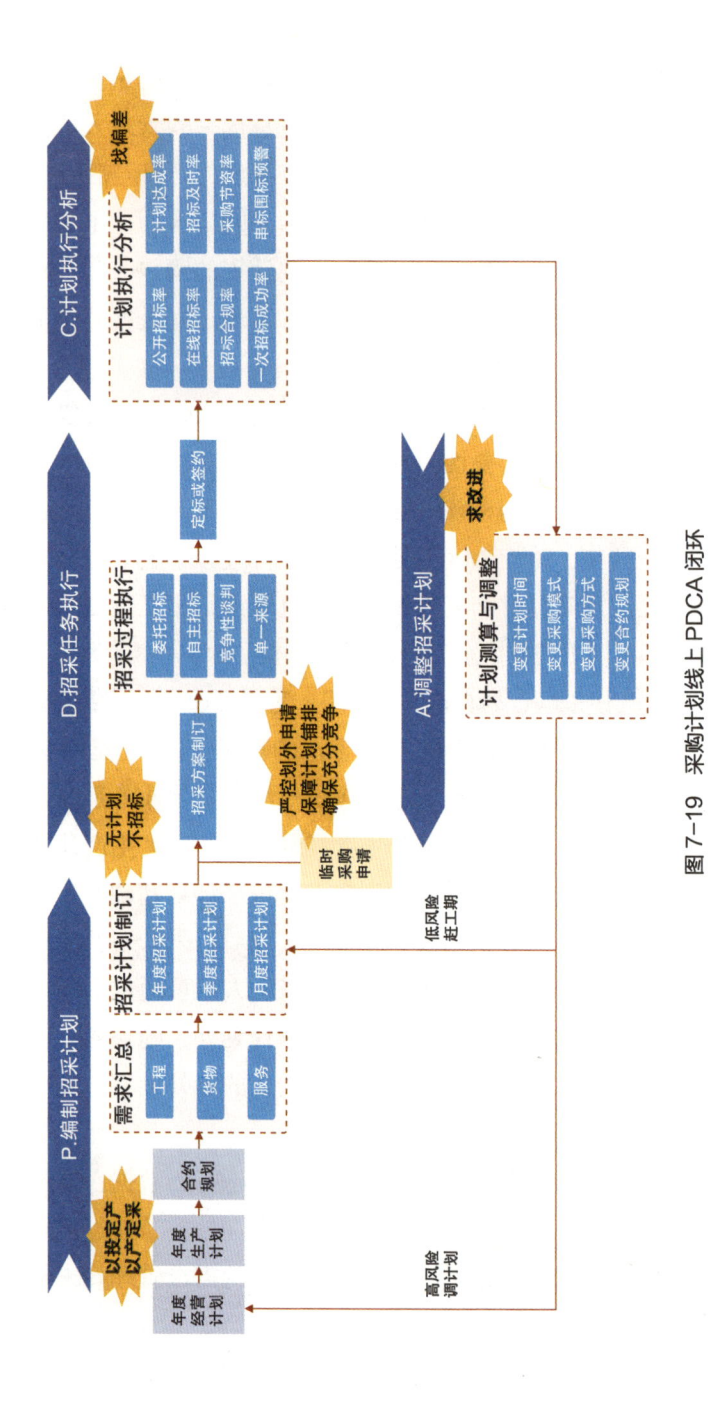

图7-19 采购计划线上PDCA闭环

采购中：提升内部协同效果，控制采购预算超额。在编制线上采购计划后，智慧供应链平台将根据计划节点限定时间、跟进采购进度，提醒相关部门交圈协同，共同开展工作。采购与协同部门各有其线上作业工作台，用以规定当前节点各自职责与重点任务，通过明晰权责，提升协同效果，降低因为协同而造成的无效成本，比如前文提到的设计档次适配问题。当设计人员完成图纸设计和招标清单编制后，智慧供应链平台基于权责设置，提醒相关的采购、工程岗位人员对设计部门提交的资料清单进行查阅，避免档次错配导致的连环效应。

除此之外，为了进一步避免成本失控，智慧供应链平台根据业务逻辑，搭建合约规划与采购方案数据校核关系，对招标预算进行强控。一旦采购方案的招标预算出现超额情况，系统就会进行识别并提醒采购人员。

采购后：线上管理战采或集采协议，提高战采或集采执行度。当房企由采购管理向供应链管理精进时，降本的目标范围就不会只局限于采购，履约也是成本控制的重要阶段。尤其是战略采购和集中采购，前期由房企总部或区域公司签订协议，执行权则被下放至项目团队。如果不抓好、抓实战略采购和集中采购的执行情况，那么这将影响供应商的积极性——本地采购的价格也许在单次上低于战略采购和集中采购，但从长远角度而言，反倒不利于整体成本的降低。在传统管理方式下，总部很难及时了解不同区域项目的战采或集采执行情况，而借助智慧供应链平台，总部可以将战略采购或集中采购的协议与项目相关品类材料的采购需求申请关联起来。项目公司在提交采购需求申请时，可以在平台中查询到该材料品类已签订的战略或集中采购协议，了解供应商数量与协议约定价格，从而选择某一供应商进行合作，而整个需求申请过程也将递送总部采购，增强总部监管。

（2）外部供应链打通

以往房企在搭建采购系统时，更多着眼于内部价值链的提升，忽略了供应商在线协同的重要性。在由采购管理向供应链管理转型后，房企会发现如果不实现供应商在线协同，根本无法建立起供应链管控能力。因此，智慧供应链平台需要搭建一个具有唯一ID（身份标识号码）的供应商用户工作台，供应商通过用户ID登录后，可以统计多元业态、不同项目集采订单需求，再进行集中排产，减少生产线开工率不足和物流零担运输的情况，实现供方和房企成本降低。

2. 提效：优化供应链业务环节，促供需双方现金流按期回正

利用数字化技术，智慧供应链平台可对不同采购任务、采购方式的业务流程进行重塑，通过合理优化供应链环节工作量，减少单个业务环节处理时间，确保房企工程进度，助力供需双方现金流如期回正。下文分别从采购过程、履约过程分析智慧供应链怎样实现提效。

（1）采购过程：以在线化、智能化重塑采购SOP流程，提升效率

通过智慧供应链实现采购过程提效，主要体现在三个方面。

首先，构建适配全场景的线上采购SOP流程。当前，房企特别是国有房企，对于工程、非工程不同采购标的，依法招标和自主采购不同采购模式，以及公开招投标、邀请招投标、竞争性谈判、单一来源采购等不同采购方式设有不同业务流程。新员工往往会困惑于不同流程发起条件，出现流程反复的情况，造成采购时间延长。当房企通过智慧供应链平台构建线上采购SOP流程后，系统将依据前置条件判断采购属于哪种类型，实现对应流程的自动化流转，指引新员工开展采购工作，减少因人为失误造成的流程反复，从而提升效率（见图7-20）。

图7-20 线上采购SOP流程

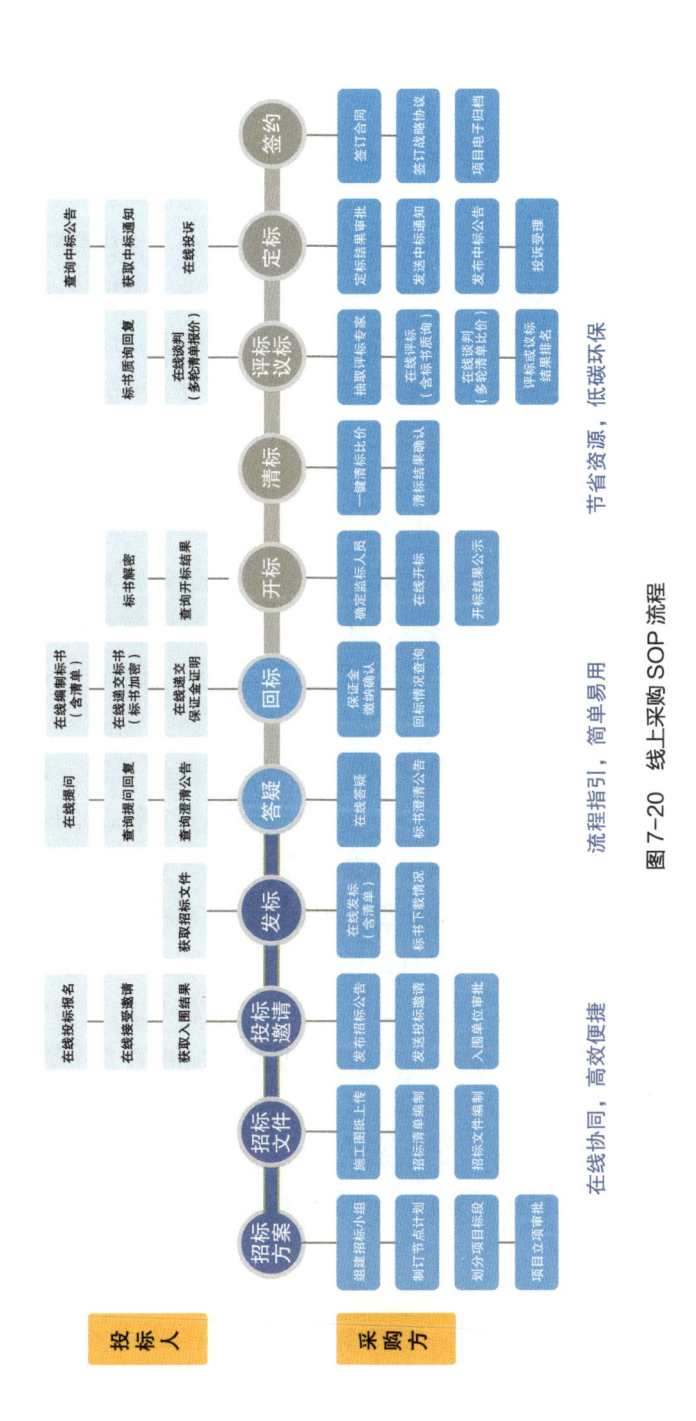

第七章 数字化助力房地产业腾飞

其次，在线投标、远程开标、异地评标，解决异地对投标、开标及评标的影响。新冠肺炎疫情暴发后，房企线下招投标工作受到了较大影响，加速了在线投标和远程开标在智慧供应链平台的发展与深化。运用互联网技术，智慧供应链帮助房企与供应商突破了物理空间和地理区域的限制。在整个招投标过程中，不但投标人可以身处异地，通过登录智慧供应链平台上传电子标书，而且开标评标工作可以分散在不同地点，远程同时进行。这有效解决了招投标环节效率低的问题：一方面，远程开标评标，评标专家可以从专家库异地抽取，提高专家抽取效率，解决部分地区评标专家数量较少，评标委员会组建困难的问题；另一方面，在传统线下招投标模式中，投标人和评标专家必须耗费一定时间往返常驻城市与开标评标地点，而在线投标、远程开标评标解决了上述问题，既节约了时间、提高了效率，也显著减少了投标人与评标专家所花费的交通、食宿费用。

最后，智能化评标提升评标效率与质量。当前，企业线下评标工作的质量和公正性饱受质疑，这是由于评标专家管理不规范、评标过程不透明、监管机制不完善等问题导致的。为了提高评标的效率、质量和透明度，房企可借助多种智能手段解决上述问题。基于前期招投标文件电子模板的标准化、结构化，智慧供应链平台可在评标时实现智能比价、智能计算、自动报告，将人工评标转变为自动化、智能化评标。其中，智能比价即基于标准的工程量电子清单，建立参考价格库，评标时，系统可自动进行横向对比；智能计算则是将评标规则结构化，由系统自动进行评分的计算；自动报告则是在汇总多个评标专家评分问卷的基础上，由系统按照标准模板，生成评标报告。

(2）履约过程：打通材料订单全流程，进度更加透明，避免延期

在材料履约环节，房企和材料供应商在协同上都存在难点。从房企来看，核心问题是与供应商分属不同企业，不能及时了解订单的进展，比如房企不清楚订单是否已经生产，能否按时发货，质量能否保证，等等。供应商面临的问题则是房企采用多种形式下单，下单容易出错，需要专门的团队来服务房企，等等。长期的线下协同不畅，不仅容易拖慢工程进度，而且会影响优质供需关系的构建，削弱房企供应链掌控能力，因此通过智慧供应链在线链接供应商，实现材料订单全流程在线极为必要。

项目需求方可在智慧供应链平台的材料商城中选择材料，以智慧供应链平台作为唯一下单渠道，向集采供应商发出在线订单单据，而订单单据结构化了材料的数量、规格、质量要求、采购价格、交货日期、交货地址等重要细节信息，避免了下单信息模糊导致的错单问题。

在材料供应商确认订单后，后续订单变更、订单生产、发货协同、材料验收、财务结算等环节，都集中在智慧供应链平台进行处理，既能增强房企与供应商双方的信息共享性，也有助于材料订单业务与问题的及时处理，提高交货效率。

Z企是一家大型国有开发企业，总部位于华南区域。随着地产开发业务的不断扩大，尤其是批量精装修业务的不断扩大，Z企对甲供材管理要求更高。如何实现高频率大批量材料品类集采的成本管控和质量进度保证，成为Z企当下急需解决的重要问题。基于上述背景，Z企引入明源云材料订单协同系统，以数字化技术为支撑，多方协同提效，为采购业务质效提升保驾护航。材料订单协同系统主要包括材料库构建、材料商城构建、订单全程跟踪三大功能。

首先，材料库构建。为了实现材料采购标准化、在线化，Z企必须构建一个标准的材料部品库，对同品类不同型号、不同规格的材料赋予独立的 SKU 编号，便于材料与集采协议关联，实现商城上架。其次，材料商城构建。为了提升集采品类执行度，并且满足项目在集采框架下的自主选择性，Z 企构建了材料商城，由采购与供应商一起负责在商城中上架产品。项目需求方浏览商城产品，自主下单时可形成对某一集采供应商的订单。最后，订单全程跟踪。供应商利用供方账户在线接受材料订单，并将材料生产、发货、验收等情况全程在系统中反馈，提升订单效率。

材料订单协同系统上线后，Z 企的集采材料下单效率提升了 50%，交货及时率提高了 30%，同时实现了 5% 成本的降低。

3. 合规：数字风控，构建阳光采购环境和透明营商环境

采购与供应链是房企合规问题频发领域，导致上述情况产生的原因，除采购部门拥有利用资金采购的权力而容易滋生腐败之外，线下合规检查以人工审查、体系监管为主的手段与模式也容易产生监管失误。这主要体现在三个层面：第一，由人工查找和识别投标、开标、评标过程中存在的违规风险，工作量大，也容易出现疏漏；第二，供应商的主体违约问题和交易信用问题散落在各个政府监管机构的网站中，单纯依靠人力搜集很难覆盖全部信用风险，导致合作后可能发生履约问题；第三，风险并不是一成不变的，随着多元业务的开展，产生的风险点越来越多，房企需要及时更新，形成新的风险控制体系以指导一线工作。

基于上述问题，数字化技术和大数据赋能风控管理，可以有效实现风险预判、风险控制、风险降低，构建阳光采购环境和透明营商环境（见图 7-21）。下文以数据资格审查、数字化行为洞察为例进行说明。

图 7-21　数字风控管理

(1) **数据资格审查：大数据驱动的资格审查**

　　数据资格审查，指的是智慧供应链平台基于大数据，对供方信息与项目招标资格审查要求进行自动比对、分析和识别，明确供方是否满足入围要求。其好处在于，将所有材料品类供应商的资格审查方式、辨别技巧，从某个采购人员的个人经验中提炼出来，内置于以数据为内核、以结构性评价规则为机制的数据化审查体系，实现资格审查优秀经验固化，赋能房企所有采购业务，减少人为干预。

　　房企可根据资格审查中的资质要求、法律风险、合作情况等审查条件，构建数据资格审查体系，此时智慧供应链平台需要链接行业信息和历史合作情况两大类数据。行业信息包括资质信息、法律信息、经营信息等。历史合作情况则包括历史参投数据、其他房企合作评价、履约能力、是否合作过百强供应商等。

(2) **数字化行为洞察：分析招采行为，降低串标、围标、定标风险**

　　智慧供应链平台可以应用身份认证、电子签章和文件加密等数字化技术，结合行业大数据、投标人过往招投标行为数据，提前预测投标人的串标、围标和定标风险。

一方面，洞察串标、围标风险。传统模式很难有效识别投标人的串标、围标行为，智慧供应链平台则从股权关系、电子投标地点、开标人监管、技术标偏差四个维度设计数字化串标、围标洞察机制：第一，基于大数据分析投标人之间的股权关系，判断是否存在潜在围标的可能性；第二，通过对投标人登录IP（互联网协议）的监控，判断不同投标人是否属于同一企业；第三，对于不同开标人，智慧供应链平台提供临时、独立的开标码来完成开标，防止串标风险；第四，基于技术标标准模板，智慧供应链对不同投标人的技术标暗标进行对比分析，对技术标偏差度进行预警。

另一方面，洞察定标风险。从供应商层面来看，影响房地产项目进度的问题主要包括履约配合问题、供应商生产经营问题、供应商超额定标问题等。智慧供应链平台可以通过以下方式解决上述定标问题：第一，历史合作分析，基于定标供应商的履约服务历史，分析该供应商的履约执行度；第二，供方经营风险分析，基于供应商生产经营数据和股权关系数据，分析预测供应商的现金流风险和股东单位资金资产情况，避免在供应商经营出现资金链断裂问题后，股东无法提供资金支撑项目建设的情况；第三，供应商超额定标分析，基于供应商生产线开工率数据，智慧供应链可以对定标供应商当前的生产力是否满足项目需求做出判断，避免后期的临时采购和工地窝工问题。

4. 共赢：供应商全周期动态管理

供应商是房企的重要资源，直接影响着房企的业务进度和项目结果。当供应商管理能力偏弱时，其内部无序将反映为对房企履约服务响应慢。当供应商经营能力不足时，其利润风险和现金流风险很容易导致房企出现工程断货危机。因此，房企要与供应商实现共赢，而数字化是实现共赢的最佳辅助。智慧供应链平台构建统一供方库，在供需双方协同全场景在线基础上，对供应商进行全周期动态管理，以真实的业务数据和行为数据为评价基础，实现对供应商更为精准的选用育留。

（1）统一供方库：建立供应商分类分级标准，统一管理多元业务

供方管理一直是房企关注的重点，但在实际管理中，一些多元化房企的不同业务板块均有独立的供应商管理机制，建有各自的供方库，彼此之间并不互通。在这种情况下，极容易出现某一个业务板块的不合格供应商，依旧服务于其他业务板块的情况，这不仅会影响项目质量，而且会使房企的公平性受到其他供方的质疑。要解决上述问题，房企可以借助数字化手段，构建全集团统一供方库，通过统一化、标准化、规范化的供应商管理，实现供应商全周期管理和监控。一旦供应商在某个业务板块评级成绩不合格或被纳入黑名单，其他业务板块就能同步了解情况，避免与之合作。

（2）大数据寻源考察：360度绘制供方画像，提高寻源精准度

由于信息不对称，房企往往会遭遇供应商寻源信息不准确、寻源工作量大的问题。导致信息不对称的原因是市场传导的层层衰减，要想对抗这种传导机制，房企需要借助量级足够的数据，因此，依托大数据进行精准、快速寻源将成为寻源趋势。一方面，房企可借助外部平台的数据积累与沉淀进行供应商招募，以进行精准、快速寻源；另一方面，随着房企与供应商合作量增加，房企内部也可以沉淀供方数据，结合外部平台大数据一起绘制更加清晰、准确的供应商360度画像，有效评判供应商是否符合要求，从而完成初步筛选。

（3）多维度供方评价：自动考核+动态亮灯，持续改善供应商服务

当前，房企采购部门往往会同时面对多个项目，在供方评价上陷入"人少事多，疲于奔命"的困局，而导致这一现状出现的原因主要有三个。

首先，数据难统计。供应商的服务质量只能依靠事后考核，房企无法在业务开展过程中及时监控，供应商评价数据的求证耗时耗力。其次，评价靠印象。部分房企对供方的考核依靠采购、项目工程人员的主观印象，当考核过程中存在扣分项时，难以定位扣分原因，追溯扣分本源。最后，结果不直观。供应商考核结果缺乏定量和定性的指标分析，不便与其他供应商进行横向对比，也不能与历史考核结果进行纵向对比，导致房企难以评价服务的优劣。

针对上述情况，房企可通过智慧供应链平台，建立自动考核+动态亮灯的多维度供方评价体系，持续改善供应商服务能力。

W企是一家主责产业园开发与运营的国有企业，经过不断改革发展，其规划的园区已经具备大规模开发建设的总体框架，形成了良性循环的软硬投资环境，吸引了多地区企业的投资。如何保障园区开发建设进度和质量？W企认为必须加强供应商履约管理。然而，工程管理部人手有限，往往是一个人对接几十个项目，无法去现场评估每个供应商的履约情况。因此，W企想到了借助数字化工具，实现自动化、智能化的考核。

在数字化系统建设时，W企与明源云项目团队在核实现有成本、计划、工程等数据源的基础上，梳理出对代建单位、施工单位两大类供应商的40多个评价指标并内置于系统中，对于代建单位设有季度考核和年度考核两个考核周期，而对于施工单位则以年度考核为主。W企的工程管理人员可以在系统中灵活选择评估指标，输入评估时间，由系统自动开展供应商评估工作。W企还将自动考核与动态亮灯有效结合：当一些指标出现时，比如人员到位率低于90%，监理日志超过三次未上传，系统显示黄灯指示；而人员到位率低于70%，监理日志超过七次未上传，系统则显示红灯指示。W企通过亮灯机制有效实现了对供应商服务过程的纠偏。通过自动化考核，W企以少量管理人员撬动了大量评价工作，实现了高效且客观的供应商管理。

总而言之，房企走向精益管理、打造精益产品、完善供应链体系是必由之路。但与制造业的精益供应链体系相比，目前房企的供应链体系仍然十分薄弱，需要从多个维度改善和优化。首先，构建供方选用育留体系，通过全过程大数据形成供方画像，识别优质供方和绩效较差的供方；其次，深入考量供方在与房企合作过程中所产生的营销成本、生产成本、履约成本等，优化合作模式，与供方建立命运共同体，实现共赢式降本；最后，做好供应链管理，推动跨企业、跨部门高效协同，避免业务出现堵点断点，同时做到资源集约化管理，最终打造自身的智慧供应链体系，真正实现降本、提效、合规与共赢。

第四节
破局去化瓶颈，智慧营销开启获客新时代

市场供需关系转换、房地产市场渐趋平稳……意味着房地产业告别了高周转、高盈利、高风险的时代，从"热带"回归到了"温带"，正式进入红海、微利时代。

在促进获客转化成单、促进营收增长成为决定房企生死存亡的关键时期，大部分房企都意识到了通过数字化改变营销方式、调整

发展逻辑、向精益营销转型，才是今后发展的关键。数字化平台能对营销动作迅速做出反馈，快速收集数据和信息，并且有助于房企快速更新决策、适应市场、赢得先机，以及让购房人感受到服务价值，这对当下房企的重要性毋庸置疑。

目前，房企在营销方面的数字化、智慧化已覆盖了地产营销闭环的全流程，主要体现在获客、案场、交易、交付四个阶段。

一、智慧获客

获客不仅事关房企的业绩好坏，更事关房企能否生存下去。在当下楼市降温、线下获客难、预算不充足的情况下，一方面，房企必须学会用自渠、分销两条腿走路，以做大客户增量，破解获客难题；另一方面，因为资源有限，房企可以以数字化营销为新引擎，在获客过程中运用更精准、更可视、更高效的拓客模式赢得先发优势。智慧获客主要有三种模式（见图 7-22）。

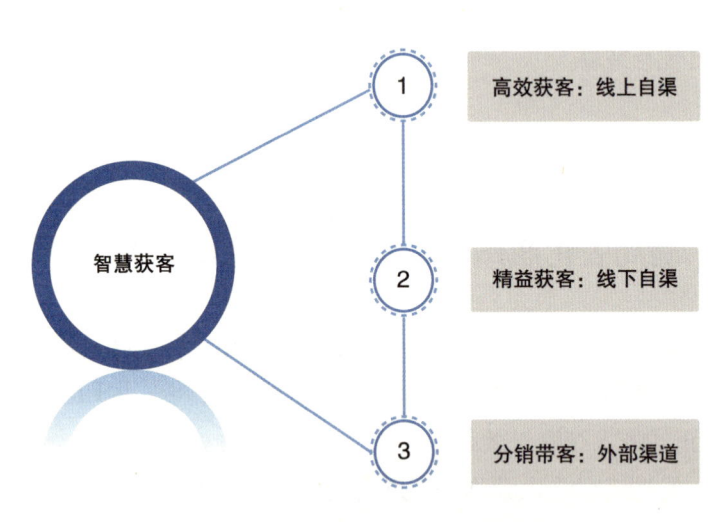

图 7-22　智慧获客的三种模式

1. 高效获客：线上自渠

近些年各行各业的营销主战场纷纷向线上转移，房地产业亦不例外，尤其是在新冠肺炎疫情暴发之后，地产营销线上化趋势加速，线上获客越来越重要。

（1）活动引流：线上售楼处

以往在线下案场，举办暖场活动是吸引到访客户以增加售楼处人气的最主要方式之一，而线上同样可以举办活动并导流至线上售楼处。在活动节奏的设置上，将活动整体划分为引流、运营与转化三个阶段，保证步步为"赢"，真正实现线上售楼处从"流量运营"到"成交"的进化。

第一阶段——引流：通过丰富的活动和现场媒体矩阵造势，吸引流量。

第二阶段——运营：引导客户进入线上售楼处，并筛选和锁定不同意向程度的客户，初步建立长效运营机制。

第三阶段——转化：同步开启线上直播，提升项目转化率，并积极引导老业主、高意向客户及未成交客户进行线上注册，为后续全民营销做铺垫。

2022年，在B企策划的"进步节活动"中，全国13个区域、30座城市联动，线上线下融合，充分体现了B企"卓越之心，点亮美好"的品牌力量。其中，线上流量运营取得了亮眼的成绩，实现了品效合一。

在本次活动中，直播引流的表现尤其抢眼，比如山东区域的"楼市大咖圆桌派"直播，用"省级电视台权威背书＋专业房产达人带货＋区域副总经理独有优惠＋直播间丰富互动抽奖"的方式，让直播卖房这件事有了创新玩法。此外，B企全国区域营销总化身"超给力星推官"进入"B企云置业"直播，直播间人数突破10万人。

从进步节的成果来看，B企线上售楼处累计新增客户13.6万组，线下促成到访3.3万组，全民营销经纪人累计新增注册量超过2万组。这不仅提升了品牌声量，还能助力项目去化，彰显B企数字化营销的破圈影响力。

（2）流量承接：线上接待SOP标准体系

房地产业向来擅长策划各类吸引人气的活动。相比传统线下活动，互联网降低了活动的参与成本，也非常容易聚集流量，一次线上活动引爆百万流量亦不罕见。

值得一提的是，流量非常容易流失，因此房企的线上营销活动经常被诟病"叫好不叫座"。"叫好不叫座"的主要原因是房地产营销人员面对庞大的流量，不知道如何从中筛选有效客户，以及如何对这些有效客户进行承接、运营和转化。

针对转化难的问题，Y企构建了一套高效的转化系统：通过"人工+智能"的方式，形成一整套线上接待SOP标准体系，实现了对意向客户的筛选、分发和接待（见图7-23）。面对庞大的线上流量，Y企结合了明源云客潜客中心的AI意向识别模型，通过用户在线上售楼处的行为轨迹，形成体系化的评级跟进，针对重点客户进行资源倾斜，自动优先分发高意向客户，这极大地激发了一线顾问的积极性。

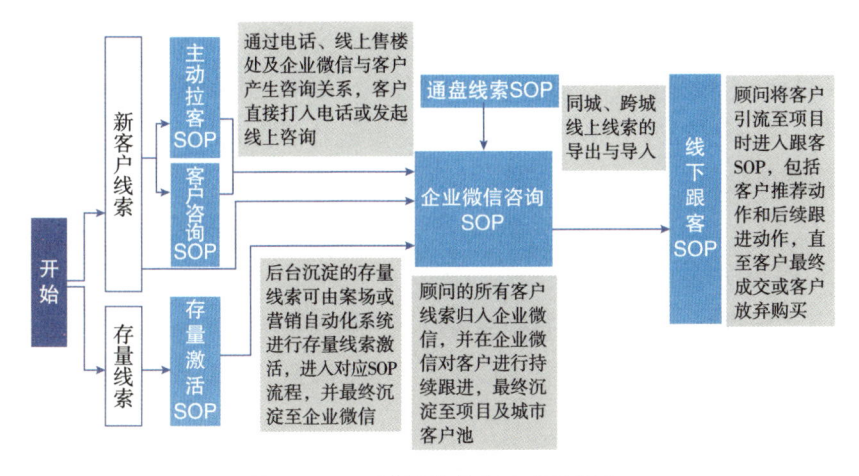

图 7-23　Y 企线上接待 SOP 标准体系

（3）线上看房：VR 带看

线上客户在进入线上售楼处后，可以通过 VR 进行远程看房。VR 带看的内容涵盖售楼处、示范区和样板房等整个项目现场，这可以达到完全实景复刻线下项目的逼真效果，让客户即使是远程看房也如同亲临现场。

VR 带看不仅仅是为了复刻线下真实看房场景，更是为了通过技术手段实现多样的功能，比如：样板房可以自由切换装修风格，中式、西式一键自由切换；日夜光影也可以自由切换，白天或者夜景随心换；通过 720 度侧轴拆分，实现单体到户型轴的拆分（将房子建筑细节拆开来看）。

进入 VR 带看后，购房者可以直接发起一对一的真人实时语音同屏带看，购房者可以针对自己关心的问题进行提问，再由顾问进行实时语音答疑，从而实现双向实时交流、边聊边看的功能。在顾问讲解时，购房者可以自由切换电子楼书、区位交通、三维沙盘、户型鉴赏和园林示范区，对整个楼盘的内容进行在线查看。

第七章　数字化助力房地产业腾飞

此外，VR 带看可以极大提升看房效率。通过 VR 带看，每个项目一天可接待上百组客户，相比线下接待，其效率至少提升五倍。这不仅提升了顾问的带看效率，也提升了购房者的看房效率和购房体验。

2. 精益获客：线下自渠

在营销资源越来越紧张的情况下，精准拓客越来越重要。下文以最常见的行销拓客和电话 Call 客（电话拉客）为例展开阐述。

（1）行销拓客：拓客地图指引精准拓客

精准的行销拓客可以通过客研化和数字化两个主要途径来实现。

客研化：根据项目定位进行客户画像。房企需要把前置工作做足，根据项目定位精准锁定目标人群，再根据他们的生活习惯，锁定他们的生活动线，并绘制拓客地图，然后根据不同目标区域，使用派单、摆展、竞品拦截、异业联盟等多种方式进行精准拓客。

数字化：通过大数据地图实现精准拓客。比如，大数据可以根据以往客户成交资料，自动生成成交地图，房企可以根据成交地图进行精准拓客。就算没有成交地图，只要开拓了一部分意向客户，大数据会自动统计这些意向客户的来源，找出拓客效果好的位置，形成拓客地图，并且会根据新客户的加入，不断优化拓客地图。

根据拓客地图，房企就知道往哪里拓客了，接下来就是执行力的问题。通过云行销，房企可以便捷地实现对拓客团队的统一排班和考勤打卡，还能实现实时拓客动线及位置追踪，以监控拓客执行的具体情况（见图 7-24）。

图 7-24　数字化拓客地图

（2）电话 Call 客：智能时代新玩法

　　电话 Call 客是最常见的拓客方式之一，但是近些年效果有所下降，因此房企要引入智能手段来提升电话 Call 客的效果。电话 Call 客的常见思路是：寻找优质号码资源，制定有说服力的话术，然后监督拓客执行，最后对效果进行复盘。

　　电话 Call 客其实是个概率事件，即打的电话越多，碰到意向客户的可能性越大。针对筛客环节，明源云客推出的 AI 筛客功能使电话 Call 客量成倍增长，可达单日 5 万多组，并能通过 AI 算法对意向客户进行智能筛选，精准找出意向客户。

3. 分销带客：外部渠道

　　随着市场遇冷，购房者的需求更难以捕捉，房企在营销上的投入就会加大，自渠团队的获客难度也越来越大，极有可能进入成本与收益的盈亏线平均状态，收益不能覆盖自渠团队的成本。而外部渠道（比如分销）的效果立竿见影，大部分房企还是投入了分销的怀抱。其实分销是把双刃剑，有利有弊。

（1）激励分销带客三板斧

市场上一直存在一个认知误区，即以为分销就是谁给的佣金高就给谁带客，所以一个区域内的多个楼盘经常互抬佣金，结果佣金不断水涨船高，最后分销商渔翁得利。其实真正能激励分销带客的关键因素有三点：透明、"杀客"和结佣。

透明是指从报备到成交的全过程透明。现在市场可谓"一客难求"，分销商也害怕自己的客户被抢走，再加上有些楼盘因为报备渠道非常传统，经常引发客户争议，甚至导致分销商的客户流失，因此分销商不愿意报备带看。而明源云客的渠道管家功能，可以做到隐号报备，报备时即可判客，从而保护分销客户，减少客户争议，让分销商放心报备。"杀客"是指在案场逼定客户的能力，只有客户成交了，分销商才有希望拿到佣金。在结佣方面，只有结佣速度快，分销商在拿到佣金后，才有动力不断带客。所以，商业写字楼虽然佣金点数极高，但是成交率极低，故分销商也不愿意带客上门。

（2）渠道风控让飞单无处可逃

当下分销过程中最严重的问题就是飞单，而飞单给房企造成了严重的费用浪费，让本就缺钱的房企雪上加霜。为了根治飞单顽疾，明源云客联合多家房企，经过试点成功开发出了针对渠道舞弊的智能产品——渠道风控，以安全合规地预防飞单情况。

（3）提升品牌力是获客根本

各房企要想保持自己的市场影响力，就需要提高辨识度，也就是品牌力。房企只有从客户需求出发，做离他们更近的事情，才能更好地获客。"即便在当前环境下，一些项目完全不需要通过各种渠道引客，区域位置好是一方面，另外房企的品牌力可以改变自己的话语权。"一位房企内部人士如此评价。

二、智慧案场

通过线上、线下、分销和自渠齐发力，房企解决了客源问题，但是如何高效承接和转化客户一直都是行业难题。尤其是在市场降温的情况下，顾问的"杀客"能力较弱，客户成交周期拉长，成交难度逐步增大。针对客户转化问题，H城投有一套自己的解决方案。其运用智能软件打造的智慧案场，有效破解了这一难题，实现了全渠道客户的高效承接和转化。

1. 渠道管家报备，促进案场到访

为了有效破解到访难题，H城投引入了渠道管家，让分销和自渠（全民营销、行销等）都能方便地报备客户、促到访，并在报备时进行实时判客，以保证渠道有序运转。

2. 用平板电脑进行来访登记，全面提升接待效率和客户体验

客户到访H城投项目案场时，接待人员会使用平板电脑的来访登记功能对客户进行登记，登记、判客、归属一步到位，减少客户的问询和等待时间，从而提升客户体验。渠道人员和行销人员报备过的客户，在带看时可以直接在平板电脑上扫码确认，从而提升接待效率。

在接待完成后，客户还可以通过扫码对顾问的接待服务质量进行评价。房企通过客户评价体系来督促顾问提高接待质量，为购房

者提供更优质的购房体验。

3.VR 品牌馆炫酷展示，传递品牌实力和产品价值

客户到访案场最重要的目的是了解项目和产品。H 城投一直秉承"传承城投工匠精神，创造品质人居生活"的品牌理念，打造了诸多高品质项目。如何把项目完美呈现和传递给客户，对于成交转化至关重要。

一方面，VR 品牌馆助力客户了解集团品牌实力。为了建立品牌形象，H 城投引入了明源云客的 VR 技术，打造了 VR 品牌馆，从宏观到微观全方位呈现产品价值。客户进入 VR 品牌馆，可以看到 H 城投的所有项目，还能看到其城市建设、城市公共服务、城市资源开发、产业资本的"3+1"产业布局，从而形成对 H 城投品牌实力的认知和认可。

另一方面，VR 品牌馆可使客户全方位感知项目细节。在 VR 品牌馆直接点击具体项目，客户可以进入楼盘，再用 VR 查看项目详情和产品细节。比如：炫酷的动态区位图可以演绎随时间变化的区位形态；VR 园林景观可以演绎四季景色变化；VR 样板房能切换不同的装修风格，甚至拆解墙体建筑工艺。另外，在呈现方式上，VR 品牌馆还在大屏幕、平板电脑端、手机端进行展示，客户可以用手机在"城投安家"上自助看房，顾问也可以用平板电脑和大屏幕向客户进行展示和讲解，从而做到多角度呈现集团的品牌实力和产品价值。

三、智慧交易

随着地产增量基本饱和，"守着售楼处就能有客户送上门"的好日子一去不复返，"开盘即售罄"也变得遥不可及。购房者的观

望态度越来越强烈，成交周期越来越长，房企需要步步为营。因此，房企可借助数字化工具筛选和锁定客户，以实现客户资源的最大利用。

1. 多种优惠高效筛客

优惠是促进成交最常见的方式之一，也是筛选客户最有效的方式之一。通过线上销售优惠券等方式，房企可以对客户进行筛选，因为一般只有真正有购房意向的客户才会购买优惠券。

比如 C 企推出 8.8 元卖券活动，客户买券即可在认购时抵扣 10 000 元。再比如 D 企推出客户可以在线支付 5 000 元锁房，同时在购房时抵扣更多的优惠活动。在客户认筹之后，房企还可以激励客户进行分享、助力，进而激发"筹带新"，实现拓新客。此外，5G 掌上售楼处还有秒杀、拼团、办卡、定金翻倍等多种活动。

2. 锁定客户意向

通过线下认筹来筛选意向客户和锁定客户意向，是房地产业由来已久的手法。但在地产调控下，政策要求楼盘在取得预售许可证之前，不得以认购、预订、排号、发放贵宾卡等方式向购房者收取或变相收取定金、预定款等费用。换言之，收筹属于违规行为，但是不收筹，房企又会对销售业绩心存疑虑。

最具互联网创新精神的房企之一 F 企，将明源云客的验资锁客产品与其 App 结合，让客户在开盘前可以登录 App 并填写个人资料申请验资，然后跳转到银行界面进行开户和冻结资金，从而实现对客户意向的筛选和锁定。在这个过程中，冻结的资金始终在客户个人名下，因此属于通过合规手段锁定了客户的购买意向。等到开盘时，如果客户成功选房认购，那么冻结的资金即可一键转为定金，方便快捷；客户如果未认购，那么可以选择一键退款，资金立即解冻退回。此外，验资锁客还可以解决异地收筹问题，实现远程锁客。

3. 直播开盘以降本增效

集中开盘可以集中处理批量购房行为、高效收割客户、均匀去货，所以一般楼盘都会举办开盘活动。但是，开盘是一个楼盘最重要的活动，存在筹备周期长、工作量大、流程烦琐等问题。对于地产营销人员而言，每次开盘都要至少提前一个月进行筹备，开盘前夜必通宵，耗费人力、物力。客户体验同样不好，不仅要早早到达项目开盘现场，还要经历漫长的选房环节。

（1）在线开盘让选房效率飙升

随着技术的发展，房企可以实现千人同时在线选房，并将时间精确到毫秒。以 B 企某项目为例，其使用明源云客的在线开盘系统，实现了 1 000 人同时在线选房，开盘后 25 秒抢光，选房效率飙升。

再以 F 企某项目为例，在开盘前，F 企把在线开盘环节整合到了企业的公众订阅号端，这样便于企业公测和客户抢房。为了让客户熟悉手机选房流程，F 企提前进行了公测。公测还有一个更重要的作用，那就是提前摸底客户的真实意向，通过大数据实时监控客户的收藏和预选行为，对于购房意向过度重叠的房源，顾问可以及时联系客户进行调整，以保证开盘的高转化率。

（2）将热销氛围转移到线上

对于开盘活动，有些房企认为线上开盘不如线下有氛围，对转化率存疑。为此，明源云客使用前沿科技，特别推出"直播开盘"功能，把热销氛围转移到线上，通过氛围挤压来促成开盘转化。除了提升选房效率，在线开盘还可以减少开盘环节，把部分环节前置，从而节省物料费用，减轻营销人员的工作量，真正实现省时、省力、省钱、省事。

更重要的是，通过在线开盘，房企可以实时掌握客户的行为数据，并及时跟进具体情况，从而动态逼定客户（见图7-25）。

在线开盘
- 开始时，营造火热氛围，并通过抽奖调动积极性
- 过程中，若意向房源未抢到，系统会自动为客户推送备选房源
- 选房结束后，及时推送车位售卖，并预约签约时间

图7-25 "在线开盘"功能全流程

首先，在开盘开始时，通过互动来调动客户积极性。房企可以通过专业带货主播的话术引导，营造火热氛围，再通过红包抽奖、领取优惠券等方式，调动客户的积极性和情绪，而且红包和优惠券都可以达到促转化的效果，中奖的客户需要去现场签约并核销优惠券，从而促进客户尽快签约。

其次，在选房过程中，灵活推送备选房源。如果意向房源被抢，系统就会自动推送客户收藏的备选房源。如果客户未选房，或在线开盘后发现还有房子未被选走，自动化回捞机制就会精准给未选房客户推送消息，提醒他仍有房源可以选购。同时，该系统还会给顾问同步推送消息，让他们点对点联系自己的客户选购剩余房源。过往经验显示，自动回捞机制可以有效提升去化率。

最后，在选房结束后，预约签约时间以降低反悔率。房企可以直接让选房客户继续选购车位，趁着客户仍在购物氛围中，加速车位去化，解决车位去化难题，同时省去专门组织车位开盘的成本。为提升车位去化率，在线开盘还支持一键申请分期付款功能，通过降低购买门槛来提升客户购买力。

在选房结束后，客户可以直接预约线下签约时间。为了降低线上选房反悔率，房企可以设置不同的优惠方式（类似不同付款方式的优惠），越早签约优惠越多，这可以提高客户的签约积极性，降低线上反悔率。

房企如果想扩大开盘影响力，那么可以让顾问在各个社交平台分享直播链接，邀请全民参与观看，以吸引新客户，这样就形成了从客储到开盘，再到增加客储的良性循环。

四、智慧交付

房企爆雷消息的不断传出，让购房者对房子能否按时交付、房屋的修建品质越发重视。在新形势下，产品力和服务力成为房企竞争新赛道，交付变得尤为重要。

要想重振购房者信心，保交付的行动很重要。房企只有把保交付的行动传递给购房者，变成购房者对某一开发商的信心，才能提升销售业绩。如此一来，交付危机反而成为部分善于保交付的房企展示品牌实力、抢先收割客户，从而实现弯道超车的机会。为了让购房者放心以及提升购房体验和满意度，明源云围绕"透明交付信心指数"模型，特别推出"透明交付，助力去化"的保交付解决方案（见图7-26）。

售前	售后	长线
让客户直接看见施工现场以提振信心	移动交房与在线交房，提升客户体验	积极经营存量客户，积累口碑促转化

图 7-26　明源云保交付解决方案

1. 售前：案场大屏直播"透明工地"

行业有句话叫"案场如战场"，案场是促进客户成交的关键场所，如果房企在这里能让客户对交付有信心，那么这对成交将起到极大的促进作用。

其一，透明工地让客户直接看到施工现场（见图 7-27）。在案场增加一些能展示工程进度的销售道具是一个有效的方法，比如增加对客版工程进度大屏，大方展示工程进度，这既体现了项目诚意，又让购房者更加放心。

图 7-27　透明工地

其二，工地直播对施工进度实时播报。房企可以通过低成本的

3D 建模，展示每栋楼的施工进度，演绎楼栋 3D 生长过程，同时配合透明工地，实现 VR 数字工地虚实融合。房企还可以定期公示关键交付工序，以打消购房者对工地停工、延期交付的担忧，提振客户信心。

案场展示非常重要，但来到案场的都是高意向客户，还有更多客户尚未来到案场。因此，除案场大屏外，房企还要通过线上方式传递保交付行动。透明工地的直播入口可以挂在公众号入口，便于客户随时查看。顾问也可以随时转发直播链接给客户，邀请其查看最新进度，以增加客户触点。

2. 售后：严控交付品质与风险

其实，最关心交付问题的是已购买且还没收房的客户群体，他们也是最容易影响项目口碑的群体。如果项目交付工作做得不好，那么这很可能导致集体维权；而交付工作做到位，非常有助于提升客户满意度，形成项目口碑，让交付危机变成交付机遇。

为了提升交付效率和体验，一些房企在验房与交房环节做出了变革升级，引入了明源云的移动验房和在线交房技术，推行交付信息化管控。比如 T 企通过移动验房，提前对 150 多项行业标准进行专项检查，然后进行模拟验收，严控交付品质。此外，房企还可以通过工地开放日提前识别业主的关注点并及时整改，提前引导和控制业主预期，提前识别风险和规避交付风险。

3. 长线：经营存量客户

房企落实保交付工作不仅能助力当下的成交，更能提升客户的口碑和满意度，进而做强自渠，实现长期可持续发展。

首先，切实做好保交付，提升客户满意度以促进全民营销。市场上的新客一客难求，越来越多的房企开始把注意力转向存量客户经营。交付环节本身就为存量客户提供了很多触点，比如陪伴业主度过焦虑不安的等待期,给予业主看得见的踏实和安心。

其次,多触点可达功能可以促进客户转化。以"业主家书"这一触点为例,以前很多房企的"业主家书"都是在微信公众号上发推文,这种方式的效率相对低下。而"项目现场实景视频+图文"的家书会以 3D 生长的新颖方式,直观呈现每个楼栋的施工进展,业主可以看到自己家的工程进度,甚至装修进度,从而安心等待交付。

除了家书这一触点,客户生日、节假日、签约纪念日、项目活动信息、重大事件通知等存量客户运营触点,都可以通过营销自动化机制自动推送,做到精准触达,从而打造有温度的存量客户运营体系,持续激活沉默客户(见图 7-28)。在激活存量客户之后,房企可以通过一整套全民营销平台解决方案促进存量客户低门槛注册、便捷报备推荐、快速结佣、主动裂变拉新,从而实现业绩的可持续循环增长。

图 7-28 存量客户运营触点

综上所述，与传统的营销模式相比，数字化营销体系已经覆盖了从数据获取到营销全流程的智慧化，再到客户服务的全周期闭环，并且可以在有限资源下高效精准获客、提升成交转化、加速去化和回款，也让客户获得了更好的购房体验。数字化让房地产营销进入了一个崭新的阶段，塑造了地产下半场核心竞争力，这也是精益思想通过数字化工具在房地产营销中的完美体现。

第五节
科技赋能物业，智慧服务缔造美好新生活

物业服务作为房地产价值链下游重要业务的一环，已成为房企谋求市场的"急先锋"。在存量大时代，房企必然需要从高周转开发转到持有资产运营：从建房子、卖房子转向运营和服务。另外，受新冠肺炎疫情影响，物业服务价值凸显。2020—2021年房企分拆物业公司上市的背后，正是社会、市场对物业服务的重新定义和审视。如今，在社会、政策、资本等多重因素的推动下，物业服务从最初的社区服务向城市服务转变，服务的广度、深度不断延展，蕴藏了巨大的市场空间。

然而，机遇与挑战并存。物业服务自20世纪90年代诞生以来，发展缓慢，饱受诟病。对于房企或物业服务企业来说，传统物业管理模式面临多层管理效率低、服务结果难量化、人员流动大、服务标准难以持续等各种问题。在严峻的行业形势下，提升服务品质、升级精益化管理是房企在寒冬里活下来的必然选择。以往的粗放式发展使物业行业本就未提供令业主满意的好服务。再者，不论是消费升级还是受新冠肺炎疫情的影响，人们对居住、生活和工作的环境提出了更高的要求。

"于危机中育先机，于变局中开新局"，在行业重组、重构的态势下，房企或物业服务企业需要坚守服务本质，向管理要效益，不断优化服务品质，注重服务细节，将物业服务做到极致，这样才能抓住机遇、长久发展。提升服务品质是一项系统工程，上至企业战略、组织流程，下至标准制定、服务实施均需要做出相应变革。其中，数字化正是房企实现管理提升、精益服务的关键因素。借助数字化，深入服务场景、洞察真实需求、提供精准服务是传统物业服务升级为精益服务的重要手段。物业服务主体众多，数字化应用也较为复杂，有针对项目的 ERP 系统，有面向客户的移动 App 端，也有面向员工的各种内部管理系统。整体而言，数字化在物业服务领域的本质可以理解为通过应用信息化的系统和平台，对传统物业服务进行管理迭代和流程重构，从而达到精益服务的目的。基于此，本节聚焦住宅、城市、商写三大业态，探究数字科技如何助力物业服务升级为精益服务。

一、住宅服务：搭建智慧管理平台，实现降本增效

就服务质量而言，在过去几十年的发展历程中，房地产业多以粗放式的服务模式为主，各企业服务水平参差不齐，很多业主并未享受或体验过优质的物业服务，对物业服务满意度普遍不高。细究业主不满意的原因，大致可概括为三类：一是接触少，在传统的物业服务中，物业与业主接触点少，双方只在有事时联系，物业对业主不甚了解，业主对物业的服务不清楚、无感知，双方纠纷时有发生；二是以线下服务为主的服务形式导致反馈流程长，业主对进度不清晰，从而给业主带来不佳的服务体验；三是服务形式单一，基本停留在"四保一服"，缺少全方位、全周期服务。而对于房企来说，人工成本上升、物业费提价困难、利润空间受到挤压等问题逐

年显著，管理水平亟须提升。对于当前住宅物业服务面临的困境，数字化工具的应用是提升物业服务满意度、实现降本增效的不二选择（见图7-29）。

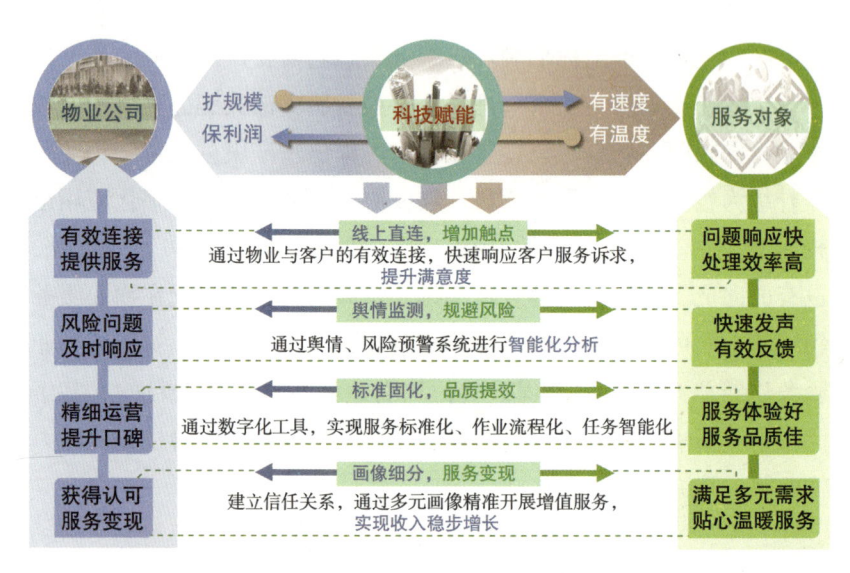

图7-29 数字化工具赋能物业服务

基于多年深耕房地产业、物业服务行业的经验，明源云描绘了物业服务数字化转型蓝图，有效助力物业服务企业在提升服务品质的同时扩规模、保利润（见图7-30）。

具体而言，数字化工具作为物业服务企业当前困境的破局利器，在住宅服务领域的应用主要涵盖三个方面。

一是内部管理：比如搭建ERP系统、财务管理系统等，这是物业服务数字化的切入点，能够提升企业内部管理效率，从成本端起到降本增效的作用。

二是智慧物联：比如智慧门禁、智慧车行等智慧物联系统，在给业主带来更好服务体验的同时，能极大降低人力成本。

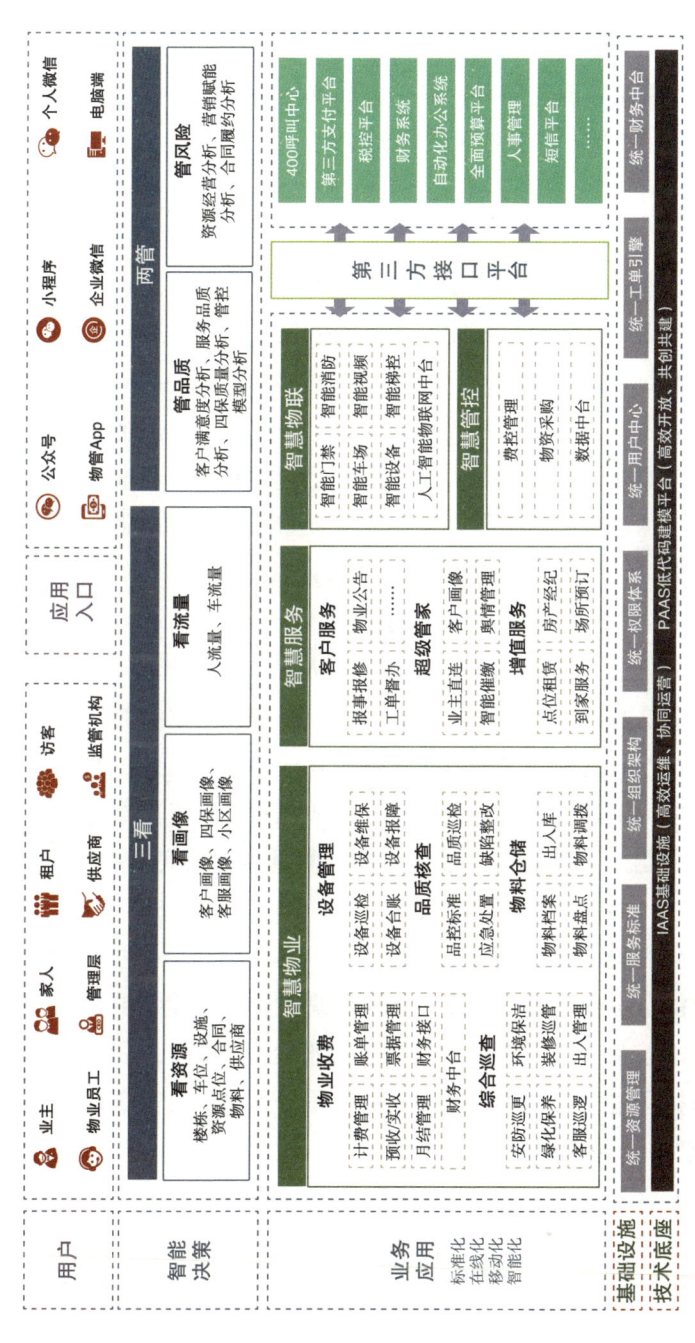

图 7-30 物业服务数字化转型蓝图

注：IAAS 和 PAAS 是两种云计算类型。

第七章 数字化助力房地产业腾飞　　305

三是智慧服务：一方面借助线上平台增加服务触点、优化服务流程，以改善整体服务体验；另一方面基于业主数据沉淀，精准提供增值服务，在提升服务体验的同时实现创收。

1. 内部管理：赋能员工，提升管理效益

在物业服务中，将数字化工具用于内部管理场景是最初级的需求。业主对物业服务的满意度长期处于低位，细究背后的原因，其实是房企内部管理能力的问题。行业快速发展，服务规模快速扩大，但内部管理能力、运营效率并未跟上规模的增长，企业盈利能力自然也未如期提升。由此可见，提升运营管理效率、推动服务体系精益化，是房企提升盈利能力的关键。如何实现精益化的管理和服务？无疑，数字化工具的支撑作用不可忽视。

当下房企内部管理效率低下的原因，从管理层面看可大致概括为三点。一是业务流程未固化和形成标准，口头沟通、纸质记录、流程混乱都是造成管理效率低下的因素。二是无数据沉淀，大量基础数据、业务数据的统计分析工作缺少在线化工具辅助，无法实时更新和支撑决策。三是无确切的监督考核机制，员工工作情况、服务执行质量均未受到监控。数字化作为管理变革的底层支撑工具，能够很好地助力企业解决管理低效问题。

数字化在物业内部管理上的应用，聚焦于中后台的决策管理模块，赋能基层服务人员以及中高层管理人员，覆盖各项业务需求（见图7-31）。管理人员可通过集成管理平台，统一管理所有的系统数据并对执行过程进行统一监管。基层服务人员则可基于集中化平台对收缴费、工单派发、物资采购等进行统筹管理，一改以往通过中层管理人员配置的方式，从而提高作业效率。

图 7-31　数字化赋能决策管理模块

例如，碧桂园服务通过信息系统已经实现了对全业务条线的管控，包括 ERP 系统、成本系统、网购平台系统等；永升生活服务已经搭建了财务共享平台和经营分析平台；万科物业自主研发的财务管理系统——营账系统也在不断迭代。在系统的助力下，房企可以有效减少费用核算调整以及人工干预作业，实现收费作业流程自动化。

因此，就内部管理而言，借助数字化工具实现组织优化和系统管理，最大限度降低管理成本，提高工作效率，恰恰是精益管理的题中之义。

2. 智慧物联：机器替代人力，设备集成管理

在社区场景中，门禁管理、人行管理、车行管理、设备管理（比如电梯）等一直是业主投诉的"重灾区"。智慧物联的核心是利用前沿科技为社区居民提供安全、便利的生活环境，覆盖智慧人行、智慧车行、智慧家居等诸多领域，构建良好的人文、生活环

境，形成基于海量信息和智能处理的新型社区管理模式，以及面向未来的全新社会形态。以小区门禁管理为例，目前存在出入口便捷性差，访客管理以纸质登记为主，真实性、安全性难以保证等问题，房企如果启用智慧人行系统，就可以克服这些痛点，为居民提供便利，提升运营管理效率。

某头部物业服务企业完成了对社区部分场景的智慧改造，涉及设备管理、智慧人行、智慧车行、智慧视频等，实现了设备运行品质100%在线感知，供配电、给排水巡检效率提升55%，巡检频次降低66%，社区巡检效率提升83%，工程和绿化节能降耗显著。初步估算下来，平均年度节约管理成本约23万元。

整体而言，智慧物联的落脚点主要有四个方面：设备管理、智慧人行、智慧车行以及智慧安防。

（1）设备管理

在传统的设备管理中，设施设备未进行分类分级管理、周期性维保不到位等问题直接导致人工成本较高、业主满意度较低。因此，设备管理智能化的主要价值在于优化设备管理工作流程，降低人力成本投入，提升服务和管理效率。

诸多物业服务企业已应用远程监控管理系统，有效提升了设备运营管理能力、预防性管理能力及内部运作效率。比如，保利物业通过搭建EBA（能源楼宇自控）物联网平台，做到了实时对设施运行数据进行采集和异常报警，实现了精准决策，有效提高了设备运行的安全性。其中某试点项目已实现了EBA设备在线率97%，极大提升了设备管理效率及管理质量。再比如，绿城服务在新冠肺炎疫情防控期间通过EBA远程监控管理系统，对硬件设施进行远程管理，使大量工程人员投入更重要的日常防疫工作，从而大大提升了人员使用效率。

此外，智慧能耗管理系统也较多，尤其是在目前提倡低碳环保的大背景下，其应用将越来越广泛。房企可通过智慧能耗管理系统对社区主要建筑物内的机电设备进行运营监测及计算，基于运行及能耗统计数据，控制设施设备运行状态，实现建筑物节能减排。智慧能耗管理系统可用于监测社区大型公共建筑物的能源消耗，比如可对电、水、气的使用数据进行监测、记录、分析，也可全天候监控、掌握大型公共建筑物的实际用能状况，从而加强能源方面的宏观管理和科学决策，同时支持社区相关人员更好地监督和指导各个重点耗能设备持续推进节能减排工作。

（2）智慧人行

人员管控对于社区安全来说至关重要，由保安人工核实访客身份、登记信息后放行的管控模式容易出现信息遗漏以及对访客身份辨别不准的问题，有不小隐患，人员管控能力、管控效率急需提升。

目前，智慧人行主要包含无接触通行、App 远程控制、刷二维码或门禁卡等，以各种方式满足不同年龄和不同习惯的业主便捷回家。同时"远程预约授权"功能也能为访客进入社区提供更快捷的方式。

一方面，通过智能识别开门等形式，匹配不同层级小区的门禁改造需求，并提供访客邀请等功能，提升人员通行体验，重塑物业人行服务流程；另一方面，通过从集团到项目的跨层级门禁鉴权体系的搭建，通行记录有迹可循，从而协助物业有效进行安防事件的追溯。

另外，人行门禁场景作为高频刚需场景，既可让物业激活线下流量，又可提升 App 端日活，从而辅助社区进行增值运营。

（3）智慧车行

随着人们生活水平的不断提高，私家车越来越多，交通压力也随之加大，而传统社区的车辆门禁系统的弊端较多。尤其是遇到上下班高峰期或下雨天，车辆出入不便，漫长的等待令车主和物业工作人员苦不堪言。智慧车行系统的应用能很好解决这些问题。

智慧车行系统涵盖图像识别、物联网、移动互联、云技术等，可实现云停车、车牌识别、无感支付、自动缴费等现代化停车管理功能，不仅可以提高车辆出入效率，提升停车管理效能，还能为企业提供综合化数据，为企业决策提供支撑。

（4）智慧安防

社区安防涉及人和物两个方面，社区安全、有序的治理状态是物业服务能力的重要体现。目前的智慧安防系统以门禁系统、园区监控、居家安防为三道防线，将可视对讲、视频监控、报警、门禁、人员出入管理、停车场管理、巡更、访客管理、楼控等孤立场景统一于社区云平台，不仅大大节省了社区安防人力、治理成本，还能实现24小时全方位可追踪，从而提升业主的归家体验。

在具体的智慧安防落地中，物业服务企业可在统一规划、统一标准、统一平台、统一管理的思路下，通过社区内的视频监控、微卡扣、人脸门禁等各类物联感知设备，实现社区数据、事件的全面感知，同时充分运用大数据、人工智能、物联网等新技术，形成公安、街道、物业多方联合的立体化社区防控体系，提升对特殊人群、重点关注人员、涉案人员等的管理能力，以及预测预警能力、精确打击能力、动态管理能力，从而提升社区防控智能化水平和居住安全指数。

随着5G商用和边缘计算、传感技术及人工智能技术的进步，智慧物联将逐渐成为智慧物业的重要组成部分和数据来源，推动现代物业服务理念不断深化，助力构建精益服务体系。

3. 智慧服务：以精细化运营提升业主体验

在传统的物业服务中，业主资料无沉淀、物业服务无感知以及体验差等问题屡见不鲜，而要想提高业主对物业服务的满意度，物业服务企业必须做到有效连接、档案留痕、高效响应。数字化工具是实现这些的重要手段，将服务线上化，提高业主和物业的沟通效率和问题解决效率，同时为增值服务的开展提供数据支撑。

做好用户运营服务，实现对用户的全生命周期管理，是当下物业服务企业重点关注的。在具体的实践中，App、小程序、企业微信等全渠道数字服务触点的建立是物业服务数字化的主要着力点。这些线上手段一方面可以强化物业与用户的交流沟通，另一方面可以帮助物业更好地进行服务。物业服务企业可以结合各种模型算法，建立各类评价体系指标，更全面地对用户数据进行有效分析，形成各类用户特征画像，规划不同类型用户的定制化服务策略、服务优化建议等，从而更好地将用户数据价值沉淀为企业数据资产。以下以基础物业运营服务和增值物业运营服务为例展开阐述。

（1）基础物业运营服务：以客户为中心，建立服务机制

在基础物业服务中，问题解决效率低、服务响应慢、服务感知差是造成业主满意度低的主要因素。归根结底，这是因为企业没有将服务标准、服务流程固化，以线下服务为主的方式也使得信息流通慢，服务难以被业主感知到。如果企业能够将查缴费用、报修维修、投诉建议、反馈评价等基础服务标准化、线上化，与业主建立有效连接，那么其响应速度、服务品质都可以得到很大提升。

企业可以运用各类手机 App，以客户为中心，建立配套服务流程和机制（事前、事中、事后），快速响应业主需求，从而提升服

务体验。

事前：以微信公众号为触点，定期向业主推送活动、服务月报，以提高服务感知。

事中：针对保修期内和保修期外的工单，与第三方公司联动，提升跨组织协同效率；业主可多渠道反馈诉求，员工可进行移动报修，从而实现在线工单有效协同、实时响应以及过程透明化。

事后：借助满意度调查机制来评估满意度状况，找到影响满意度的因素并采取针对性改进措施。

（2）增值物业运营服务：精准洞察业主需求，赋能企业开源创收

得益于社区的天然流量入口，以及高于基础物业运营服务的毛利率，增值物业运营服务正成为新的盈利增长点。不少房企很早便切入增值物业运营服务领域，投入大量人力、物力，开展各类增值服务，但从实施成效来看，无论是在增加营收层面、提高业主黏性层面还是在打造品牌影响力层面，均收益甚微。其中很大的一个问题是：没有沉淀业主数据，没有抓住业主的真实需求，只是盲目跟风其他企业提供的增值服务品类。

房企要想把握这个广阔的利润空间，数字化工具的作用不可忽视。房企可以基于业主的基本身份信息、家庭信息、房产信息、服务信息等，向业主提供精准服务，比如二手租赁、美居服务、文化休旅、社区电商、智慧养老等。房企可以将服务业态拓展到购物、教育、理财、保险、健康等日常生活的多个方面，从而实现高质量服务与高投入回报的双赢。下面以社区电商为例阐述数字化如何破局增值服务困境。

社区电商是增值物业运营服务众多品类中占比最大的一个品类，被寄予厚望，众多房企纷纷杀入这一领域。万科物业的"住这儿"、保利物业的"若比邻"、中海物业的"优你家"、碧桂园服务的"旺管家"……都尝试凭借自家的社区电商分一杯羹。但从多年的发展情况来看，社区电商并未如物业公司和房企所预期的那样，呈现迅猛发展之势。细究其背后的原因，是因为物业公司或房企未构建差异化的竞争优势。互联网时代，业主获得各种服务和商品的途径非常多，为何一定要从社区电商平台获取呢？

明源云认为，仅有基于大数据的精准画像远远不够，房企还需要多走几步（见图7-32）。首先，房企可以建立多个专业兴趣社群，让业主对物业、邻居产生信任，对社群领袖信服，通过社群领袖来开展相应的业务，从而构建差异化的竞争优势；其次，充分利用互联网工具，比如小程序、微信公众号、企业微信等，用简单的产品、便捷的沟通工具，在提升居住体验的同时提高沟通效率，促进交易达成；最后，运用企业微信及微信群，高效触达业主，实现精准推送，同时避免业主因信息骚扰而引发反感或取关。

二、城市服务：智慧物业服务赋能城市数字治理

智慧城市服务是物业服务数字化应用的另一个趋势。国家对新型城镇化建设的重视，使得城市精细化管理需求快速增长，城市服务向精细化、专业化、现代化迈进的进程加快。房企在住宅领域有很多服务经验，既有平衡监管方和分包方的经验，也有配置资源的经验，因此，房企的基因与城市精细化管理需求是非常匹配的。但整体来看，房企目前尚处于城市服务探索的起步阶段，面临经验缺乏、开拓难度较大等挑战，如何在城市服务蓝海中找到出路并突破服务边界，对入局城市服务的企业来说尤为重要。具体来看，城市服务类型丰富，场景多元，对专业服务能力、技术能力的要求高，对物业服务运营能力以及对资源的统筹、整合、驾驭能力有更高的要求。

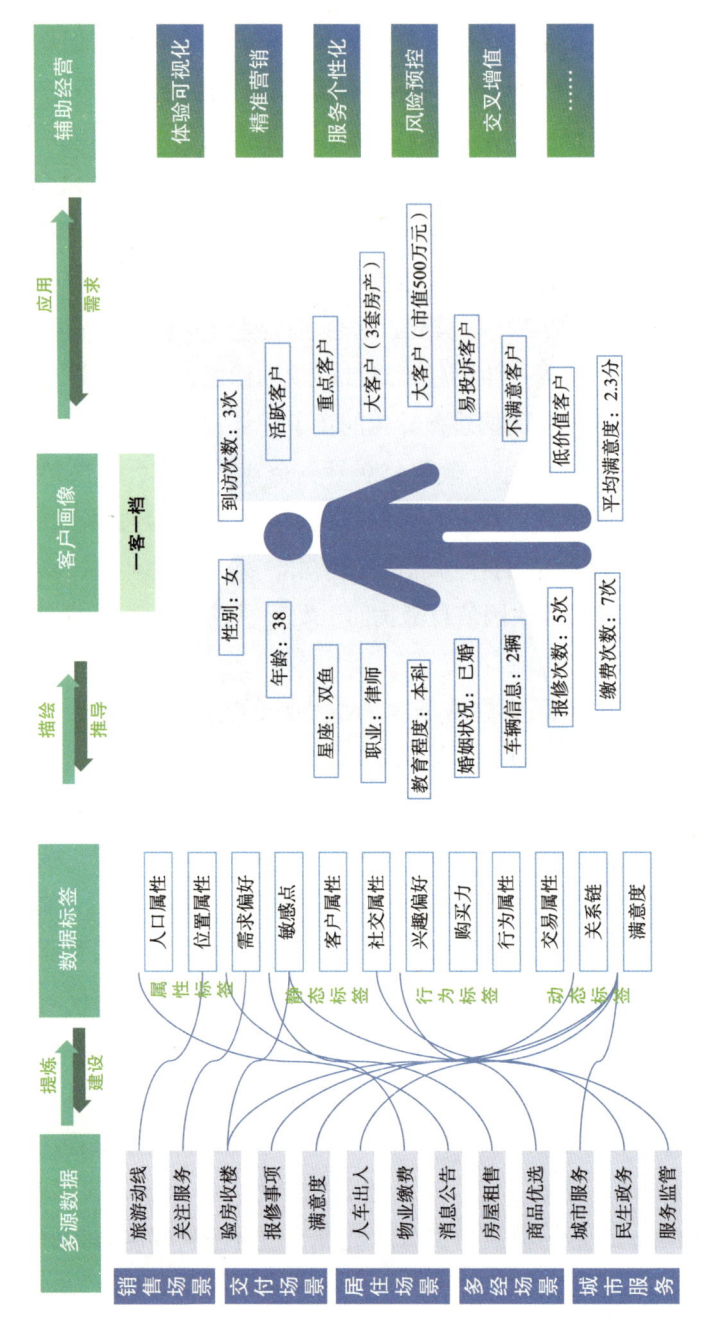

图7-32 以业务价值推导客户画像

314　房地产精益管理

目前，数字化工具在城市服务中的应用场景主要聚焦四类：基础设施管养、智能环卫、社区协同治理以及居民公共服务。

在基础设施管养方面，云维保系统可以通过传感器和摄像头，实现 24 小时监测水泵房、配电房、电梯等设备的运转情况。据悉，云维保系统所服务的某区域内的七个水泵房，依靠人工检查需要两个多小时，若通过云维保检查，20 秒内即可完成，这大大提升了工作效率。

在智能环卫方面，碧桂园服务研发的"城市扫描仪"系统，支持在常规环卫作业车辆记录功能的基础上，嵌入道路病害检测、垃圾堆放检查、违章停车识别等 AI 算法，既可对作业车辆进行常规监管，又可同步解决城管、环卫、交警等部门关注的问题。

在社区协同治理方面，保利物业通过建立"西塘全域化管控平台"，以一屏观全镇，通过对发现和处理问题的及时率、超时率、闭环率等数据进行分析，提出合理的处置方案，精准打击、精确施策，事件处理完成率达 100%，事件处理超时率控制在 1% 以下。

在居民公共服务方面，绿城服务通过持续探索与政府的公共服务联动，搭建了一站式生活服务平台，线上线下融合，把政府公共服务、基层治理，以及企业的商业服务、物业服务，都融合进一个平台，以数据共享为基础，提升企业与居民、企业与政府、企业与企业之间的信任关系，从而起到增强居民社区归属感、提高社会基层治理效率、提供更优质社区服务的作用。

三、商写服务：借助数字科技，突破运营难题

近年来，房企逐渐切入商写服务，最根本的原因或许在于该类物业具有较强的盈利能力。与住宅服务相比，商写服务除了提供基础物业服务、增值服务，更侧重商业项目运营，服务内容更丰富。

当然，成本也更高，能否化营收为利润，取决于房企的综合管理水平和成本把控能力。进军商业服务领域的房企除了需要具备过硬的基础物业服务能力，还必须具备商业物业运营能力。借助数字科技提升运营管理效益，实现服务品质溢价，是房企的必然选择。

目前在商写服务中，数字化应用根据使用对象可分为业主端数字化应用、租户端数字化应用。

在业主端，数字化应用场景主要分为招商、经营管理、决策和设备管理。在招商方面，高效招商是招商人员的永恒课题，传统的机会型招商、广撒网式招商往往会造成资源浪费、招商转化率低等问题。此时大数据系统的作用便显现出来：实时更新社会经济数据、政策数据、企业风险和信用数据等，支持高效精准招商。

以宝龙商业为例，其与专业科技厂商共同构建了智慧商业大数据平台，通过商业资产数据可视化系统对招商场景进行实时分析，极大提高了招商效率。在经营管理方面，将财务、客流、客单等内容纳入统一平台进行管理，实现经营分析；在决策方面，由数据中台沉淀销售、位置追踪、客户画像等数据以协助决策；在设备管理方面，与其他业态类似，将设施系统通过物联网进行集约化管理，从而起到减少人力成本、降低能耗的作用。

租户端数字化应用有两类：一类是赋能租户，借助服务消费者的智能工具实现运营效率的提升；另一类则是赋能业主，助力业主利用线上平台为租户提供定制服务。

综上所述，数字化时代，智慧平台模式刷新了物业服务的运营方式，亦打破了人力依赖程度较高的传统服务模式，使得物业服务从单纯的劳动密集型服务转变为科技赋能的精准服务。

为了满足业主随着社会发展而不断变化的需求，物业服务正基于今天的服务场景，通过数字化进行全新的流程再造，以应对不断变化的业主诉求并重塑市场价值。与之相伴的是，物业服务的生态体系也随着服务广度、深度的不断延伸而发生变化，智慧运营能力、精益服务能力将发挥越来越重要的作用，也将成为房企拉开竞争差距的关键因素。

后 记

本书的创作，从思考到落笔，直至即将与读者见面，前后经历了将近三年的时间。在这段时间里，世界经济、中国经济以及中国房地产业的形势，都发生了巨大变化。在面临最为严峻的考验和挑战之际，中央陆续出台了"稳增长、稳就业和稳物价"等宏观经济政策，并提出要提振基建投资。针对房地产业，政府提出了"探索新的发展模式"，房地产业如不及时转型、改变、重塑，未来还会继续走弯路，甚至栽跟头。

在这样的大背景下，房地产业和房企又该如何演变呢？在新基建背景下，房地产业的演变将会提速——与发达国家的发展道路一样，房地产业不再是一个独立行业，而是大基建行业的一个分支。房地产业应抓住国家推行新基建和以县城建设为重要载体开展城镇化建设的发展机遇，扮演好新基建下的新角色。

1. 在新基建的大背景下，重新定义自身角色

新基建是以美好生活、共同富裕和民族复兴为目标，以绿色低碳和数字智慧为两翼，以建筑工业化为载体，以项目全过程资产管理为主线，对包括但不限于国家领土（领陆、领水与领空）、基础

设施、不动产、生产生活环境等为对象的地理空间、物质空间和精神空间进行建设的生产和经营活动。而源于基建的中国房地产业，也应在新基建的大背景下，回归大基建领域。

2. 强化以绿色低碳和数字智慧为两翼的发展理念

装配式建筑经历了传统预制构件阶段、装配率较高的现场装配阶段，正快速向全工厂化的阶段演变，包括模块化建筑、全装配化的PC建筑、全芯钢结构装配式建筑。这将从根本上改变房地产业的传统做法，制造业的订单式生产和"房屋超市"等新形态将很快出现。

3. 扮演好新基建产业链上的新角色

这一新角色可以概括为"三者"：相关产业的资源整合和系统集成者，绿色低碳和数字智慧的基础空间提供者，项目全过程资产管理者。所谓全过程资产管理，就是将新基建建设的全过程——融资、投资、定位、设计、建造、销售、运营和退出连为一体，解决"资本—资产—资金"这一企业或项目经营的本质问题。

4. 塑造具有自身特色的灵魂和思想

房企要构建自己的价值观、产品观和发展观，要通过构建"精益价值树"，打造文化体系、战略体系、品牌体系、供应链体系、产品体系，最终锻造企业核心竞争力。

5. 特别关注五个方面的认识

"鹰眼摸象"与"庖丁解牛"思维——不仅摒弃盲人摸象的做法，还要像庖丁一样，自始至终，首尾相连；"牧羊人"、"领头羊"与"羊群"意识——每个企业在集聚性的产业中，弄清自身定位；

"螺丝钉"与产品一致性精神——在产业集群中，在坚持集体主义和专业分工的基础上，坚持社会化大生产所追求的产品与质量的一致性；凝聚优秀文化与柔性思维的组织——企业文化优秀与否，是企业发展的根本，柔性的组织与管理是企业永葆青春的基础工具；"五因制宜"与持续创新的经营活动——在市场中，因城、因地、因时、因价、因人来进行企业之外的"二次定位"和"二次开发"。

旧地产去了，新地产来了。作为新基建的一员，中国房地产业进行重塑的关键是房企。房企要尽快成为真正以科学思想武装的、科学治理的、科学管理的、科学生产的、更具核心竞争力的企业，真正成为人民美好生活的营造者。

固基修道，履方致远！

周济

2023年3月22日